拜德雅
Paideia
视觉文化丛书

隐在亮光之中

流行文化中的形象与物

[英] 迪克·赫伯迪格（Dick Hebdige）　著

席志武　译

重庆大学出版社

编　按

　　书中图片影印自英文原版书，原图质量欠佳，但考虑到本书作者在"引言"中对图片重要性及其与文本的关系的特别说明，故本译本仍将这些图片全部保留并遵照原书的版式编排。

目　录

概括只会让你成为一个傻瓜，只有特殊化才是价值的唯一特性。常识是傻瓜才拥有的知识。

——威廉·布莱克

事实真相，是其所是。

——詹姆斯·布朗

总　序

毋庸置疑，当今时代是一个图像资源丰裕乃至迅猛膨胀的时代，从随处可见的广告影像到各种创意的形象设计，从商店橱窗、城市景观到时装表演，从体育运动的视觉狂欢到影视、游戏或网络的虚拟影像，一个又一个转瞬即逝的图像不断吸引、刺激乃至惊爆人们的眼球。现代都市的居民完全被幽灵般的图像和信息所簇拥缠绕，用英国社会学家费瑟斯通的话来说，被"源源不断的、渗透当今日常生活结构的符号和图像"所包围。难怪艺术批评家约翰·伯格不禁感慨：历史上没有任何一种形态的社会，曾经出现过这么集中的影像、这么密集的视觉信息。在现今通行全球的将眼目作为最重要的感觉器官的文明中，当各类社会集体尝试用文化感知和回忆进行自我认同的时刻，图像已经掌握了其间的决定性"钥匙"。它不仅深入人们的日常生活，成为人们无法逃避的符号追踪，而且成为亿万人形成道德和伦理观念的主要资源。这种以图像为主因（dominant）的文化通过各种奇观影像和宏大场面，主宰人们的休闲时间，塑造其政治观念和社会行为。这不仅为创造认同性提供了种种材料，促进一种新的日常生活结构的形成，而且也通过提供象征、神话和资源等，参与形成某种今天世界各地的多数人所共享的全球性文化。这就是人们所称的"视觉文化"。

如果我们赞成巴拉兹首次对"视觉文化"的界定，即通过可见的形象（image）来表达、理解和解释事物的文化形态，那么，主要以身体姿态语言（非言语符号）进行交往的"原始视觉文化"（身体装饰、舞蹈以及图腾崇拜等），以图像为主要表征方式的视觉艺术（绘画、雕塑等造型艺术），和以影像作为主要传递信息方式的摄影、电影、电视以及网络等无疑是其最重要的文化样态。换言之，广义上的视觉文化就是一种以形象或图像作为主导方式来传递信息的文化，它包括以巫术实用模式为取向的原始视觉文化、以主体审美意识为表征的视觉艺术，以及以身心浸濡为旨归的现代影像文化等三种主要形态；而狭义上的视觉文化，就是指现代社会通过各种视觉技术制作的图像文化。它作为现代都市人的一种主要生存方式（即"视觉化生存"），是以可见图像为基本表意符号，以报纸、杂志、广告、摄影、电影、电视以及网络等大众媒介为主要传播方式，以视觉性（visuality）为精神内核，与通过理性运思的语言文化相对，是一种通过直观感知、旨在生产快感和意义、以消费为导向的视象文化形态。

在视觉文化成为当下千千万万普通男女最主要的生活方式之际，本译丛的出版可谓恰逢其时！我国学界如何直面当前这一重大社会转型期的文化问题？怎样深入推进视觉文化这一跨学科的研究？古人云：他山之石，可以攻玉！大量引介国外相关的优秀成果，重新踏寻这些先行者涉险探幽的果敢足迹，无疑是窥其堂奥的不二法门。

在全球化浪潮甚嚣尘上的现时代，我们到底以何种姿态来积极应对异域文化？长期以来我们固守的思维惯习就是所谓的"求同存异"。事实上，这种素朴的日常思维方式，其源头是随语言－逻各斯而来的形而上的残毒，积弊日久，往往造成了我们的生命经验总是囿于自我同一性的褊狭视域。在玄想的"求同"的云端，自然谈不上对异域文化切要的理解，而一旦我们无法寻取到迥异于自身文化的异质性质素，哪里还谈得上与之进行富有创见性的对话？！事实上，对话本身就意味着双方有距离和差异，完全同一的双方不可能发生对话，只能是以"对话"为假面的独白。在这个意义上，不是同一性，而恰好是差异性构成了对话与理解的基础。因理解的目标不再是追求同一性，故对话中的任何一方都没有权力要求对方的认同。理解者与理解对象之间的差异越大，就越需要对话，也越能够在对话中产生新的意义，提供更多进一步对话的可能性。在此对谈中，诠释的开放性必先于意义的精确性，精确常是后来人努力的结果，而歧义、混淆反而是常见的。因此，我们不能仅将歧义与混淆视为理解的障碍，反之，正是歧义与混淆使理解对话成为可能。事实上，歧义与混淆驱使着人们去理解、厘清，甚至调和、融合。由此可见，我们应该珍视歧义与混淆所开显的多元性与开放性，而多元性与开放性正是对比视域的来源与展开，也是新的文化创造的活水源泉。

　　正是明了此番道理，早在 20 世纪初期，在瞻望民族文化的未来时，鲁迅就提出：外之既不后于世界之思潮，内之仍弗失固有之血脉，取今复古，别立新宗！我们要想实现鲁迅先生"取今复古，别立新宗"的夙愿，就亟须改变"求同存异"的思维旧习，以"面向实事本身"（胡塞尔语）的现象学精神与工作态度，对所研究的对象进行切要的同情理解。在对外来文化异质性质素的寻求对谈过程中，促使东西方异质价值在交汇、冲突、碰撞中磨砺出思想火花，真正实现我们传统的创造性转换。德国诗哲海德格尔曾指出，唯当亲密的东西，完全分离并且保持分离之际，才有亲密性起作用。也正如法国哲学家朱利安所言，以西方文化作为参照对比实际上是一种距离化，但这种距离化并不代表我们安于道术将为天下裂，反之，距离化可说是曲成万物的迂回。我们进行最远离本土民族文化的航行，直驱差异可能达到的地方深入探险，事实上，我们越是深入，就越会促成回溯到我们自己的思想！

　　狭义上的视觉文化篇什是本译丛选取的重点，并以此为基点拓展到广义的视觉文化范围。因此，其中不仅包括当前声名显赫的欧美视觉研究领域的"学术大腕"，如 W. J. T. 米切尔（W. J. T. Mitchell）、尼古拉斯·米尔佐夫（Nicholas Mirzoeff）、马丁·杰伊（Martin Jay）等人的代表性论著，也有来自艺术史领域的理论批评家，如诺曼·布列逊（Norman Bryson）、克莱门特·格林伯格（Clement Greenberg）、詹姆斯·埃尔金斯（James Elkins）等人的相关力作，当然还包括那些奠定视觉文化这一跨学科的开创之作，此外，那些聚焦于视觉性探究方面的实验精品也被一并纳入。如此一来，本丛书所选四十余种文献就涉及英、法、德等诸语种，在重庆大学出版社的大力支持和协助下，本译丛编委会力邀各语种经验丰富的译者，务求恪从原著，达雅兼备，冀望译文质量上乘！

　　是为序！

肖伟胜

2016 年 11 月 26 日于重庆

致　谢

本书的写作得到过许多人的帮助。我要特别感谢的是《布洛克》（*Block*）杂志的编辑们，他们为我提供了许多富有启发性的意见交流，并让我获得了参与艺术与设计史讨论的一种有效路径，同时还鼓励我勇敢地开拓一个全新的研究领域。我也想感谢《Ten. 8》摄影杂志的编辑们，他们为我打开了一个新的世界，在那里，关于形象的新的写作方式，以及文字与照片的新的组合方式都成为可能。我也非常感激另外两个机构（美国威斯康星大学米尔沃基分校的 20 世纪研究中心和加拿大蒙特利尔的麦吉尔大学传播系）的员工与学生，感谢他们邀请我去作演讲，并向我介绍那些我在当时感到完全陌生的方法和传统，同时还向我谈论一些我当时并不能解答，但对今后工作十分有价值的问题。

尤其要感谢的是米尔沃基的凯蒂·伍德沃德（Kathy Woodward）和赫伯·布劳（Herb Blau），感谢他们对我的款待，让我有机会从不同角度去对以前的工作进行重新思考，并最终承认和直面它的局限性。

1986 年 1 月，我在麦吉尔度过了两周时间，那时天气十分寒冷，但是在传播系的研究生课程上，工作人员和学生们对我的关照，却让我有一种宾至如归的感觉。课堂上的讨论也十分热烈，大家的参与性都很高。

如果不是得益于对话交流，如果没有在讲座和研讨会上以自己的方式对文化研究和后现代主义问题进行讨论的机会，那么本书的最后一部分就不可能完成。在此，我要特别感谢艾琳·贝乐慈（Irene Bellertz）对我的邀请，以及多萝西·卡拉瑟斯（Dorothy Carruthers）、彼得·沃尔海姆（Peter Wollheim）、玛莉卡·芬利（Marika

Finlay）和布鲁斯·弗格森（Bruce Ferguson）等人为我付出的许多宝贵时间，是他们帮助和支持我度过了在蒙特利尔的时光。

　　说到远方的朋友，我也想感谢基尔斯滕·德罗特（Kirsten Drötner）、斯图亚特·尤恩和利兹·尤恩（Stuart and Liz Ewen）、伊恩·昂（Ien Ang）、安妮·麦克尼尔（Anne McNeill）、伊多·威杰斯（Ido Weijers）、约翰·迈耶（Johann Meyer）、萨姆·罗森伯格（Sam Rosenberg）、伊安·钱伯斯（Iain Chambers）、马蒂·艾罗（Marty Allor）、贝丝·西顿（Beth Seaton）、菲利普·科里根（Philip Corrigan）、德布拉·莱利（Debra Riley）、克里斯·帕尔（Chris Parr）、雷贝·加罗法洛（Reebee Garofalo）、维耶卡·加姆斯-霍莫洛娃（Vjenka Garms-Homlova）、利迪娅·库尔蒂（Lidia Curti）、伊娜·包豪斯（Ina Bauhuis）和拉里·格罗斯伯格（Larry Grossberg）等人，是他们让我的每一次访问都备感愉快且富有成效。在每一次交流学习过程中，我所学到的知识比我讲授的都要多得多。我要感谢格雷格·霍林斯黑德(Greg Hollingshead)对本书初稿的点评。至于更近一些的朋友，我尤其想感谢杰西卡·皮卡德（Jessica Pickard），感谢她那清晰的思路、敏锐的洞察力和对语言的敏感。她熔激情、判断力、优雅与勇气于一炉，倾尽于她所献身的事业之中，这是多么珍稀与宝贵啊！这些品质在深入文本和形成论证逻辑的方式上非常精妙且富于个性色彩，以至于在这里都不能得到恰当的形容。我也要感谢兰美达保护协会的主席迈克·卡斯莱克（Mike Karslake），感谢他为我提供兰美达的档案，感谢他对"作为形象的物"这一章节所付出的宝贵时间，以及关于设计问题所提供的专业知识。同时，我也要感谢传通媒体（Comedia）公司戴夫（Dave）的胆识，并再次感谢安迪·达克（Andy Dark）卓越的设计作品。最后，我要感谢约翰·伍德曼（John Woodman）的预见性和平静的洞察力，还有彼得·奥斯本（Peter Osborne）的睿智、陪伴以及与我的每一次交流。

　　本书以不同方式对彼得的话作了引述，如果存在一些误读，一切责任皆在我，彼得无需对此承担任何责任。

引　言

　　按照一些当代文学理论家的说法，我们正处于书本（book）终结的时代[1]。"书本"这个词意味着一定程度的连贯性和组织性，而这种连贯性与组织性，在个体声音已被去中心化、被篡夺特权及失去想象性回响的世界里，既不恰当，也不再需要。随着声音与书本消融在大量半完工状态的"文本"、众声喧哗的声音和不可通约的"多重立场"中，早期时代环绕在人类书写话语中的神圣光芒，已化为乌有。在传统与现代的两个时刻之间，是一个差异的世界。本书刚好把这两个时刻并置在一起，就像大部分书理所当然所做的那样——它们在过去一直这样做。本书的写作，没有特定的起点，也没有一个主题的事先预示，只有一个构思的想法，然后被策划出来，最后成为现实。大部分写作在"书本"处于预备过程中就已发生，本书也是如此。许多发表于此的文章，是在过去五年时间里为不同期刊、杂志和读者所写。只是在对它们进行回顾时我才意识到，从一篇文章到下一篇、从一组关注点到下一组，这样的次序，似乎是在构建一种富有深意的框架和趋势。然而，我希望，这种方式是自然而然地出现，而非被迫性的。总是有一些问题会周期性地出现：一方面，这些问题均关乎消费、文化与设计之间的关系，"波普"、流行文化与后现代主义之间的关系；另一方面，它们还关乎"激进"批评的"危机"与"一般［学术］知识"的局限之间的关系。直到最后一页，本书的写作就像是——虽然我并不总是如自己写作时一样清楚地意识到——经历了一场有关形

1　法国哲学家德里达在《论文字学》一书的开篇，就宣示了"书本的终结"。在解构主义者看来，"书本"意味着一种本源性存在，是一种自我封闭的意义和指涉系统，同时亦是一种对在场逻各斯的维护。——译者注

象与物（如本书副标题显示的那样）的旅行；一场从亚文化穿越后现代主义并走到它的"另一面"的旅行；一场开始于 19 世纪早期亨利·梅休（Henry Mayhew）笔下的伦敦贫民窟的小贩文化，结束于在美国中西部"正午时分"（noon plus one）搭车前往无地之路（road to nowhere）的旅行。本书就是关于旅行的一种记录。如果它以书的形式集结在一起，而且确实如此，那么，也许在你对这种零散的片断文字进行阅读时，它给你的感觉，就像旅行者日记里的一些时断时续的随笔。如果说本书有什么一致性的话，那就是写作的不一致的一致性（uneven consistency）。

　　本书共分为四个部分。第 1 部分"年轻的生活"包含两篇文章。第一篇——本书的标题也取自此文——大致以 1983 年我在威斯康星大学米尔沃基分校 20 世纪研究中心的一篇报告为基础。重印于此的版本，是同年首发于《Ten.8》摄影杂志的版本。《Ten.8》摄影杂志是一本专注摄影理论和历史的杂志。本文追踪了两种刻板的青春形象的来源：作为麻烦的青年与作为娱乐的青年。前者多出现于 19 世纪"社会探索"的文学、社会政策文件和早期的纪实摄影；后者则出现于战后的市场调研、市场营销以及广告形象之中。这一概括性的谱系，其目的在于对目前备受关注的"青少年问题"作一个历史性透视，并且，文章最后认为，今日英国的部分（镜头中的）青年人的粗暴表现，可以被视为对剥削、监管与窥视的一种对抗。这种对青年的窥探，在早期工业革命之后，已被各种利益相关的党派所滥用。作为本文的结论，我认为公开展示的青年文化扭转了这样一个事实，即原来的被监视转变成一种被观看的快感。第二篇文章《错误的身份》，是关于南希·斯庞根（Nancy Spungen）和席德·维瑟斯（Sid Vicious）之死，他们原本是性手枪乐队（Sex Pistols）[1] 的成员（如今足够引人注目的是，它已成为

1　"性手枪乐队"是一支英国的朋克摇滚乐队，于 1975 年在伦敦组建，1978 年 1 月解散。"性手枪乐队"虽然只存在了两年半的时间，但却是流行音乐史上最有影响力的乐队，曾引发了英国的朋克运动，启发了后来许多的朋克和另类摇滚音乐人。他们的歌词常常攻击社会陈规和对皇室的遵从，相关主题内容还包括音乐产业、消费主义、堕胎和纳粹大屠杀等。——译者注

1986 年阿力克斯·考克斯 [Alex Cox] 执导的一部"主要新片"《席德与南希》的主题）。这篇文章以 1981 年我为艺术杂志《ZG》写的一个片段为基础。将它收录于此，不仅是为了纪念席德与南希之死，同时也是为了纪念朋克"亚文化"的"重要时刻"，以及亚文化的"否定"和"抵抗"的模式，而这，也是我工作的一个更为早期的阶段。我从这三重的"祭奠"中所得到的经验是，理论模型就像人类的身体一样，与它们所处的时代紧密相连。"作为否定的亚文化"的观念与朋克相生共长，二者仍有着千丝万缕的联系，一亡俱亡……在"年轻的生活"这一部分，我试图对青年研究作一个告别。

　　第 2 部分"品味、国家和流行文化"，由三篇研究设计史和流行文化的文章组成，它们发表于 1981—1983 年，是我为艺术与设计理论杂志《布洛克》所写。在《走向一种品味的地图学》（本文收录于伯纳德·威茨 [Bernard Waites] 等人主编的《流行文化：过去与现在》[*Popular Culture: Past and Present*, Croom-Helm and the Open University, 1981]）一文中，我试图描绘出 1935—1962 年人们对进口美国货（尤其是流行音乐和流线型产品）的不同反应。在《作为形象的物：意大利的踏板摩托车》中，我对意大利踏板摩托车这一商品作了个案研究。本文聚焦于 1950 年代至 1960 年代的英国和意大利，就踏板摩托车的设计、产品，以及它的营销和广告投入等作了深入考察。这两篇文章，对所谓"中性的"品味类别提出一种社会文化批判——这种批判旨在揭开热销商品的"官方"评判的神秘面纱。

　　在这些文化与审美价值的合法定义下，存续着一个隐秘的议题：它关乎国家、种族认同以及"遗产"（Heritage）问题。在消费价值观和流行文化广为传播的状况下，英国文化的特质被认为在战后受到越来越严重的威胁。批评者承诺捍卫"正宗的"（authentic）英国价值观，那些针对特定目标群体而大规模生产的商品，则开始成为堕落的象征。它们被认为对牢不可破的自立、自律以及老一套（男性）劳力的肌肉清教主义（muscular puritanism）的本土传统构成了一种威胁，从而导致了民族"软化"和"女性化"。家长主义者试图框定、控制和限定进口商品的流动，并决定它们的意义和用途。然而，这注定要失败，美国化和意大利风格迅速得以确立。这些商品的使用，非但没有导致英国文化的发展，反而在这段时期内被特定群体用来援引一种异国情调（一个是开放和富饶的"美国"，一个是平静和老于世故的"欧洲大陆"）以突显社会领域中的理想差异。

　　第三篇文章是《低级趣味：关于波普艺术的笔记》，我将这些主题延伸到艺术与时尚领域。一种类似的辩证法被认为规定了美国标志的吸引力，因为战后英国的新一代艺术家，急于从1950年代早期由克莱门特·格林伯格（Clement Greenberg）定义的现代主义以及英国单调乏味的视觉环境中解脱出来。美国流行文化的"浮华"意象进入"纯粹"的艺术领域，独立小组（Independent Group）[1]的成员们不仅认为这不正当，而且他们还抛弃了对现代主义和马克思主义非常关键的批评概念，即美国文化批评家弗雷德里克·詹姆逊（Fredric Jameson）的"深度模式"。我并非要谴责或取消消费主义意识形态。保洛齐（Paolozzi）、汉密尔顿（Hamilton）、晚期的布莱克（Blake）、琼斯（Jones）、波舍尔（Boshier）、菲利浦斯（Philips）等一些波普艺术家，他们与普通大众一样，只是满足于将他们对图像、形象与批量生产的物象所形成的魅力传递给观众。我认为，一部分波普艺术的直接影响和根本价值，来自它对易接近的、直接的和"表面"之物（而非复杂的、隐匿的与"深刻"之物）的颂扬，这在艺术领域就形成了一套评价现代主义姿态的激进的标准。

　　第3部分"命悬一线"包括两篇论述英国波普传统在当代传承（"比夫"卡通团队与《面孔》杂志）的文章。《设法应付"然而"》根据

10

1　独立小组于1952—1955年在英国伦敦的当代艺术中心（Institute of Contemporary Arts）成立，其成员包括画家、雕塑家、建筑师、作家和评论家。他们想要挑战流行的现代主义文化。他们将大众文化引入关于高雅文化的论争，重新评价现代主义，并创造了一种"被发现"或"找到对象"的美学形式。在"后"学科时代，2007年3月在泰特不列颠（Tate Britain）美术馆举行的国际会议上，独立小组重新获得关注，他们被视为英国波普艺术运动的先驱。——译者注

1986 年 3 月我在埃克塞特艺术与设计学院（Exeter College of Art and Design）的演讲写成。在这篇文章中，我关注"比夫的怪诞世界"的漫画，试图从中找出理想的读者并描述他们所体现的后现代主义的、形象饱和的"感觉结构"。《"星球一号"的底线》一文首次发表于 1985 年的《Ten.8》杂志，我对《面孔》这一颇具影响力的杂志作了深入考察，反思了它在 1980 年代的适当性。我以《面孔》创刊五周年的一系列照片为由头，梳理了后现代主义的理论讨论中的一些主题和问题。这篇文章是"关于面孔"的，但在另一个意义上说，就如我在原文指出的，它还表明了一种内心的变化。这种变化关系到生活、政治和艺术"风格"的重要性，同时，又把我自己从拜物教的整体风格中区分开来——这种拜物教的整体风格与绵延不断的皇家婚礼结合，却又与遥远的大西洋群岛发生冲突，并被世界上最可耻的政权以及创办很久的专制的贸易联盟所支持——它们在 1980 年代把这个地方称为"小不列颠"（great britain）。顺便说一下，对智力的"选项"和一场"世界之战"这样的类比，我们不应该太过认真。我们很少选择自己所处的位置，并且智力劳动与战争并没有任何直接的现实关系——至少在我谈到的领域是如此。这些论文是对虚拟领域的映射，而不是真实的情节，并且，如果说我已经懂得了一丁点的后现代主义，那么我至少清楚，军事上的隐喻仅仅是隐喻而已，我们应该始终保留改变自己想法的权利。最后，没有人能够选择一直生活在我所说的"星球一号"或"星球二号"中。相反，我们所有人正在不断地穿梭其间。

　　最后一部分"后现代主义和'另一面'"分为两部分。《对"后"学的审视》一文对后现代主义和后现代性作了一种历史学的和阐释学的概述。它写于 1986 年夏，是我为《传播研究期刊》（Journal of Communications Inquiry）所写，该文是对同一期斯图亚特·霍尔访谈中的问题的回应。在访谈中，霍尔开启了马克思主义、英国文化研究与后结构主义 / 后现代主义之间的论争。该部分的第二部分是专为本书写的四个"附言"。我试图通过检视"后"学（后现代主义、后结构主义、后工业主义和后马克思主义）探索出一种建设性的精神。这当然不是一种"事后诸葛亮"的想法，这些"附言"代表着以直截了当的方式去面对一种我能掌握的内容。我期待直面一些真正的核心问题，它们以一种未阐述和未确认的方式潜伏在本书其他地方。在"附言"中，我试图彻底地抛弃一些早期的"拒绝行为"（refusals），超越亚文化分析与阿多诺所谓的"否定的辩证法"的局限，去解决近期围绕着"后现代主义"的争论，去探索真正增益于人生和充满正能量的维度。在本书的最后，我试图做到"接地气"，我最终放弃了那些完全是总体化知识的宏大姿态（这也是布莱克"常识"中的愚蠢主体）；同时，我还试着以一种细声细语的方式去说话，将自己视作一个有限的，性别化的，受特定视野、观念、阅历和知识所限制的个体。

11

　　贯穿本书的一条主线，关乎我们所有人被迫与民族国家这一典型的现代范畴的关系。我并不愿意承认自己的"英伦风"与我引述的那些话语资源相关。为本书的基本路径提供主要理论与批评参照点的，有法国人，也有一些美国人、几个意大利人和德国人，以及非常少的英国人。在 1960 年代末至 1970 年代，我就像许多艺术与社会科学的毕业生一样，曾试图逃离英国传统，去找到属于自己的"其他地方"，以此来策划自己的象征性背叛。但是到最后，英国教育（虽很难吸收也很难理解）的烙印却依然明显。毕竟，在本书中所面对的争论，有着超出我们认知的更悠长的历史和更古老的起源。此处提出的许多关乎语言、意义与"真实"的问题，在过去北欧知识传统那里就是一个根本性问题，而现在则倾向于被看作中世纪经院哲学家，即唯名论者与唯实论者之间的"荒谬"论争。符号或物的问题，在当时并没有结论，这在以后也不太可能得到圆满解决。与此同时，旧的错误会重复出现。但是，有一个名叫威廉·奥卡姆（William Occam）的英国人（他那沉着冷静的性格后来成为一种民族特征），在两个荒谬的极端命题（一个认为，只有物是实在的、普遍的；另一个认为，实在的是完全易得的，只有符号真正存在）之间，确立了一条中间路线。"奥卡姆剃刀"

定律认为，"如无必要，勿增实体"，这最终将一些大问题简化到一个可管控的范围。对奥卡姆来说，真实的总是个体的，不是普遍的。科学只能通过调查个体事物之间的真实关系向前推进。英国经验主义的基础建立在注重细节与结构的两面神似的（Janus-like）关节点上：一方面，它要求对特殊事物的光环产生敬畏感，对不可化约的自在之物的尊崇；另一方面，它要求对一致性力量的信仰、对持续性的信仰、对时间相对稳定性的信仰。我们不是在迷信权威的普遍前提下进行推理，而是追随了奥卡姆、培根、休谟、洛克和贝克莱等人的脚步，去对我们所知和所见的现象进行概括。我们总是有一个理由，回归到观察、感知和理性的直觉。最后，我似乎已经沿着与奥卡姆平行的路径在跌跌撞撞地前行（尽管我走的路不是一条直路，而是一条坑坑洼洼的碎石路——不过，这相较于英国经验主义传统来说，还是要归功于威廉·布莱克和英国浪漫主义）。这条路往往是两难之路（neither-nor），最后的结果是，我既不"为"唯名论也不"为"实在论，既不"为"符号学也不"为"现象学，既不"为"后现代主义也不"为"文化主义，甚至更不是"为"文化研究——至少对教科书上所删汰的"趋势"和"传统"来说是如此，不过，目前正有人把这些称为"文化研究"。

如果我有一个偏好的话，那么这就是英国人执拗于特殊事物的偏好。这就是为什么我花了这么多页的篇幅去讨论一件"不太重要"的事，它就像一个牢不可破的事实一样，毋庸置疑地摆在那儿，就像一个意大利踏板摩托车，既真实，又坚固，而且随时可以使用。很多人认为不必把过多的精力放在微不足道的事情上，这可能就像老话说的那样：用大锤子去敲核桃。在这种情况下，我唯一的希望就是，核桃被证明是如此坚硬和难以敲破，必须借助大锤。

当然，这一切并不意味着我要逃避这些论争的术语，它们规定并形成了本书的框架。我必须像其他人一样，摸着石头过河，走出泥泞和被限定的国度。在这一国度中，我们面临着这样的时机和境况：符号与意义，事件与结构，机遇，梦想，各种利益冲突，人欲横流，众声喧哗，各怀鬼胎等相互混杂。最后，我试图在形象与物的边界行走，但我认为不仅仅是那些旧形象与旧物，而是那些触动我的形象以及那些我认为真正重要的物。

直到最后一段，我可以确立本书写作的立场。福柯曾把"结构主义"与"反结构主义"的学术论争描述成由哑剧演员、翻筋斗演员、小丑和傻瓜轮番上演的一场杂耍。[1] 我虽然同意他的看法，但是我也不得不承认，不管我多么努力地要离开这种由圆形表演剧场、木屑味和废话连篇的刺鼻气味交织在一起的场合，它们总是会把我拉回来。本书将以傻瓜和笑笑先生的形象收束，到最后，我与其他人一样都成了哑剧表演者。

关于照片与复印品的说明

13

本书所转载的图像，不应被认为是为了消极地"阐释"文本内容而事后设计出来的想法或补充。它们的形式与呈现，都是围绕着某个中心问题（符号或事物），这有助于更好地把本书贯通起来。就如巴特（Barthes）和巴赞（Bazin）所说的，照片的本体论地位总是模棱两可的。[2] 照片是实质物的阴影。它们是物质的，同时又是非物质的，它们是符号也是对象，是真实事件的档案，是不在场之物的图像，它们代表着真实的东西。它们体现出一个悖论：它们是实质之物的直接回

---

1 在《知识考古学》的结论中，福柯通过两个假想的对手间的辩论，来面对他自己对法国结构主义的矛盾心理。结论采取的是一种自我审问的形式（通过这种方式，福柯自己逃脱了结论的终结性，任何辩论者都无法与"作者"等同）。在某一处，该角色被赋予了捍卫福柯的认识论的工作，他这样说："但是，让我们抛开关于'结构主义'的争论；它们几乎不能在如今被严肃的工人遗弃的区域存活；这场特别的争论，本来可以卓具成效，而现在只能由哑剧演员和翻筋斗演员来采取行动"（Michel Foucault, *The Archaeology of Knowledge*, Tavistock, 1972）。在辩论最后，该角色将福柯的计划描述为，试图去"展开一个不能化约到差异的单系统中的分散物……"这样的报负也许是徒劳的（在这个词的双重意义上来讲），但是本书中独特的路线是由一个类似的野心支配的。

2 参见 Roland Barthes, "The Rhetoric of the Image", in *Image-Music-Text*, Fontana, 1977; *Camera Lucida*, Hill & Wang, 1981; Andre Bazin, "The Ontology of the Photograph" in *What is Cinema?* Vol. 1, University of California Press, 1967.

响——第一阶的回响。一方面，所有的照片都是无法恢复的文本（是昨天的世界，是一个小时以前的世界，是第二世界）的引用；另一方面，它们都是真实世界的幽灵化身（巴特曾称之为照片的光谱——光辐射通过化学和机械手段的合成，将停留在感光乳剂上的对象捕捉到了[1]）。

这里所复印的照片——且不管质量如何——都是令人难忘的（至少对我来说如此）。它们常去追踪那些引起争论的重要意图。它们就像一个梦的轨迹，紧密追随（作为一系列暗示和联想的）文本的运行节奏。它们被那些毫无拘束的言辞所激发。有时候，图像与论据之间的联系似乎很脆弱，然而我还是希望它们是有联系的，这些联系往往是动态的，用米哈伊尔·巴赫金（Mikhail Bakhtin）的术语来说，本质上是"对话"的。然后，在形象与文本的结合处，有一个超现实主义的意图构成了本文的叙述模式。法国电影评论家巴赞意识到照片所具有的超现实主义潜力。他称赞摄像机的"客观"本质，但是，他的赞词总是建立在这样的认识基础之上，即照片可以在同一时间、同一对象中表现出明智和不敬。摄影图像具有双重功能，它对于我们的一些推断来说，扮演着一种恶作剧的，但同时又起到衬托的功效。对巴赞来说，照片的神秘与有趣，体现在它同时具有揭露现实以及揭穿我们自诩为确切地知道被揭露的是什么的能力。

照片和它的对象本身，在一个按钮背后分享着一个共同的存在。因此，摄影实际上强化了自然创造的秩序，而不是提供了一个替代品。超现实主义者对此略有所知，当他们看到照片底片提供给他们的怪相时，他们的理由是这样的：超现实主义者并不把形象（在我们想象中）的审美目的与机械效应视作是物的分离。对他们而言，什么是图像、什么是真实，二者之间的逻辑区分往往会消失。每一幅图像都要被视为一件物，同时每一件物也都是一幅图像。因此，

14

1　Roland Barthes, "The Rhetoric of the Image", in *Image-Music-Text*, Camera Lucida, Hill & Wang, 1981.

摄影在超现实主义者的创造力排名中评价甚高，因为它生产一幅图像就制造了一个自然的现实，而一个幻象同时也就是一个事实。[1]

詹姆斯·迪恩（好莱坞青春偶像）不在这里：蒙太奇照片（Shoot That Tiger，1987）

1　Andre Bazin, "The Ontology of the Photograph", in *What is Cinema?* Vol. 1, University of California Press, 1967.

第 1 部分

——

年轻的生活

在公众面前炫耀，是年轻的浪荡子骄傲自大的自然出路。
衣冠楚楚的他，在寻求女孩们的赞美[1]

1　此图说系作者援用的图片所附。——编者注

1

隐在亮光之中：

青年监控及其形象呈现

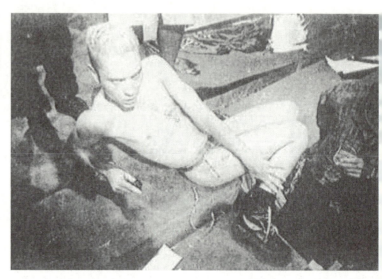

17　　我会以一个观点开始——这是一个老生常谈的话题，以至于它的意义常常被忽视——在我们的社会，只有当青年的

18　存在成为一个问题，或者被认为是一个"麻烦"时，青年才是真正在场的。更确切地说，只有当年轻人通过"逾越界限"的方式——这种方式包括：通过仪式抵抗，穿上奇装异服，态度恶劣，破坏规则，砸碎瓶子、窗户和头部，对法律提出口头上的挑战等——来表达自己时，"青年"这一分类才算是真正被调动了起来。它开始出现在官方文件的表述当中，出现在对此表示关心或感到愤怒的社论与广播电视节目里，或者是出现在那些社会科学家们的客观公正的调查报告里。

当年轻人做那些事情的时候，当他们采取这些策略时，他们被谈论，被认真对待，他们的抱怨于此起到了作用。他们随后被逮捕、被骚扰、被警告、被训导、被监禁、被称赞、被中伤、被效仿、被倾听。他们同时也得到了社会工作者和相关慈善家的保护，社会学家、社会心理学家，以及每一个政治党派的权威人士对他们的行为提供了解释——换句话说，犯罪都是有原因的。

引人注目的姿态……

当来自市中心的不满的青年，尤其是那些无业的叛逆青年，诉诸象征性和实质性的暴力时，他们可以说是在把玩他们所拥有的唯一力量——破坏的力量。这种力量的目的，在于对现存秩序构成威胁。他们并不是要放弃理智，而是要遵从一种显而易见的逻辑，即他们要参与到成年人的领域当中，参与到公开辩论的场合里，参与到一切真实事物真正发生的地方。他们必须首先去挑战一整套符号秩序，这套秩序将他们命名为"孩子们"、"小孩"、"年轻人"、"儿童"等，被用来维系他们对于成年人的从属关系。

给大家讲一个更令人震惊的案例。1981 年 7 月，一批年轻人在市中心发起暴乱（riots）。他们随后被高级警官、新闻工作者、首相以及国防大臣迈克尔·赫塞尔廷（Michael Heseletine）等分别看望。他们的行为引起了普遍的关注。他们的肖像开始出现在《每日邮报》（Daily Mail）、《摄影技巧》（Camerawork）、《人民报》（The People）以及《Ten. 8》摄影杂志上，这让他们成为一种可见物。社会的各种应急机制由此被调动起来，它们各不相同甚至可能存在着相互矛盾的影响。对于那些在出庭以前被拘留和控告的年轻人来说，暴乱意味着罚款、监禁、犯罪，甚至也可能是一辈子的犯罪生涯。一般而言，暴乱在 1980 年代激起了关于一系列社会问题的讨论，如社会治安的性质、青年失业的问题、家庭管教的失效，以及英国政府在大部分社区缩减福利、住房和教育等开支所可能发生的影响等。于是，一些专项基金开始为创造就业机会和为年轻人提供发展机遇而设立，社会治安制度（community policing）开始浮出水面并作出评估，撒切尔夫人的拥趸所造成的破坏开始引起关注。与此同时，暴乱有助于强化法律，管控示威游行者对于"禁区"原则的反对。在议会的辩论中，暴乱常常被反复提起，并由此证明走向高压政治的正当性。高压政治的内容，具体包括引入"短期大幅震荡中心"、防爆水枪、催泪瓦斯、作战服等，并将群体管控的全套技术从北爱尔兰移植到英国本土。

19　　所有这些冲突的可能性，在 1981 年 7 月的暴动中都成为现实。关于暴动的报道与照片在多家报纸上同时刊登：被砸碎的玻璃、燃烧的建筑物，以及暴力对抗，构成一幅破败景象。这些图片让人联想起一种熟悉的图像志（iconography）——危机中的美国城市。它们透射出美国大都市神话的消极面，在那里，城市功能成为"现代病"的一种标志。1970 年代初出现的行凶抢劫，给市民心理造成一种恐慌。这种理想之城的掠夺现象，是城市的一种异常状态，却凝结成一种单一形象："抢劫犯从城市的黑暗角落中冒出来，以一种暴力和完全意想不到的方式对路人发起攻击。"[1]

1981 年 7 月，那种图像志得到进一步扩大。在新闻头条的背后，议会辩论及独立调查研究中，都潜伏着一个熟悉的幽灵：孤独的黑人抢劫者——现在，抢劫者都不"孤独"，他（几乎总是男性的"他"）已经被集团化了。一个新型的群体主体于此被提了出来——"大规模的抢劫者"——他们是一群不守规矩、充满怨恨、违反法律的黑人暴徒。

这还只是一个案例。但是，媒体对暴乱的再现却暴露出一系列问题，即黑人青年作为一种边缘化存在，他们因此成为城市抢劫的替罪羊；媒体对"青年问题"形成的一种刻板印象，其来源和用途又是怎样的？这些问题可谓相当严重，

1　　S. Hall, C. Critcher, T. Jefferson, J. Clarke and B. Roberts, *Policing the Crisis: Mugging, the State and Law and Order*, Macmillan, 1978.

以至于它们几乎要掩盖青年们其他的文化抵抗形式的意义。例如，朋克、摩登派和光头党的照片，通常被认为（许多纪录片的从业者也是如此看待）是不成问题的，或者是与实际问题无关的。它们看起来十分有趣，但是在意识形态上却很值得怀疑。这些亚文化本身，由于它们经常是性别主义的 / 种族主义的 / 野蛮的 / 自恋的 / 商业的 / 股份有限的（是"商业的"不是"政治的"）而被不予理会。

我要质疑的是，在青年的"商业性"外观和"政治性"外观之间，在他们"妥协的"与"纯粹的"形式之间，他们被严格区分的依据是怎样的？也就是说，在青年"市场"与青年"问题"之间，在青年作为"娱乐"与青年作为"麻烦"之间，这种我希望呈现出的二元对立，已被整合到两种截然不同的摄影风格之中。我想要挑战的正是"娱乐"和"政治"之间的区分，以及"广告"和"纪录片"之间的界限，并在此基础上提出另一个取代它的观念：娱乐的政治。这将需要以一种相当概要性的方式往回追溯。青年作为一种富有文化意义的分类，它的历史发展不仅体现在摄影中，而且也体现在新闻业和社会科学的一个特定分支中。

……构成威胁

青年与沉默的人群

潜在的少年犯是一个特殊的城市问题，关于它的定义，在英国至少可以追溯到主日学校运动（Sunday School movement）的创办。这个运动有着宗教方面的意图，其目的是扩大教会对于社会阶层和年龄结构方面的调节性作用。[1] 无

---

1 参见 "Imperialism, nationalism and organised youth" by M. Blanch, in J. Clarke, C. Critcher, R. Johnson (eds)，*Working Class Culture: Studies in History and Theory*, Hutchinson, 1979, 也可参见 Phil Cohen, "Policing the Working-Class City" and Ivy Pinchbeck and Margaret Hewitt, "Vagrancy and Delinquency in an urban setting", in *Crime and Society; Readings in History and Theory*, Mike Fitzgerald, Gregor McLennan and jennie Pawson (eds), Routledge & Kegan Paul, 1981.

20　序的城市化、未成年的工厂劳工、体力和文化上的不同所导致的阶层分化，一系列因素使得这个国家面临一个新的社会问题：那些无人监护的、异教的少年劳工，他们作为工业城市的一个象征，不断出现于当代小说、新闻媒体以及早期议会报告之中。工业城市，在这些文献中本身就是一个"怪异的"和"不自然的"所在。

有一个形象在不断地重现：沉默的人群，他们无名无姓，没有人认识他们，他们是这个社会中每一个原子化个体，他们只是每天用心经营着自己的小日子。对于一些受过教育的资产阶级观察家而言，城市人群似乎已经存在一个主要威胁，即群众是难以一个一个去进行识别的，同时他们又是难以管控的。[1] 事实上，人群的不透明和它存在着骚乱的可能性，二者有着千丝万缕的联系。

儿童与青少年被认为是一个特殊问题。在 19 世纪中叶，当无畏的社会探险家开始冒险进入这个"未知的大陆"、"丛林"

1　关于权力 / 知识的共谋关系，现代国家机器的形成与监视技术的完善，参见 Michel Foucault, *Discipline and Punish; the Birth of the Prison*, trans. Alan Sheridan, Vintage 1979; also "The Confession of the Flesh", in *Power/Knowledge: Selected Interviews and Writings 1972-1977* (ed.) Colin Gordon, trans. Colin Gordon, Leo Marshall, John Mepham and Kate Soper, Pantheon, 1980; 以 及 "The Subject and Power" in *Critical Inquiry* 8, 1982.

波德莱尔可能欢迎大都会匿名者提供的自我创造的机会，但总的来说，19 世纪的评论家更倾向于对混乱的城市景象发出焦虑的谴责，或者对礼俗社会的丧失进行严厉责骂。如，1844 年恩格斯就这样写道：

拥挤街道上的焦躁不安和吵闹不休的活动是非常令人厌恶的，当然，人性本身也是令人憎恶的。成百上千的男女从各个阶层中抽身出来，聚集到伦敦的街道……他们相互擦肩而过，好像也没有什么共同点。他们只是默契地认同一件事，即每个人都应该走在人行道的右边，以免撞向反方向的人流……这种狭隘的利己主义，是到处都存在的现代社会基本原则。但是这种自私的利己主义，没有哪个地方像疯狂喧闹的大城市那样明显。（F. Engels, *The Condition of the Working Class in England* 1844; Panther, 1969）

在这里，人群起到一种私人利益法的隐喻作用。恩格斯认为，私人利益法是资本主义的基本规则。人群被视为一种症候。工人与生产资料的异化，体现于恩格斯的论文中，它被复制到别处和其他地方；它反映在社会生活的其他领域，并不断生产其他的类似的异化。

和"非洲"[1]的时候——这是当时他们的用语，此处指的是曼彻斯特、伦敦东边的贫民窟，特别值得注意的是精神和身体状况都极为可怜的年轻"流浪者"和"街头顽童"。这一时期对工人阶级青年亚文化卓具创见的作品，当属亨利·梅休的《伦敦劳工与伦敦穷人》（*London Labour and the London Poor*，1851），它作为专门对"准犯罪"的街头叫卖小贩进行研究的作品，有着相当的代表性。

叫卖小贩在街上做着小本买卖，他们推着手推车卖一些容易腐烂的商品来赚取不太稳定的收入。[2]年轻的小贩很容易辨认出来，他们的衣着打扮皆可谓是煞费苦心——头戴海狸皮帽子，身着鼹鼠皮领子的长外套，马甲上的图样栩栩如生，下身穿一条喇叭裤，脚上的靴子是手缝的心形和花样的图案，还有一条红色的"金士曼"方头巾系在脖子上。这种装扮，用小贩们的行话来说，就是"炫酷"或"惊人的炫酷"。

小贩与其他行业者相区分的地方，还常常体现于一种成熟暗语的运用——倒读隐语（backwards slang）和押韵俚语（rhyming slang）。在小贩们的行话中，"beer"（啤酒）通过倒读，成为"reeb"。"police"（警察）经过分割和缩短，读成"escop"，后来是"copper"，最后才变成"cop"。新成立的警察部队（由罗伯特·皮尔在1840年创立）之所以遭到怨恨，是因为它在工人阶级聚居区行使对公共空间的监管权力时，不仅危及小贩们的文化，而且危及他们的生计。警察在整个城市征收统一标准，完全不考虑当地的实际情况，他们被指控为正在积极地破坏临时性的街头经济，而这也正是小贩们赖以生存的地方。

大多数关于城市街道生活的详细观察，被梅休等社会学家

1　"未知的大陆"、"丛林"和"非洲"，此处均指的是全新领域。——译者注

2　参见 Henry Mayhew, *London Labour and the London Poor* Vol. 1, 1861; Dover, 1968, 也可参见 Phil Cohen, op. cit., 1981。

21 所收集和整理，这最终形成了立法行动的文献依据，同时也为慈善机构的形成，以及为处于困境中的"流浪部落"提供了报纸舆论声援的依据。在这些方面，社会学家对教育、改革和工人阶级的"文明"等，提供了越来越直接的精神动力——这本身是一个被普遍关心的问题，它是由管教和监视迁徙中的城市人口而激起的。

维多利亚式的分类将青年工人阶级分为"可尊敬的"和"犯罪者"，"值得"怜悯和"不值得"怜悯的，"违法的"和"该死的"，这种分类最终导致了不同的教育和惩罚性制度的建设。贫民儿童免费学校（The Ragged Schools）向所有的街头流浪儿开放。工读学校（The Industrial Schools）的设计则是为了给年轻人灌输工厂里的时间自律观念，规训他们的行为，同时给他们提供学习实用手艺的机会。少管所则是为那些冥顽不化的少年罪犯所保留，他们以前一直都被关入成人监狱。整个过程步骤十分清晰：从文字报道到事实干预。其轨迹是足够真实的，它留下"一连串的事实"，并由基督所怜悯的系列事实所激起。

摄影在这一过程中扮演了重要角色。照片记录的贫民儿童免费学校的事实是重要的。它预示了一个新的起点：借助于底片和银版照相法对潜在未成年犯的系统监测。正如约翰·塔格（John Tagg）巧妙地证明过的，[1] 对城市环境的科学管理要求运作大量的证据、统计数字和文献资料——这都是关于个人生活中最为隐私的细节。它要求一个受广泛支持和高效率的政府机构来运作。

在过去，警察通过早期分类系统来识别记录在案的罪犯并记录新罪犯的显著特征。照相机取代了这一分类系统。摄影通过再现更加接近于实际情况，似乎让整个监控的想法变

1　John Tagg，"Power and Photography"，in (eds) T. Bennett, G. Martin, C. Mercer, J. Wollacott, *Culture, Ideology and Social Process*, Open University, 1981.

得可靠。在摄影和摄影实践中，这些官方文件的用途，这种潜在的监视，在一开始就挟裹其中，它绝不是中立的，而是代表着一种特定的立场和特殊的利益，它体现了一种要求和意图，即去了解我们身边的陌生者，换句话说，去了解受害者和罪犯。

技术手段是因时而变的，它转化成一种新的控制环境，适应了慈善机构的需求，如致力于提供工作岗位和帮助贫困青年的巴纳多医生之家（Doctor Barnardo's Home），就利用了技术所带来的高效和便捷，这一点与警察所用的技术一样。与此同时，作为瞄准中产阶级市场的摄影集，它始于 19 世纪后期，"顽童"和"衣衫褴褛的儿童"很明显地作为一种"稀奇古怪"、落魄潦倒的类型出现在汤姆逊的著作《伦敦的街头生活》（*Street Life in London*，1876）和佚名的文集《在我们伟大城市的贫民窟生活》（*Slum Life in Our Great Cities*，1890）中。[1]

我们和**他们**：**我们**作为关心的和有窥视欲的主体；**他们**作为我们怜悯、恐惧和着迷的对象。

与纪录片创作紧密相关的权力关系，从一开始就持续出现在当代受害人和当代罪犯的照片中。他们是作为我们同情对象的光头党，作为我们恐惧对象的光头党。在这些正面照片里，光头党的头发都是沿着头皮小心翼翼地推剪出来的。我们把他们的罪行与耳钉联系起来：作为牺牲品的光头党，作为罪犯的光头党。光头党回到了他的老巢：城市的贫民区，市政厅的阴冷的荧光地下通道。这些都是我们的"未知的新大陆"、我们的"丛林"、我们的"非洲"。我们在街上都不敢正眼看他们。他们在神秘展示中的意味，在相机中粗鲁又直接的呈现，正是我们时代的真正标志。

1　参见 H. J. Dyos and Michael Wolff (eds), *The Victorian City: Images and Realities* Vol. 1, Routledge & Kegan Paul, 1978。

23

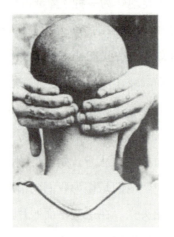

24

25

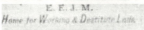

26

救赎的神话 1　巴纳多医生的广告：之前是一个愁眉不展的流浪儿，
之后他摇身一变，通过教育而变身为一个小劳工模范。

救赎的神话 2　同样的故事，不同的制度。

²⁷ 男孩的视角

如果我们从纪实摄影转向社会学的青年建构的话，一个类似的模式、一组类似的关系则被揭示了出来。当前的社会学中的"青年"分类，最早出现于 1920 年代后期，它的建构大致可归功于美国人种学的研究传统，尤其是芝加哥社会生态学派（the Chicago School of Social Ecology）的系列著作。

罗伯特·帕克（Robert Park）和他的芝加哥同事关注于开发一个基础广泛的理论：城市生活的社会生态。这些作家通过有机体的譬喻——社会病态、城市的失衡、城市生活有机平衡的崩溃，对市中心区的青少年犯罪高发和独特的青少年帮派的意义作出解释。这一在青年社会学中已被熟知的传统，很大程度上是为了在二者之间建立一个等式：一端是作为社会和心理问题特别集中的青春期；另一端是少年犯作为物质、文化、心理和道德匮乏的牺牲品。这两个永恒的形象——作为一种普遍的痛苦转型时期的青春形象，以及作为一种特殊的在贫困的城市环境下的狂暴青春形象，它们很大程度上是混杂在一起的。这两种形象主要出现于芝加哥学派和美国研究者的著作当中，在整个 20 世纪五六十年代，基于芝加哥模式的对边缘群体的"有价值的"研究著作被持续出版。

正是这种传统产生或固定了参照系，之后集中在对青年的总体研究中。它还决定了在这一领域有什么重要和值得研究的领域：贫困和青少年犯罪的关系，青少年文化、黑帮和反常的亚文化的独特形式。青年（Youth）变成了男孩，狂野的男孩，青少年的工人阶级，他们寻求的是鲜血和欢笑：他们是麻烦制造者的青年，也是陷于麻烦的青年。

女孩在此前一直都居于次要的地位，这在亚文化的社会学研究中以及城市青年的摄影研究中均是如此。男权的偏见在亚文化本身中仍然存在。相比于男孩，女孩们受到了家长更为严

各的控制，她们被束缚于两种标签之下："性冷淡的"或者是"轻
兆浪荡的"。在亚文化当中，尤其是在工薪阶层的亚文化中，
也们在过去要么是沉默着的，要么就是作为男孩的一种副本，
戈是装饰品的形象。[1]那种"传统"已经被打破，最起码是被重
塑了。在朋克和后朋克文化中，女孩们开始在公开场合里玩闹：
也们模仿一些成年的失足女形象——荡妇、妓女、贱人、弃妇、
雪待狂的情妇、被奴役的受害者。

28

参见 Angela McRobbie，"Settling Accounts with Subculture"，in T. Bennett et al. (eds)
op. cit., 1981. 也可参见 Angela McRobbie，"Dance and Social Fantasy" and Erica
Carter，"Alice in Consumer Wonderland" in A. McRobbie and Mica Naven (eds),
Gender and Generation, Macmillan, 1984; Karen Benson，"Typical Girls" in *ZG* 1,
1981; the sado-masochism issue, *ZG* 2, 1981; Krystina Kitsis，"Simulated Sexuality;
Androgynous Outcomes" in *ZG* The Body no. 10, Spring, 1984。

这些女孩们中断了形象传播。她们再现了妇女作为偶像、作为经典神话中的复仇女神的形象。她们使得 s-m 矩阵变得奇怪。她们回避了窥阴癖的问题，挑逗了男性的好奇心，但同时又拒绝屈从于男人们的傲慢目光。这些女孩将过去被观察的处境，转变成为一种咄咄逼人的行为。

29

消费的形象：作为娱乐的青年

到了 1950 年代，相对的富裕使得英国青年的另一幅面孔得到关注，那就是休闲中的青年：他们充满着异国情调、稀奇古怪，以一种娱乐的形象出现。"青少年"（teenager）这一术语在美国发明，后引入英国，被应用于流行的周刊如《图画邮报》以及那些"十几岁"的工人阶级文化当中。青少年的消费习惯、音乐品味以及购物习惯，几乎都很明显地受到美国的影响。

"青春期"这个词在儿童期与成年期之间建立了一个永久性的楔子（wedge）。楔子意味着金钱。青少年的发明与青少年市场的建立有着非常密切的关系。最终，一系列新的产品和商业休闲设施都被用来吸纳青年工人阶级的余钱。这些钱原本是自由支配的，他们可以用来给自己构建一个纯粹的自由身份空间，从而与他们父辈文化的粗鄙和妥协的形象区分开来。终于，异教启发了精品店、唱片店、歌舞厅、迪斯科舞厅、电视节目、杂志和流行歌曲排行榜。

新的形象与旧的形象重叠在一起：作为麻烦的青年，与作为娱乐的青年。在 1950 年代，"受尊敬的"和"罪犯的"阶层之间的区别，变成了"循规蹈矩者"与"另类分子"的区别、劳动者与懒汉的区别、"正派的小伙"和"反面的小伙"的区别、"爱国者"和"自恋狂"的区别。根植于消费基础上的新的青年文化，被品味的垄断者、"英国生活方式"的捍卫者、品味的制造机构如英国广播公司和英国设计公司认定为，是有害的、不纯粹的、不健康的、"美国化的"。

当第一部摇滚电影《黑板丛林》（*Blackboard Jungle*）于 1956 年在伦敦南部公映的时候，英国目睹了它的第一个摇滚骚乱。所有预测都应验了：青少年的性欲融化为一种嗜血之欲。座位被削减。泰迪男孩（teddy boys）[1] 和女孩在过道上群魔乱舞。那些从电影院被赶出的年轻人，则将他们的愤怒发泄到外面人行道的茶水摊上，杯子和碟子扔得满地。这是一个非常英国化的骚乱。它代表着一种新的汇合：娱乐的麻烦，与麻烦的娱乐。

两种形象簇拥着出现：少年犯的沮丧表情和青春生命的盎然生机。它们交替着出现，有时还重叠在一起。在 1960 年代中期，青年文化很大程度上成为一种商业选择，尤其强调

作为麻烦的青年

---

[1] 泰迪男孩指的是英国 1950 年代、1960 年代爱穿爱德华七世花哨服装的无赖青年、男阿飞，他们是受美国摇滚影响的叛逆的青年一代。——译者注

品味上的偏好。形象对于群体成员来说，就是标举自身身份
和差异性的一种划界手段。对于身体姿势、风格和外表的调节
开始让人变得焦虑和偏执。那时甚至还有一种独特的站立姿
势。据一个年轻"面孔"说：

> 脚必须以正确方式站立。如果你把双手放入口袋，你
> 永远不要把夹克拉起来，以免它起皱。你应该把最上面的
> 扣子扣好，夹克可以拉到手臂后面，这样你就不会毁掉那
> 根直线。如果你穿着一件夹克，你只能把一只手放到口袋
> 里……[1]

1964 年：一个新的起点。麻烦的年轻人和爱好玩乐的年
轻人，在这里损害了年轻人的形象。《星期日泰晤士报》(*Sunday
Times*) 的摩登派少年——登齐尔 (Denzil) 出现在 1964 年的
报纸封面。可口可乐商标的背景通过引用沃霍尔 (Warhol)、
纽约流行音乐和摄影的"炫酷"风格，尊奉它为艺术的形象。

31

1　引自 Richard Barnes, *Mods!*, Eel Pie Publishing, 1980。

这一轨迹现在已得到充分描述：碎片化的青年形象，现在渴望借助摄影来对其进行全面和定格的刻画。这些只有通过陌生人的欣赏目光才能够真正完成。

道成了肉身："青年文化"作为一种符号系统，体现在身体上——外表上、姿态上以及穿着打扮上。如果说青少年一无所有，那么他们至少拥有自己的身体。如果能量无处宣泄，身体至少是它的用武之地。

作为娱乐的青年

32

身体可以被妆点，最后它就像是一个值得珍视的对象。它可以被切碎并像一块肉一样去烹饪。自我毁灭只是自恋的反面。身体成为底线，它是狂野的内心所停留的地方。当你打扮得像一个莫西干人，或者在脸上刺上花纹时，这就让你断绝了与世界的大部分联系。在目前的经济形势下，雇主们能够对青年挑肥拣瘦，他们的这种姿态就是对排队去工作的意志的一种公开否定。他们在还没有为你做事之前，就已经把你给抛弃了。我见过的一个更为明显的标记，是 1981 年在伦敦的衬裙巷（Petticoat Lane）采访时，受访者的皮肤仍保留着为民族阵线（National Front）纹身时的伤疤印子，这个伤疤或许是英国运动（British Movement）时为了祛除纳粹时期留下的印记。

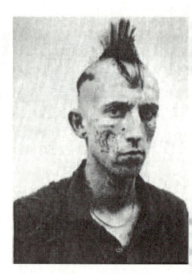

33

"我们是你的垃圾桶里的花朵"

内心的改变几乎可以说是一场十分严重的开刀手术，当你改变它时，你将满身是血，就像是一朵湿玫瑰出现在身体表面……

五彩缤纷的色彩

最近一期《观察家彩版杂志》（*Observer Colour Magazine*）展示了常见的不同方面（strands）的持久性。那些方面现已被转换成两个对立的系统。该杂志包含两篇关于青年问题的不同方面的文章。第一篇涉及汉兹沃思（Handsworth）的社区警务，其题材内容体现出很严重的政治性。它关涉黑人青年和警察。实质性的问题占据最为突出的位置，由于七月爆发的一场骚乱，问题变得难以对付。杂志上的照片是黑白的，它们沉浸于纪实摄影的意识形态中，照片就是证据，是严峻的、冷静的客观事实。它们是真实事件的真正的照片。吊诡的是，黑白系统标示着它是真实的，但是这个系统却被摄影师用来主观地宣示自己的作品和一些问题。黑色和白色已成为真正的系统，一个有着高对比度和颜色对抗的系统。

杂志的另一篇文章涉及"亚当和蚂蚁"（Adam and the Ants）[1] 里的亚当。这是白人青年在休闲模式下的一种轻松之态，他们在家里有一个引人注目的已经设计好的环境。这些照片都是彩色的。彩色系统意味着逃避、幻想和对事物的一种陶醉。吊诡的是，它与真实的关系是不太直接的。它并不要求将事物全部拆开来揭示出真相。它沉溺于事物的表面。它宣传自己（亚当的脸出现在杂志的彩色广告里）。

它反映事物，但不深究。这两个系统是相互排斥的，它们 34 体现的两种方法是不相容的。在玩的青年和在消费的青年，与

1　"亚当和蚂蚁"是英国一支朋克新浪潮摇滚乐队，它活跃于1977—1982年。——译者注

失业的青年和心情糟糕的青年，二者是格格不入的。

　　然而，在骚乱发生的 7 月，《星期日泰晤士报》发表的一篇文章给暴动队伍提供了一种消费指南，暴动人员包括拉斯特法里派教徒（rastas）、小混混、双声调青年（2-Tone youths）、摩霍克人等各种分类，消费指南据此分别作了具体阐述。每一种描述都是由艺术家对相关类型（一种给早餐偷窥者的人像拼片）的印象来说明的。

　　然而，一个在报刊和电视上流传的谣言说，抢劫是由骑着踏板车的白人青年主导与协同的，他们还配备了无线电对讲机。如果这些故事被认为是简单纯粹的，被认为是媒体的阴谋，那么，我们也应该记住的是，从政治活动家们的安全角度来说，他们必须在社区工人和警察的护送下离开现场。他们没有这样，也不必如此。

　　然而，1981 年夏天发生的数次重大事故，都在种族平等委员会（Commission for Racial Equality）的杂志《新社区》（*New Community*）[1] 上被全面刊登，并被按照时间顺序罗列：伦敦新十字（New Cross）的游行和布里克斯顿的暴乱，摩登派少年、光头党、朋克和摇滚派的海边暴动。在 7 月 10 日发生于绍索尔、多尔斯顿、克拉珀姆和汉兹沃思的暴乱，与 7 月 15 日警察对第一线（Front Line）的突袭之间，我们看到了一个"多种族的暴乱"（multiracial mob）：一边是光头党、亚洲人和西印度人在莱斯特砸车并向警察投掷汽油弹，另一边则是一群黑人和白人青年闯入哈德斯菲尔德市中心。随着 8 月的结束，暴乱也跟着停止了。诺丁山狂欢节几乎太平无事，尽管早期有着关于暴力和破坏活动的预测。但在同一周末，布莱顿发生了骚乱，一群 300 人的摩登派少年用石头袭击警察和过往车辆，并向他们扔汽油弹。

1　M. Venner, "From Deptford to Nolting Hill: Summer 1981" in *New Community* Vol. IX, no. 2, Autumn, 1981.

然而，黑人与警察之间冲突的典型诱因，不是后者对示威游行进行严厉管制，而是对象征性空间的入侵，对布鲁斯、地下酒吧、俱乐部和咖啡馆进行突袭，这都构成了对公共空间，也就是对消费空间的侵犯。

出现了一个支离破碎的画面，这一画面无法与负责任的评论、相关新闻报道和社会科学分析等官方话语中的整齐划一的分点（neat separations）相对应。"政治"与"快感"、犯罪与反抗、违法与狂欢，都是混杂着的。

既不肯定也不拒绝

35

> 不管他们怎么说我，我都不是他们说的那样。
>
> ——阿尔伯特·芬尼扮演的亚瑟·西顿
> 对着镜子里的影子自说自话，他正为电影
> 《周六晚与周日晨》中的周六晚上而扮装

> 也许在今天，我们的目标不是去发现我们是什么，而是拒绝我们所是。我们要设想并逐渐建立我们可能所是的，以摆脱这种政治上的"双重枷锁"，即现代权力结构的个性化和整体化的同时并行……我们必须通过反抗这种强加于我们头上好几个世纪的个体性，来推动新的主体性形式的产生。
>
> ——米歇尔·福柯，《主体与权力》

青年文化的政治是一种隐喻的政治学。它涉及符号的流通传播，由此也总是模棱两可的。亚文化的环境在官方话语下已经形成，它面对的是家庭、学校和工作场所的多重规训。亚文化形成于监视与逃避监视的空间之中，它将被审查的事实转化为被注视的快乐。它就是隐在亮光之中的。

"亚文化的回应"既不是简单的肯定，也不是简单的拒绝；既不是"商业开发"，也不是"真正的反抗"。它既不是简单地抵抗一些外部秩序，也不是要与父辈文化进行简单的整合。它是一个独立的宣言、他者的宣言、异质文化的宣言，同时也是对匿名的拒绝、对从属地位的拒绝。它实质上就是一种反抗。与此同时，它也是对无能为力的事实的一种确认、对无力本身的一种颂扬。亚文化既是对关注度的一种寻求，而一旦它已得到关注，它同时又是对读解的一种拒绝。

自 1950 年代开始，"青年政治学"在本国开始凸现出来。它首先是作为一种奇观：作为备受关注的对抗的"政治"、消费的"政治"和"生活方式"的"政治"。政治斗争已经进入一个新的阶段。在当前经济衰退的形势下，亚文化的理想中的连贯性似乎要在物质限制的压力下开始消解。

在 1981 年 7 月的骚乱中，在被摧毁的城市里，黑人青年与白人青年走向犯罪，并与警察发生冲突。在托迪斯和布里克斯顿暴乱之后，对那些失业青年来说，消费的政治似乎是集中于一个张力点上，一个简单的对立：一面是欲望，另一面是手段的缺乏；一面是板砖，另一面则是商店的橱窗。暴徒和抢劫者的目标是可以预见得到的：不是市政厅、劳工交易市场、学校和工厂，不是——至少不经常是——警察局，而是录像与音响店、精品店和唱片店。工作权归入于消费权。1981 年的一周或两周时间里，整个英格兰城市中心的购物区——那个 1960 年代欣欣向荣的标志——开始走向中世纪城邦的残酷一面，社区都处于商品的包围之中。这一排排整齐的店面，让人想起了狂轰滥炸的闪电战和科幻电视连续剧，它标志着一个新的价格战的防线，即橱窗装饰作为一种艺术形式的终结。

36

错误的身份[1]: 为什么约翰·保罗·里奇不按自己的方式行事

1 Mistaken identities 是刑法中的一种辩护，它声称刑事被告人的无罪，并且声称目击证人误以为见证过被告的犯罪行为，而事实上，目击者可能见到的是另一个凶手。在刑事案件中，被告可以质疑证人的记忆和认知。控方必须证明被告的罪行确定无疑，被告人可以说服陪审团，对证人的所见进行合理的怀疑。"错误的身份"是一种常见现象，因为陪审团对证人证词充分信任，特别是当证人坚信自己对被告的身份是确定的情况下。——译者注

37

现在末日就要临近，
面对最后的谢幕……

我做了我必须做的事
以一种并不羞涩的方式，
或许，远不止于此，
我是以自己的方式做的。

　　　　　　——《我自己的方式》　　38

（创作者：克劳德·弗朗索瓦，雅克·赫霍；英译者：
保罗·安加。© 1967 Barclay Morris Ste. Anonyme. Reproduced
by kind permission of Intersong Music Ltd.）

出了差错

席德·维瑟斯[1]一发现南希·斯庞根[2]的尸体，随即便呼叫了客房中心。1978年10月13日的《新闻晚报》（Evening News）如是报道。随后，报社对此进行否认。

1978年10月12日，南希·斯庞根因失血过多死在曼哈顿的切尔西酒店的卫生间里。一名"身着黑色蕾丝胸罩和内裤"的……"金发美女"[3]被发现……她"蜷曲在水池下面"……"倒在血泊之中"……"一把小刀插在她的腹部"……"血迹从凌乱的卧室一直流到100号房间的浴室里"……在浴室里，她的爱人……"**朋克摇滚乐手**"……席德·维瑟斯"曾把碎的尖玻璃插入自己的胸膛而引发广泛关注"……他"睡着了……对金发美女的困境一无所知"……"他服用了一种名为吐诺尔的抗抑郁药物，仍然有点神志不清"。

"当维瑟斯被带到警察局的时候，四个警察才把他完全摁住"……在警察局，"这个21岁的伦敦人被指控一级谋杀，

1　席德·维瑟斯（Sid Vicious, 1957年5月10日—1979年2月2日），真名为约翰·保罗·里奇（John Paul Ritchie），他生于英国伦敦一个单亲家庭，母亲是"瘾君子"。1977年2月，席德加入著名朋克乐队性手枪乐队担任贝斯手。他有着招人喜爱的性格和漂亮的长相。1978年10月，在位于纽约曼哈顿的切尔西酒店，席德被指控谋杀女友而入狱，但席德的朋友曾推测这桩著名的谋杀案另有隐情。1979年2月2日，时年21岁的席德因吸毒过量而死。席德的死，开启了边缘群体的内心世界，给那些不愿苟且偷生、不愿人云亦云和妥协退让的反叛者以一种"英雄式"生活指引。席德发明了沿用至今的Pogo（即原地纵跳的音乐演唱形式），席德后来成为朋克精神的本质和美学标准：无政府主义、极端暴力、质疑一切、仇恨社会、毒品与性、危险的浪漫以及自毁的艺术。——译者注

2　南希·劳拉·斯庞根（Nancy Laura Spungen），1958年2月27日生于美国费城，她13岁第一次吸毒，15岁被诊断为精神分裂症。1977年，她来到伦敦。后与席德成为情侣。由于席德早年严重缺乏母爱，南希给了他足够的关爱，而这是他以前生活中一直没有的。约翰尼·罗顿（Johnny Rotten）曾经公开表示他的看法："他们在一起的时候，更像是母子，南希简直就是席德的老娘，谁也无法说服他们分开。席德没有南希就无法活下去。"性手枪乐队工作人员尼尔斯·史蒂文森（Nils Stevenson）回忆说："席德痛恨一切，除了海洛因和南希。"——译者注

3　这个新闻是从不同的报纸中获取的。有些地方不准确。例如，并没有"一把小刀插在她的腹部"（《新闻晚报》，1978年10月13日）。在这个文章的语境中，可核实的事实真相，既不在这里也不在那里。

他的真实名字叫作约翰·保罗·里奇。警方称，已给他安排了辩护律师。"

"这是几个月以前的事"……"**这个男孩来自伦敦东区的一个单亲家庭**"……"一个只有他母亲才会疼爱的暴力吸毒者"……"他在一个破旧的酒店房间里"……"躺倒在地，死了"……死因是吸食了大量的海洛因……"这些信息都是由他的母亲安妮·贝弗莉（Anee Beverley）女士提供的。"

这些事件除了进行详细描述还能怎样？但是小报的语言却是一种夸大其词的陈词滥调。毕竟，事实就是这样。没有必要对其进行编辑点评（editorial comment）。事实已经讲述了它们自己的故事，就像基督的格言一样清楚明晰。它们站在道德高地，血腥得就像放在盘子里的施洗者约翰的头一样。这是席德和南希的歌谣，它对无节制的青年来说，是一个警示故事：

> 淘气的男孩发誓要打破
> 所有的界限，并试图让
> 痛苦远离快乐，快乐紧随痛苦
> 看看西德尼；再仔细想一想。

对一个看似有意实践"西方的没落"（Decline of the West）[1]的男孩来说，很难想象一个更为合适的结局，这个男孩就像萨德侯爵的《朱丽叶》中的杜兰德（Durand）一样"违反自然"（against

---

1 1970年代是英国面临经济风暴和失业狂潮的时代，这也直接萌蘖了"性手枪"乐队。这支乐队虽只存在了短短两年，却如同排山倒海的龙卷风一般席卷全英，甚而影响到全球。他们打着反叛、颠覆的旗帜，被有些人视为洪水猛兽；另有些人（特别是蓝领阶级和青少年）则将之奉为圭臬。"性手枪"乐队之所以深入人心，是因为他们以英国社会低层的角度，狠狠地批判当权者及资产阶级；再加上其原始粗糙却具有生命原动力甚至有暴力倾向的表演方式，以及崇尚虚无主义、高唱无政府失序混乱状态的内容，因此他们虽在当时被禁，却依然在地下形成了一股势不可挡的革命潮流。"性手枪"乐队最大的贡献在于把摇滚乐的批判性、原创性与独立性发扬光大并将之传承下去，带起了以反叛为精神的朋克文化，造就了后世大量具有独立精神的地下非主流乐团。——译者注

nature），他体现出"人类面临的生态危机"[1]。南希注定失败的职业生涯，已经体现了一系列并行的原型（archetypes），它们仍具有影响力和典范性。从"可怜的富家小女孩"到"朋克女王"，再到"半裸的尸体"，南希·斯庞根的命运给了所有叛逆女孩一个深刻教训。这个教训就是，不要反抗。

　　不过，这一事件的象征意义本身可以被揭露并使其变得陌生……

　　一连串的死亡事件，几乎与过去英国公共事件的轰动性模式如出一辙。它遵从一环扣一环的揭示逻辑，可分为四个不同部分：斯庞根的被杀、维瑟斯的被捕、在保释期维瑟斯被指控谋杀、维瑟斯之死。两个混沌的个体"命运"的最终了结，能够因此呈现出秩序与意义。在朋克的狂乱脱衣秀中，每一个事件都用来剥离另一层幻觉，进而去最终揭示"**朋克摇滚背后的真理**"。令所有非朋克（non-punks）感到害怕的，是愤怒之下潜伏着的真正的暴力、真正的变态和真正的死亡威胁，因为两个年轻生命的消逝是不容否认的。当面临着受伤或无聊、痛苦或麻木这样的选择时，席德和南希总是选择痛苦，因为他们知道，当他们在流血的时候（也许只有那时），他们才真正地活着。

　　然而，

　　与此同时，我们了解席德和南希的故事过程，经历了一个相当长的文学与新闻塑造原型的迂回。这在《真探》（*True Detective*）杂志或肯尼思·安格（Kenneth Anger）的《好莱坞历险》（*Hollywood Babylon*）等经典模型中，就是一个大写的丑闻。它的过滤，经过了威廉·巴勒斯（William Burroughs）和小胡伯特·塞尔比（Hubert Selby Jr）的最终预

1　Angela Carter, *The Sadeian Woman. An Exercise in Cultural History*, Virago, 1981.

测；经过了 1950 年代"B 级片"[1]；经过了一系列垃圾摇滚明星（从弗兰基·李蒙 [Frankie Lymon] 到强尼·桑德斯 [Johnny Thunders]）的自恋的焦虑；经过了作为城市危机缩影的纽约纪实影像；甚至在最后，还经过了作为一开始就"没有未来"的朋克运动的命运回顾。吊诡的是，这种"现实生活的悲剧"在神话和小说之外并没有其他参照点。事件本身发生在别人的引述当中。为了直截了当地推进戏剧的结局，他们遵从着叙述的规律，同时，考虑到主角的地位，他们必然首先保持事件的典型性。紧接着的是，当这一消息传出，印有大写字母 SID LIVES（席德不死）的 T 恤，或者打着印刷标题、宣称席德死亡的 T 恤被制造出来。（我在伍尔弗汉普顿的商店橱窗看到过这样一件 T 恤，它就夹在恐怖的面具和黑脸皂之间……）

　　事实上……

40

　　通过这一切，维瑟斯和斯庞根在符号化过程中可谓是串通一气的。这个符号化过程是一个消极的过程，它最终是为了使他们成为符号。这种符号化已经改变了纽约，至少对我们英国人来说，纽约从一个真实的城市，变成了那种"想象中的危险、伤心的城市……这就是现代世界"。[2] 为什么他们要去那里？

　　形象的支配已经不可抗拒，他们一部分是在建构形象，但是相当大部分则是形象在建构他们。从一定意义上说，他们是自我一贯性的牺牲者，他们由此被束缚在一个他们根本就不存在的绝对幻想的世界中。

　　其余的就是"他的故事"（his story）：传奇故事有它自己的常规发展。哑剧男主角，在其他人的心理剧（第一幕开场于一家名叫 SEX 的店里）中是一个无足轻重的人物，他被一

1　B 级片是一种低预算的商业电影，而不是艺术电影。它的特色，就是宣传少、成本低，但通常又是很有趣或者惊悚的电影，大量的恐怖片就属于 B 级片。——译者注

2　Robert Warshow, "The Gangster as Tragic Hero" in *The Immediate Experience*.

种不可避免的、夸张的、绝望的命运所压倒，就如比才（Bizet）的卡门、歌德的维特、科尔曼（Corman）的"疯狗"科尔[1]（"Mad Dog" Coll）那般的命运。他与黑暗和不详的地点、人物、事件等要素绑定在一起，被拖累致死，就像亚哈（Ahab）用鱼叉绳把自己绑在巨大的白鲸（Great White Whale）旁边（席德的白鲸正在拍击，他将自己的影子投射到白帆布幕上）。当穷人浪荡子维瑟斯走下地狱游戏（Hell Game），他停留住：

> 他自己虚拟的现实结构将他定住并囚禁了他。他想象的激情能将他从囚禁的笼子里解救出来；他自己无法逃离他自己编织的牢网……在地狱游戏中，放荡不羁的是他自己，就像地狱里的牺牲者一样多……[2]

在全部沿着西线（the western front）[3]这条分界线的众多城市中，席德·维瑟斯去世之后出现了许多邯郸学步的模仿者（他们从性手枪乐队的视频中学到了席德的水手式摇晃）。黑色的一头乱发窝，苍白的脸，大链子，神圣的（满是窟窿的）烟管裤，虫子蛀坏的皮夹克披挂在瘦弱的身架上（SID LIVES的字迹可从后面的领扣或白漆中看出）：这些都是复制的符文，旨在让他重回身边。"席德·维瑟斯"一直都是一个幻影——为他赋予形体的一个想法——现在，维瑟斯模仿者的沉重靴子和厚底的蛤蟆装，都是为了阻止阴魂吹走唯一留存的压箱物。

南希·斯庞根的讣告在晚上发出，只有短短六行字：

> 南希的父亲是菲律宾一家造纸公司的负责人。南希有着一头卷曲风格的染过的金发，她的眼部化有浓妆，经常

1　"疯狗"科尔，是一位爱尔兰裔的美国黑帮杀手，活跃于纽约市区。他生于1908年，死于1932年。科尔因涉嫌在一次绑架中企图杀害一名儿童而声名狼藉。——译者注

2　Angela Carter, *The Sadeian Woman. An Exercise in Cultural History*, Virago, 1981.

3　在第一次世界大战期间，西线指的是从北海延伸到瑞士的边境线，长达700千米。——译者注

穿着朋克风格的黑色皮革。[1]

这让人有一种感觉，南希"她自己"从来都没有真正存在过。　41
她在最后终于被官方简化为一个纯粹的符号，在这种父权制的
意义网络中，对她的定义是这样的：一方面，她是一个富有且
有权势的人的女儿；另一方面，她是我们凝视的已经毁灭的对
象。她是被好奇心害死的猫儿。她死在男友的刀口上，现在是
一个完全没有生命的东西：只是一套装点门面的外壳（一些头
发、"眼部的浓妆"、"黑色的皮革"）。

当警察赶到时，席德·维瑟斯走了出来，他茫然地面对眼
前一片闪烁的警灯和连番的审问，他"以真名"（即约翰·保
罗·里奇）被提起诉讼。

我并不认为约翰·保罗·里奇是按照他自己的方式行事的。

1　*Evening News*, 13 October, 1978.

———

第 2 部分

品味、国家和流行文化

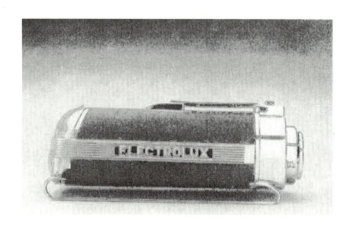

3

走向一种品味的地图学：
1935—1962

45

在大得多的程度上，被复制的艺术作品变成了为可复制性而设计出来的艺术作品。比方说，我们可以用一张底片印出任意数量的相片，而问哪张是"真品"则是毫无意义的事情。然而一旦本真性标准不再适用于艺术生产，艺术的整个功能就被翻转过来。它不再建立在仪式的基础上，而是建立在另一种实践的基础上，这种实践便是政治。

——瓦尔特·本雅明，《机械复制时代的艺术作品》

46　　在伊夫林·沃（Evelyn Waugh）的《荣誉之剑》（*The Sword of Honour*, 1955）三部曲中，有一个名为特里默（Trimmer 的音译，意译为"修剪师"）的配角。特里默这个名字运用了举隅法（synecdoche），它通过短音和略去元音来对此人进行概括。特里默是一个整洁干净的人：修短的小胡子，穿着紧腰的西服以及双色的鞋子。他曾经在跨大西洋班轮上担任理发师（即修剪师），但是他巧妙地利用了自己的外在知识（他阅读时尚杂志且研究人的口音），成功地跻身官员阶层。在那里，他和主角居伊·克罗奇贝克（Guy Crouchback）在同一位置，后者出身于正统的英国天主教家庭，是这个家庭中硕果仅存的男性（与意大利最古老的传统关系紧密）。克罗奇贝克因其优良的荣誉感与仪式感，代表着一种命中注定的精英身份。当可怕的特里默和克罗奇贝克的糟糠之妻弗尼吉亚（Virginia）睡在一起时（他们在格拉斯哥的一家鸡尾酒酒吧相识），其预示的结局相当明确：未来没有希望，在战争结束后，我们注定要见证旧秩序被新秩序取代——神权种姓制度被"民主骗局"取代，高贵但没落的贵族被一个虚伪的现代人取代。

特里默与"真正"的官员绅士之间的关系并不是最为疏远的，其野心的进攻性很明显，他有一点像变色龙：在离开苏格兰时他穿着苏格兰短裙，自称麦克塔维什少校，并在肩上别上一对少校的花冠（他后来在火车的厕所里又把它们改换为中尉的杠星）。[1] 特里默太过圆滑，以至于得不到人的信任。他的发型太过完美，口音有些走调，举止有些做作。他的领带是费尽心思挑选来的，他的西服也太过合身。

对沃而言，在表现特里默做作的剧情中，真正重要的是既定社会秩序的神圣性——它具有永久不可剥夺的权利。在大萧条岁月中，当现存秩序造成的不平等结构被充分暴露时，当贫富差距的鸿沟愈加明显、变得不可接受或令大部分人感到窘迫时，沃回顾了对抗的历史。他通过复活最古老的非均等主义（inegalitarian）标准——这是势利者的规则——来保护没有防卫能力的人。在沃看来，特里默们可能会继承战后的世界，但

1　Evelyn Waugh, *Officers and Gentlemen*, Chapman & Hall, 1955.

由于他们缺少"脊梁"和"水准"，他们将会糟蹋遗产。

在本文中，我想考察的是 1935—1962 年英国社会与文化生活所发生的一些变化。我将这些变化归因于新的消费模式与新的技术的出现，特别是由于技术自动化所带来的质变。根据当时的叙述，技术自动化已经产生了一些相互龃龉的意见。

我们所谓的"流行文化"（popular culture）——如一系列现成的人工制品：电影、唱片、衣服、电视节目、运输方式等——直到战后才出现在当代文化形态中，也是在这时，新的产品被设计和制造，以满足新的消费市场需求。吊诡的是，在许多关于流行文化的影响与意义的争论中，这些深刻的社会和经济变革，是通过"质量"和"品味"等美学观念来进行调节的。这些词通常都极富争议性。不同的意识形态有不同的话语——我们可以任意引用"社会学的"、"艺术史的"、"文学批评的"，以及营销和工业设计的话语，这些话语超出了词语本身，它们在不同时刻能产生不同的意义。比如，在"歧视"（discrimination）这一问题的讨论上，道德的、社会的，甚至经济的一些选择和策略都或多或少要被公开审议。关于品味的问题，如对好坏、高低、美丑，以及瞬息和永恒等进行区分，这样的问题在某些地方是一起非常明确的政治事件。

从 1930 年代到 1960 年代，关于流行文化与大众品味的讨论，总是围绕着两个关键词进行："美国化"和"水平下降过程"。我们将看到，一些文化批评家和评论家从完全不同的传统中得出结论，认为机械自动化所开启的扩张的生产潜力，等同于"英国的"或"欧洲的"根本价值观念和姿态的瓦解，以及道德和审美标准的"下降"。这一切，都与英国的消费品有关，它们要么从美国进口，要么是以"美国标准"来设计和生产。首先，我将对某些文化保守主义之间的联系

47

进行描述，他们有些专注于"美国化幽灵"，有些则以意识形态立场将"严肃的"（serious）与"流行的"（popular）进行区分。接下来，我将分析那些内涵代码的形成，这些代码构成了某些主流精英引进流线型产品和美国流行音乐的基本框架。最后，我将从实证的视角，从社会学和市场研究领域对英国社会如何担忧即将发生的"美国化"和"同质化"进行评估。因此，本文涉及 1935—1962 年出现的关于新的文化形式和消费模式的一些争议。

在这样一大堆复杂的论辩及天翻地覆的历史变迁之间，其关系的丰富性和复杂性很难在本文中得到完全体现。但是，对广义话语中的特定主题与形象进行追问，我们至少可以在一定 48 程度上重构这种复杂性。这种方法必须通过折衷的定义和直觉，以及有时看似是任意性的标准。它也可能需要对读者熟知的历史进行重申。例如，对流线型辩论做重新考察，这对一个设计史学家来说也许显得多此一举，但是我希望通过将它与其他学科的平行发展进行讨论，这有可能会修正既有的知识，由此，像流线型这一现象也就更易于被接受。也许只有通过这种方式，即对两组相互独立但又密切联系的话语进行概述，我们才能想象一种失之久矣的语言的特定维度，并领会语言最初建构时的历史条件，以及社会冲突与权力更迭（它们最初内在于语言，最后又导致了权力的消散和衰落）。此外，只有通过这样一个过程，我们才能暂时地满足条件，去开发一个难以琢磨又令人生畏的"品味的地图学"计划。

沃与立场之争

正如《官员和绅士》（*Officers and Gentlemen*，1955）中的案例所示，伊夫林·沃的著作与这个计划相关，它不仅预示而且戏仿了"好的品味"、阶级出身，以及社会与政治立场在意涵上的类同。对这个小说家而言，美学的边界与文化和道德的边界相似，它们以同样的方式去划分社会层级。对沃来说，维持自然秩序有赖于一位像他自己一样机警且不易被收买的士兵来守卫这些边界。在这一语境中，沃特别强调了特里默的人渣意味——对玛丽·道格拉斯来说，秽物（dirt）是"不合宜的"[1]。虽然沃的背景与人格倾向迥异于英国上层阶级，但也因为这两个因素，他比王宫发言人更清楚地认识到宫廷小丑的角色，他那简单粗暴的揭露与其同侪的冠冕堂皇的陈述形成了鲜明对照。

49 像所有激进的反对派一样，沃描绘了一组尘封已久的价值观、偏好和臆断。当这些价值观与它们所代表的利益出现危机，面临土崩瓦解的危险时，沃仍试图为它们开脱。事实上，从 1945 年起，沃的小说就越来越富有冲突性。这一年，《故园风雨后》（*Brideshead Revisited*）出版，大大突显了那些年文化共识的风向，它改变了权力的和控制的语言，不仅远离了沃代表的那种讽刺精英主义，而且也逐渐远离了战争期间"优雅的"贵族和家长式意识形态。大卫·卡迪夫（David Cardiff）证明，这些转向已在 1930 年代后期的英国广播公司出现，具体如：电台谈话中的演示风格的演化，在"严肃的"和"流行的"之间进行划界，以及关于谁该为"普通人"代言、代言什么、多久代言一次、支持谁的利益[2]等一系列争论。在沃后来光辉的职业生涯中，他坚定而不悔地成为特权的守卫者。在 1945 年后，他有好几年都是全身心地投入关于"高雅"和"低俗"文化、"流行"和"古典"价值的讨论。只有在破坏偶像的行为与进步、温和和改革这样的新兴正统观念相抵触的情况

1　Mary Douglas, *Purity and Danger*, Routledge & Kegan Paul, 1966.

2　David Cardiff, "The serious and the Popular: Aspects of the evolution of style in the radio talk 1928-39" in *Media, Culture and Society*, 1980, 2.

下，沃选择的角色定位才能得到充分的理解。它在这里也最终促成了沃的角色定位。

1945 年，艾德礼（Attlee）政府在左翼民粹主义浪潮中上台，并成功启动了福利和国有化计划，使得国家的战后过渡成为可能。随着充分就业、给中学生工作权，以及免费教育等承诺的制度化，沃至少是严重动摇了英国社会愿景的准封建结构（quasi-feudal structures）——如果不是完全扫除了的话。沃唯一可能的角色，就是一个与社会时代格格不入的人，他的气质最适合阿纳萨西斯的反复无常（Anastasias contra mundum）[1]——一种文化上的克努特（Canute）[2]，这最终导致他去编纂排他性礼仪（rituals of exclusion），古代政权的权力正是通过这种礼仪才得以延续。

在 1950 年代中期，沃在与南希·米特福德（Nancy Mitford）关于"U"（指的是 upper class，上层阶级）和"非 U"（指的是 not upper class，非上层阶级）的交流中，列举了一些"增殖性的"（breeding）关键性能指（他纠正了她的一些细节点[3]）。品味的地图学在这里形成了一种强烈的反动意味。U 和非 U 系统的编纂，旨在澄清和重新界定战后关于"富裕"（affluence）的不透明的界限。通常情况下，言语行为具有约定俗成和丰富多样的特性，以至于它们不能够得到充分监督，遑论调整。沃通过辨明言语的这种伪装（charades），来阻止那些可能的研究者。能指的绝对密度——它们不可避免地要受制于感知、期望及信仰的模式，还有"社会背景"这一不可抗拒的事实——严重打击了人们（即使是最有才的伪装者）的愿望。尽管表面上是矛盾的，U 和非 U（尤其在沃的讽刺性文本

50

1　Anastasias contra mundum，用来形容经常反复无常的人。contra mundum 意为反对世界，蔑视一切普遍看法，常被用来形容特立独行的孤独游侠。——译者注

2　克努特是盎格鲁-撒克逊时期最杰出的人物之一，他大约在公元 985—995 年出生于丹麦。他是一位勇猛的丹麦国王，征服了北欧大片地区，并于 1016—1035 年统治了英国。——译者注

3　Nancy Mitford and Evelyn Waugh, *U & Non U*, Penguin, 1955.

中）证实了阶级差异的持续存在。沃选择去捍卫的权力与价值的特定结构。在其他地方，他又屈服于一套不同的确定性。沃的最后一本书《吉尔伯特·皮福尔德的考验》（ *The Ordeal of Gilbert Pinfold*，1957）写于他去世前的第九年。我们发现它置入讽刺的迷宫之中，他最强烈的恐惧在于：共同富裕和普及教育将消除既存差异来实现民主价值观。

> ……他最强烈的品味是消极的。他憎恨塑料制品、毕加索、日光浴和爵士乐——所有在他的生命中出现过的事物。只有宗教背景的小慈善能够缓解他的反感，并让他感到无聊。他祝愿所有人无恙，他以一种永恒的观点（sub specie aeternitatis）来俯瞰世界，并认为这个世界扁平得像一张地图——除非他表现出一种不可一世的傲慢（但又经常如此）。当他喝了一瓶劣质的酒、遇到一个无礼的陌生人或者发现了一个语法错误时……他又会从崇高的状态中变回原形。[1]

沃的清单具有启发意义：塑料制品（如英国的节日／"不真实的"大众文化）；毕加索（欧洲大陆的现代艺术／颠覆性的高雅文化）；日光浴（越来越多的休闲／民族的惰性／对化妆品的"软"痴迷／"非道德主义、裸体主义……不信奉国教"）[2]和爵士乐（美国黑人／颠覆性的"低俗"文化）。沃认为，这些物品及其体现出来的品味和价值观变化，共同构成了整个过程的一部分。在此过程中，基于特权传统所产生的总体成就已被逐步规划，直到沃的世界看上去"扁平得像一张地图"。

这只是一个起点。因为沃只是站在一个反抗先锋的位置，他反对战后关于重建和机会均等的一些信心满满的修辞——这些陈词滥调在 1950 年代蔓延到整个文化批判领域。

1　Evelyn Waugh, *The Ordeal of Gilbert Pinfold*, Chapman & Hall, 1957.

2　Bevis Hillier, *The World of Art Deco*, Dutton, 1971.

霍加特和奥威尔：一种反向一致

雷蒙德·威廉斯（Raymond Williams）在《文化与社会》（1958）中描述的异议与辩论的文学传统，开启了批评的空间。尽管不同的政治观念并存于这一传统当中，但是，如奥威尔这样激进的民粹主义者、如艾略特这样自称精英的人，以及如霍加特这样的社会民主主义者，他们对于与"水平下降过程"相关联的"大众文化"，表现出共同的忧虑。 51

文化的而非政治的保守主义，将那些准备对抗的作家汇集在一起，他们对当时一些有争议的问题提出质疑（如教育对国家的作用）。虽然对于应该从战前世界保留下什么，这些作家人未达成任何一致意见，但是，他们从未怀疑过，应该保留某些东西。艾略特和利维斯（Leavis）承诺维护少数派文化的永恒价值，来反对流行艺术的庸俗入侵；他们以阿诺德（Arnold）的术语"文化"（culture）来反对"无政府状态"（anarchy）。奥威尔和霍加特致力于保护工人阶级生活的"质感"（texture），以此反对战后因生活的丰裕所带来的诱惑——电视、高薪和消费主义。对于大众文化的抵触或悦纳，代表着两派作家的不同观点，它们都无须太多的解释或批评。这已经成了文化研究的一部分"常识"。

然而，霍加特和奥威尔对文化创新进行了更复杂又矛盾的抵抗，不过这些抵抗通常都被暂时性地悬置，因为两位作家作出了更持久和积极的贡献（在这一特定语境下，奥威尔被人记住是因为他的《维根码头之路》[1937]一书，霍加特被人记住则是因为他描写战前工人阶级社区的《识字的用途》[1958]一书的前面几个章节）。事实上，这两位作家都以大致相同的理由抨击新兴的"消费文化"。他们把光鲜广告中的无阶级论调等同于个性和选择权的丧失。

奥威尔和霍加特都将假日营的形象作为战后工人阶级生活的一种范例。奥威尔想象着，给格勒律治（Coleridge）的《忽必烈汗》（*Kubla Khan*）进行一种现代性改装，使它由阴凉的洞穴变成一系列摩尔人、高加索人和夏威夷人风格的茶石窟（tea-grottoes）。神圣的河流已经不复存在，它被人为改换成温暖的泳池，在这种暖风熏得游人醉的环境里纵情欢乐，将"阻止发生可怕的事物——思想"。[1]

同样地，为了达到类似效果，霍加特以 1950 年代的廉价浪漫小说作为模仿对象，他设定了一个叫"舒适假日营"（Kosy Holiday Kamp）的地方，那里配有"三个舞厅、两个日光浴场和大量的牛奶吧"[2]，想象中的女解说员对"强壮又性感的男子气概"（结合了"马龙·白兰度和汉弗·博加特"的男性魅力[3]）"垂涎欲滴"。然而，奇怪的是，尽管意识形态的沟将这两位作家与伊夫林·沃区分了开来，但是在描写战后年代的流行文化时，他们仍有着共同的主题与形象相互关连。

在沃看到社会和美学标准衰败与堕落之处，霍加特和奥威尔看到了一个"真正的"、"肆意横行的"工人阶级社区的崛起；霍加特将这种"真实的"价值观称作"发光的野蛮"、"对内心光亮的竭泽而渔"……"精神上的干枯"……一个"棉花糖的世界"。[4]

尽管以上三位作家持有不同立场，但是他们分享着同一种语言，这是由历史决定的并且具有决定性的历史意义。由于近乎无意识的品味共识（即便这种共识是反向性的，如那些他们不喜欢的事物），他们在这一特定的、不言而喻的语境中松散地联系在一起。

1　George Orwell, "Pleasure Spots" in *Collected Essays - journalism and Letters of George Orwell, Vol. 4, 1945-50*, S. Orwell and I. Angus (eds.), Penguin, 1979.

2　Richard Hoggart, *The Uses of Literacy*, Pelican, 1958.

3　Richard Hoggart, *The Uses of Literacy*, Pelican, 1958.

4　Richard Hoggart, *The Uses of Literacy*, Pelican, 1958.

美国化的幽灵

随着 1950 年代的消逝，这种反向一致凝聚了越来越多的文化批评家，他们开始共同解决一个术语：美国化（Americanisation）。每当讨论"水平下降"过程，"美国化"概念就会被迅速且毫不费力地纳入"文化与社会"的论争当中，他们都会提及美国流行文化的有害影响。在一个野蛮的、完全自动化的社会中，许多弗里兹·朗式（Fritz Lang-like）的幻想，背后潜伏着许多从"美国化"幽灵中吸取的紧迫感和力量。尽管在冷战期间，苏联对领土扩张的觊觎可能会引起同样的愤慨和恐惧，但美国的文化帝国主义，却要求一个更为直接的解释性回应。每当有"美国的"任何东西出现，不管多远，它至少都要被教育界或文化批评领域的人解读——作为预示结局的先兆，无论这种想象性天启（apocalypse）是采取赫胥黎（Huxley）的《美丽新世界》、法伊弗尔（Fyvel）的"远郊城镇"（subtopia），还是斯宾格勒（Spengler）的"特大城市"（megalopolis）的形式，再或者以一种更为世俗的形式，如霍加特的"舒适假日营"（在那里我们一起沉浮，"普通民众的伟大狂欢：大家像小鱼一样漂浮在温水池中"[1]）。许多作家将美国视为这一可怕过程的主要来源。从 1930 年代起，美国（及其生产过程和消费规模）作为一种均质化力量，就已经形成了一种工业时代野蛮发展的形象。一个没有历史的国家，当然也没有真正的文化，它被竞争、利润和进取主义所统治。它很快就要成为西方世界中威胁每一个先进的工业民主国家的发展范式。

这种对"美国生活方式"和美国商业模式的不利的（unfavourable）描述，当然还有很多，并没什么新奇（例如，马修·阿诺德认为美国反智主义和实利主义盛行，T. S. 艾略特

53

Richard Hoggart, *The Uses of Literacy*, Pelican, 1958.

的诗歌《带着旅行指南的伯班克和抽着雪茄的布兰斯坦》也有相关表述），但是，在第二次世界大战期间及战后不久，这些不利的描述直接深入公众、进入民粹主义话语，而且还以印刷和广播的方式开始在更大范围内传播。这种来自"官方的"对美国的大范围抵制很好理解。由于特殊的历史状况，从 1940 年代初期开始，美国在英国的军事存在就已出现；与此同时，英国开始日渐倚赖于美国的经济和军事援助。大部分"普通的"英国人对美国流行文化的第一次直接经验，发生在战争期间与驻扎在英国的美军进行的非法接触。我们很难去对这场戏剧性遭遇的影响进行评估，但是相关反应却似乎是充满矛盾的：好奇、羡慕和愤慨交织在一起，这些美国士兵在强调他们的"丰裕"、轻松以及"随意的举止"（由此也可推断他们"道德上不检点"）。

尽管美国军队和平民之间经常发生大量的非法商业活动，但是——也许正因为此——美国士兵开始（最初只是秘密地）在新闻界成为一个"民间恶魔"、内部的敌人。这造成了颠覆性和不稳定性的影响。德国的宣传开始利用英国士兵与女友和妻子分离的恐惧及怨恨大做文章。英国的杂志和报纸也常常采取类似的策略。

美国军人怀揣着美元，嚼着口香糖，用收音机收听爵士乐，喜欢买糖果、丝袜、雪茄和啤酒，这几乎成为一个刻板印象——它很容易被吸纳到现有的传言当中——与在欧洲旅行的美国人印象叠加在一起。美国的一位牧师描述了典型的美国兵形象：

> 他站在那里，衣服穿得鼓鼓的……孤独、深沉、目空一切、心无旁骛——他是一个征服者，一个口袋里装着巧克力棒，另一个口袋里放着雪茄……巧克力棒和雪茄似乎就是他所有的一切，征服者能做的，就是去征服……[1]

1　Rev. Renwick C. Kennedy，引自 Eric Goldman, *The Crucial Decade and After: Americ 1945-60*, Vintage, 1956。

战争结束之后，这种潜在的敌意仍然存在，并且因新的内容而不断加剧：英国作为世界大国的地位开始下降，大英帝国开始瓦解，与此同时，美国的国际声望不断上升，再加上美国帝国野心的迹象开始凸显。此外，战争债务以及欧洲对美国军事存在的依赖，成为人们怨恨美国的双重焦点。

54

　　在一些杂志文章和报纸的报道当中，英国经济开始紧缩，这与美国经济的蓬勃发展及美元的持续走强形成了鲜明对比。1948 年 7 月，为庆祝伊丽莎白女王的生日，《图画邮报》发布了一个跨大西洋的内容报告，标题采用的是一种预言式口吻，叫作"美国的入侵"，该文对新的"一次性的"（disposable）文化表示出深深的蔑视：

> 扫地机的簸箕里装满了五英寸的雪茄屁股和只抽了四分之一的香烟，这些垃圾都来自那个并不太富裕的土地。[1]

随后是一张图片，其目的是给《图画邮报》的读者传达出严格配给的主题观念：

> 在前面的酒吧，两个松肩宽带的年轻人在一个小时内才说了六个字，其中的四个字还是叫的"服务员"，他们花了一早上的时间来掷骰，纯属为了玩乐。[2]

这些主题在 1940 年代末至 1950 年代初的文章中得到详细阐述（如 1949 年 5 月 21 日发表的《美国兵营的真相》，其中"无聊的美国兵"就谈到英格兰北部稀缺的"自动点唱机、电视、冷饮柜和电影院"；另见 1951 年 6 月 30 日的《伦敦的美国殖民地》一文，其中包括了一些"惹眼"相片：美国人在伦敦的非法赌博场里玩骰子）。

1　"An American Invasion" in *Picture Post*, 31 July, 1948.

2　"An American Invasion" in *Picture Post*, 31 July, 1948.

美国的音乐和英国的媒体

　　这些有着特定历史局限的不满情绪，出现在杂志上并得到详细阐述，它注定要和《图画邮报》一样广泛"流行"。它必须有助于适应官方品味（英国广播公司和各大文艺机构）对美国文化输入的回应。但是，官方人士普遍存在的文化保守主义立场，已经确定采取一种冷遇态度。根据目前正在进行的档案研究，英国广播公司在 1940 年代末和 1950 年代初，提出了相关政策方针，如关于美国的内容应该在多大程度和在什么语境上进行呈现，都有着详细指导。美国喜剧节目的内容和质量，显然受到特别强烈的审查；并且，英国大众所接受到的美国形象，也是通过如阿拉斯泰尔·库克（Alastair Cooke）这样专业评论员的家长式框架来进行过滤。当大众激进主义大潮高涨时，民众对变革的需求又恰逢严重的物资短缺，英国广播公司人事部门（如程序员和决策者）显然已经意识到，美国文化艺术（尤其是流行音乐——摇摆、低吟和爵士乐）对于公众的"斗志"可能有着潜在的颠覆性影响。到了 1956 年，当左翼民粹主义的"威胁"不再是一个重要的政治因素，关于节衣缩食的回忆也渐渐消退，这些做法已经变得相当沉稳和制度化。

　　尽管英国广播公司的基调和风格因受 1954 年出现的商业电视影响而变得更为宽松，但是摇滚却遭到了英国广播公司的有意忽视和抵制。英国的流行歌手和歌舞表演歌手受到普遍亲睐。1956 年，埃维斯·普里斯利（Elvis Presley）发行了摇滚唱片《伤心旅馆》（*Heartbreak Hotel*），但是在当年流行歌曲的年度评点中，没有一首是摇滚歌曲。伊安·钱伯斯（Iain Chambers）发现，这样明显的审查模式，在整个 1950 年代的音乐出版中也存在，关于"质量"（quality）和"品味"（taste）

为概念，一直在对抗摇滚所具有的"商业的"诱惑（直到1956年，《旋律创作者》[Melody Maker][1] 一直都在抵制听众所要求的每周"十大"排行榜[2]），以下是一个典型回应：

> 等到最终审判的那一天，美国音乐产业中许多令人目眩神迷的事物，圣彼得将对此负有责任。如果接近排行榜首的是摇滚，我并不感到意外……作为一种社会现象，目前流行音乐界发生的最可怕的事情之一，就是对摇滚内容的狂热……摇滚技术，无论是器材上的还是声乐上的，都走到了爵士乐（爵士乐一直致力于追求好的品味和音乐的完整性）的对立面。
>
> ——《旋律创作者》

历史的"真实性"和／或风格的复杂性，起着区分可接受形式（如"自然的"蓝调、民间的和传统的；复杂的音律，民谣等）和不可接受形式（如摇滚、节拍和蓝调）的标准作用。正如钱伯斯所说，"事后看起来似乎是最为随意的区别，恰恰是在当时美学参数里发生的最激烈的拉锯战"[3]。并且，对这些区别进行捍卫及维护，再次表明它们具有来自"不一致的单调性"[4] 的风险——早期摇滚的出现就是代表。当广播机构最终屈服于民众需求时，音乐也就让步于战后早期精心设计的监控及框定程序。电视节目，如《六五特别节目》（6.5 Special）、《谢谢你的幸运之星》（Thank your Lucky Stars）、《金曲评赏》（Juke box Jury）等；广播节目，如《周六俱乐部》（Saturday Club）和《轻松击打》（Easy Beat）等，它们都由

56

1　《旋律创作者》是英国音乐周刊，也是世界上最早的音乐周刊之一，由 IPC 媒体公司出版。它成立于 1926 年，早期专注于爵士乐。2000 年，《旋律创作者》被它的"长期竞争对手"也是 IPC 媒体公司的姊妹出版物《新音乐快报》合并。——译者注

2　D. Cardiff, P. Scannell, N. Garnham, Polytechnic of Central London, research into BBC Written Archives, 1928-1950 (to be published).

3　Iain Chambers, *Urban Rhythms*, Macmillan, 1984.

4　Iain Chambers, *Urban Rhythms*, Macmillan, 1984.

"专业"主持人（如皮特·穆雷 [Pete Murray]、大卫·雅各布斯 [David Jacobs] 等）来主持。《金曲评赏》实际上是对评赏的研究："知名演艺界人士"小组对新的音乐作品进行评论，他们的评论是睿智的、暗含讥讽的，但常常又是自觉轻松的。杰克·古德（Jack Goode）的《喔，男孩！》（*Oh Boy！*）是专注于音乐的电视节目，在那里，音乐的不良内涵都无须审查而允许通过（这在商业节目中体现得更为明显）。

牛奶吧惨状与青年的威胁

正如我们所见，英国广播公司承担的把关和监控功能，理所当然地认为它们在更广泛的文化与美学批评潮流中具有同等重要性。在 1950 年代早期，"美国"这个特定词汇可以引发一连串的负面性联想。它可以被用来对其他相关概念进行污名化（contaminate），如"美国化的性爱"（Americanised sex）、"美国电影的错误价值观"等。[1] 另一个例子来自《图画邮报》，它指出了美国化观念已经深刻地渗透到更"受人尊敬的"通俗新闻报道当中。在爱德华·赫尔顿（Edward Hulton）编辑的一篇题为"最好与最坏的英国"（1953 年 12 月 19 日）的报道中，它描述了一个新的族群的出现，那就是"机器看守者和漫画阅读者"[2]。赫尔顿引述了一个福利工作者的例子：后者将一群工厂女孩（她们每天八小时不间断地将纸

---

1 最后一个来自 Orwell, "The Decline of the English Murder" in *The Decline of the English Murder and Other Essays*, Penguin, 1970。在该文中，奥威尔将英国乡间别墅谋杀案数量的下降与家庭暴力事件数量的明显下降相提并论，并将它们归咎于美国文化的恶性影响。他将一个特殊的案例视为下降的症状，即 Cleft Chin 杀人事件。这个案子发生于 1944 年，一名美国逃兵和他的"情妇"在醉酒状态下，谋杀了许多人，并抢劫了他们的"少量现金"。凶手的肮脏罪行，反映在"好莱坞电影的错误价值观"以及侦探小说低俗趣味之中。作为反美国化的早期例子，这篇文章也特别有趣。奥威尔以一种不详的语气结束了全文："也许这很有意义，最近几年经常被谈论的英国谋杀案，其罪行是一名美国人和一名已经美国化的英国女孩犯下的。"

2 Edward Hulton, "The Best and the Worst of Britain" (3) *Picture Post*, 19 December, 1953.

放进狭槽里）与"啄食玉米的鸡"进行对比，当被问及宗教剖白时，他说：

> 相较于上帝而言，她们更喜欢维克多·迈彻（Victor Mature），她们可以理解维克多，维克多缓解了她们生活中的单调无聊；但上帝没有。[1]

赫尔顿最后提到"青少年犯罪的增长"，谈到了年轻的"暴徒……他们因攻击老年人和妇女而扬扬得意，当他们感到沮丧时，就要去打人"，文章以一种严肃警告作结：

> 我们正处于美国式生活特色的可怕边缘，在许多阴暗的区域，暴徒们挨个商店上门去要求支付"保护费"之类的。[2]

由此，犯罪的形象、不满的青年、城市的危机和精神的漂泊等，它们与"流行"的美国商品（维克多·迈彻，漫画）锚定在一起，要求一个更为完整的全面回应，而非对于那些我们已有的一连串结构链（在青年、未来、美国与犯罪之间）的修复，这些已完全成为英国的常识。如我们所见，这样的类型化特征只是缓慢地出现，其意义围绕着特定的基调、价值观和事件，并且在不同语境中逐渐归化（naturalised）。通过隔离这一结构的两个不同时刻——一个来自霍加特，另一个来自奥威尔——归化过程本身可以被阻止和审查。

在霍加特对"自动点唱机男孩"（1958）的描述中，那些因为"美国化"特征而聚集在一起的众多组织被整合，并被读解为成熟的内涵符码。霍加特描述了一群年轻人，"年纪在十五至二十岁，身穿斗篷衣服，戴着领带，一副美国式的无精打采的样子"，他们整晚在"嘈杂的牛奶吧"里听着

57

被一个精神病医生诊断

1　Edward Hulton, "The Best and the Worst of Britain" (3) *Picture Post*, 19 December, 1953.

2　Edward Hulton, "The Best and the Worst of Britain" (3) *Picture Post*, 19 December, 1953.

"点唱机"（nickelodeons）。[1] 小吃店与一场前所未有的精神和审美的崩溃关联起来，这副令人沮丧的画面，受到了早期摇滚的直接影响，它被霍加特称为"空心宇宙"（hollow cosmos）。总而言之，霍加特将这种衰退归因为对美国一些观念的接受。

> 许多顾客——他们的衣服、发型、面部表情，所有这些都表明——他们在很大程度上生活在一个神话世界之中，这个世界混合了几个简单元素，它们被当作美国的生活元素。[2]

霍加特在注解中建立了一系列感性形象与观念之间的连接：美国等同于大众文化、美国化等同于同质化、美国的现在等同于英国的未来。在"点唱机"这一章的末尾，霍加特写道：

> 享乐但又消极的野蛮人，花了三便士搭乘五十马力的公共汽车，再花一先令八便士去看了一部斥资五百万美元的电影，他不单纯是一种社会异类（oddity），他还是一种预兆（portent）。[3]

这给我们造成的印象，是一种怪异的不对称（三便士、五百万美元、一先令八便士）、错位（"空心宇宙"、"神话世界"）以及不和谐（摇滚），并且这些形象形成了一个富有威胁性的混合物，它瓦解了"无脑"和"暴力"青年的威胁，但是却陷入未来（冷漠的和陌生的）一种更大的威胁之中。

要追溯这些内涵代码的起源，我们只需要看看乔治·奥威尔的《上来透口气》（*Coming up for Air*，1939），其中相似的"人为的"、"异化的"环境，就是以完全同样的方式来对混乱无序的道德和审美进行一种隐喻。乔治·鲍林（George

58

1　Richard Hoggart, *The Uses of Literacy*, Pelican, 1958.

2　Richard Hoggart, *The Uses of Literacy*, Pelican, 1958.

3　Richard Hoggart, *The Uses of Literacy*, Pelican, 1958.

Bowling），这个失望的中年叙述者，他怀疑英国出了一些大乱子，于是他回到他出生的村庄(已成为一个庞大的工业园区)，发现他的疑虑都得到了证实——在事实层面实现——在那个俗不可耐的新牛奶吧里。

> 这些地方有一种气氛让我感到失望。所有的东西都闪闪发光、华而不实，且都是流线型生产：镜子、搪瓷、铬板，无论你看哪个方向都如此。所有的东西都只能看不能吃，根本就没有真正的食物。这些东西只是标举出美国的记号，但是却虚幻无常，你不能品尝，也很难相信它们的真实存在。[1]

对霍加特和奥威尔而言，"软的"（soft）和"流线型的"（streamlined）两个词近乎同义词，并且由"闪亮的"、"现代的"材料制作而成的流线型产品，总是被这些作家作为对各种意想的衰落的一种速描。一旦它们被定义为"美国影响力"的符号，这样的商品在新闻或文化批判的报道中将被引用，它们可用来代表以下意识形态主题的各类组合：青年的叛乱、英国文化的"女性化"、权力的崩溃、帝国的没落、家庭的瓦解、犯罪的增长、参加礼拜人数的减少等，尽管这些都不是必须存在于奥威尔的例子当中。通过这种方式，在特定历史时刻提及的"流线型"一词，可以从不同资源中调动一整套意识形态管控的内涵。为了理解这一过程的复杂性，我们必须考虑"流线型"一词如何被专业设计人员应用于工业产品中，同时还要试着去梳理在设计和生产阶段编码在流线型产品之中的意义。这样一来，我们就有可能最终改变那些被公开讨论的质量与品味问题。

---

1 George Orwell, *Coming up for Air*, Penguin, 1962.

流线型的讨论

（1）"爵士乐形式"（jazz forms）的亵渎

"流线型"一词，首次出现在 1930 年代的美国设计术语之中（尽管哈罗德·范·多伦 [Harold van Doren] 早在 1867 年就提出了关于"流线型火车"的专利）。本来"流线型"设计的平滑烟卷状，仅与航空技术有关，这被认为具有一种特殊功能——提升速度，最大化空气流量等。然而，这些视觉图案在 1930 年代早期被应用到美国的汽车设计中（例如，1934 年的克莱斯勒气流车 [Chrysler Airflow]，就是以道格拉斯 [Douglas] 的飞机设计作为模型）。很快，流线型在新的语境下构成了一个流行的"夺人眼球的词"[1]，它与经典的欧洲现代主义相龃龉。在这一特定领域，现代主义的理想最明确地体现于瓦尔特·格罗皮乌斯（Walter Gropius）为德国阿德勒公司的角度设计之中（例如，1930 年的阿德勒敞篷车 [Adler Cabriolet] 常常作为"有品味的"[tasteful] 汽车典范出现在设计理论的教材当中）。

1930 年代末，流线型在运输领域中找到了它的基本原理，并开始应用到其他商品的设计当中。吊诡的是，埃德加·考夫曼（Edgar Kauffman）的例子（他用一个胶带封口的容器去"天真地应对"尾翼的"整流罩"）要感谢雷纳·班纳姆（Reyner Banham）[2]，在他身上，发生了一个"不正当"使用航空图案的最为"臭名昭著的"案例。在 1940 年，哈罗德·范·多伦这样写道：

> 流线型给现代世界带来了一场风暴。我们生活在流线

1　Reyner Banham, "Design in the First Machine Age" (1960), extracted in S. Bayley (ed.). *In Good Shape: Style in Industrial Products, 1900-1960*, Design Council, 1979.

2　Reyner Banham, "Detroit Tin Revisited", in *Design 1900-1960: Studies in Design and Popular Culture of the Twentieth Century*, (ed.) T. Faulkner, Newcastle upon Tyne Polytechnic, 1976.

型火车、冰箱和壁炉所形成的大漩涡中；流线型的泳装美人、苏打饼干乃至面部按摩铺天盖地……[1]

随后的争议围绕着这些所谓流线型的"不正当"应用展开，它持续了二十多年，并且也许是专业设计领域里最著名的，当然也是最持久、最全面的记录在案的讨论。对目前设计领域的学术话语来说，它仍然是具有决定意义的"时刻"（例如，形式主义 / 反形式主义；审美的 / 商业的；"好的"设计 / "流行的"设计等）。我们的兴趣在于这样一个事实，即它作为现代学派（如勒·柯布西耶 [Le Corbusier]、包豪斯建筑学派 [the Bauhaus] 等）霸权的媒介——现代学派形成了大量工业设计的批判理论，并在 1920 年代早期发展成为一门专业学科——受到挑战并最终瓦解（例如，我们现在的主题就是，生活在"后现代主义的时代"）。通过探究设计领域中关于流线型的争议，我们也许可以确定，意识形态上的区别（在"严肃的"和"流行的"之间，"好的"和"坏的"品味之间）于 1935—1955 年在特定话语领域得到阐述；同时去核验它们与其他领域的差异有多远；并将这些发展与工业生产、分配、消费的模式变化联系起来。

面对进口美国产品的清一色流线型，欧洲设计机构的反应相当迅速，并表现出一致的敌意。冰箱的流线型被认为是一种挑衅行为，它直接蔑视了"好的设计"的最基本原则——"功能决定形式"（form follows function）。这样一件东西显然是亵神的，就像一首无节制的赞美诗。就欧洲设计界来说，它是"装饰性的"、"颓废的"，它的冒犯性完全源自它的任意性。一个富有表现力的设计词汇的闯入，与它所塑造的商品之间没有内在的（intrinsic）联系，这显然具有某种颠覆性。它引入了工业设计的一种互文性可能——能指（signifiers）在无须任何

60

---

1 Harold van Doren in S. Bayley (ed.). *In Good Shape: Style in Industrial Products, 1900-1960*, Design Council, 1979.

参照（任何"基本的"质量，如"功能"）的情况下自由跨
越各种不相关产品的表层，这完全违背了普遍流行的"现代的"
正统观念。（很多"现代运动"的修辞都是基于与建筑术语
同样的类比，这一事实几乎从不被考虑。而且，另一种"欧式"
的流线型风格源自意大利的未来主义，只要它保持"有品味"
和克制，就是被明确允许的。我们再一次遇到了防御和保护，
这在事后看来，是一种特别站不住脚的区别。）

欧洲主流和美国之间关于产品设计"好的品味"的概念
差异，源自不同的基础，这是根据两大洲的制造工业、设计
理论与实践确立起来的。美国的设计牢牢扎根于商业自由，
并且是以工作室和咨询公司为主。美国设计领域最著名的人
物——范·多伦、贝尔·格迪斯（Bel Geddes）、洛伊（Loewy）、
德雷弗斯（Dreyfuss）和蒂格（Teague）都经营着各自的设计
公司，与此同时，他们都赞成"形式"、"和谐"和"比例"
的理想观念，并认为市场对他们的理论和实践持续发挥着重
大的决定性影响。[1] 在欧洲，至少在英国和德国已经建立起国
家机构，他们颁布了"好的设计"的原则，但是，在英国，
它几乎与工业不存在整体性联系。当设计团队最终形成后，
他们往往永久地隶属于一家企业或公司。这种理论和实践分
离的现象，对欧洲主流的设计美学有着直接影响。（在美国，
流行的"美学"原则观念充分考虑市场需求，"流行"的品
味往往被视为一种烧钱的嗜好。）

61 　 在英国，成立于 1915 年的工业设计协会（Design for
Industries Association，DIA）以德意志工艺联盟（Deutscher
Werkbund）为榜样，奉行一种威廉·莫里斯（William
Morris）和工艺美术运动（Arts and Crafts Movement）的理想
政策。工业设计协会的声明表现出一种强烈的家长式做派（这

插图来自赫伯特·雷德的《艺术
与工业》杂志，它对现代设计的
优点进行赞美：形式服务于功能。
好的形式 = 秩序 = 理性

1　参见 S. Bayley，"Industrial Design in the Twentieth Century"，in S. Bayley (ed.). *In Good
Shape: Style in Industrial Products, 1900-1960*, Design Council, 1979。

可见于早期发行的《今日设计》[*Design for Today*] 杂志），它反映了政府（而非工业利益）在制度上和意识形态上的态度。这对于英国设计的影响微乎其微，到了 1930 年代后期，工业设计协会被一群福音派信徒所围困，他们是由尼古拉·佩夫斯纳（Nikolaus Pevsner）和约翰·贝特伦（John Bertram）所领导的"现代运动"的支持者。佩夫斯纳和贝特伦二人都写了具有影响力的著作，佩夫斯纳的《现代设计先锋》（*Pioneers of Modern Design*）和贝特伦的《设计》（*Design*），都是作为鹈鹕特别系列（Pelican Specials）出版，并很快在主流的品味精英中赢得青睐和支持。著名设计评论家史蒂芬·贝利（Stephen Bayley）表示，1930 年代后期，像伦敦交通局和英国广播公司这样的机构，主要是通过《倾听者》（*Listener*），积极推进现代设计原则的确立。欧洲现代运动的严谨的、贵族气派的价值观念，完美地兼容了"好的品味"的定义，后者在广播界很快流行开来。佩夫斯纳和贝特伦的著作，充分提到了"进步"和"质量"、技术变革的"挑战"以及文化连续性的需求。美学的适度与社会民主的承诺结合在一起，符合这一时期正在出现的更为自由的主导精神。[1]（例如，对于不同领域同一时期的发展，可见约翰·格里尔逊 [John Grierson] 论纪录片的文章，在那里，电影制片人颂扬了工业的"权力"和工作的"尊严"，它调和了"日常"生活中的家长式利益，以及"好的"、积极又便利的工作需求。[2]）在现代运动中，大众品味与流行文化的问题得到充分讨论，这种认真而负责的讨论语调与新的、更民主的腔调——"变化的腔调"紧密相连。关于后者，英国广播公司在 1930 年代后期试图采纳它。有意思的是，贝特伦的著作就是基于一系列电台谈话整理而成，这形成了他

"理性的"直线型解决方法

1　参见 D. Cardiff, "The serious and the Popular: Aspects of the evolution of style in the radio talk 1928-39" in *Media, Culture and Society*, 1980, 2。

2　John Grierson, *Grierson on Documentary,* (ed.) F. Hardy, Faber, 1979.

在 1937 年出版的《日常生活中的设计》（*Design in Everyday Things*）一书。

当然，这不是说，在其他国家、其他语境下，现代运动的美学原则必须与温和的社会民主意识形态一致。例如，约翰·赫斯克特（John Heskett）已经证明，在德国，与包豪斯、魏玛共和国关联的设计形式与观念，如何被纳粹完全成功地用作德国的民间工艺品形式。[1] 佩夫斯纳甚至认为，"精心制作的"形式与那些他个人支持的社会变革方案，没有内在的关联：

62　　在德国，战后的劳工政府培育了现代风格……在意大利，现代建筑和现代设计作为一种法西斯主义的表现享受到政府的特别扶持。

在俄罗斯，经过国家多年后的批准，同样的风格作为末日资产阶级的成果而被放弃，并推出了一种传统的，因此可能更受欢迎的风格。所以，艺术对文明内部变化的反应，仍然是不确定的。[2]

然而，很明显的是，现代主义原则在英国被佩夫斯纳这样的民众普遍地理解和接受。这些早期的现代主义接受者，想象着他们正好（例如，佩夫斯纳在同一句话中提到"层级对比的升级……设计标准的提高"[3]）与更自由和进步的意识形态契合——这些意识形态在那时刚刚受到某些主流精英（如英国广播公司）的青睐。

佩夫斯纳和贝特伦的著作中，都有一些冗长的论争，要求反对英国工业的实利主义、大众品味的粗俗化，以及在面

1　John Heskett, "Archaism and Modernism in Design in the Third Reich", *Block* 3, 1980.

2　Nikolaus Pevsner, *An Enquiry into Industrial Art in England*, 1937, extracted in S. Bayley S. Bayley (ed.). *In Good Shape: Style in Industrial Products, 1900-1960*, Design Council, 1979.

3　Nikolaus Pevsner, *An Enquiry into Industrial Art in England*, 1937, extracted in S. Bayley S. Bayley (ed.). *In Good Shape: Style in Industrial Products, 1900-1960*, Design Council, 1979.

对"新的"和"好的格局"时的无动于衷。贝特伦的书也许是
更为纯粹的"大陆的"（Continental）语调：它不断使用一堆
正面的形容词（"实用、诚实、实惠、持久和美丽"[1]），以
此来攻击国内的媚俗。（"从哥特式祭坛借来的缝纫机，装饰
着金色纹饰"……"宏大的宝石"和"都铎式的"平房等。[2]）

　　美国铺天盖地的流线型，几乎不太可能被这种新的设计寡
头所喜欢，当佩夫斯纳指责"对更为严肃的现代作品来说"，"爵
士乐形式中的现代主义……"破坏了市场，[3] 这让人怀疑他特
指的是美国进口商品或美国风格的设计（在 1920 年代和 1930
年代的写作中，"爵士"和"美国"这两个词几乎是可以互换
的）。英国和美国传统的分离——由各自的设计精英形成的工
业实践和民族风格——很好地解释了在"商业的"和"严肃的"
作品之间的两极话语，同时也解释了美国和欧洲通过完全不同
的标准来判断"好的"设计的构成。但是，为了对这些差异做
出更详细的说明，并理解它们更广泛的历史重要性，我们必须
入乎其内出乎其外，对这些最初讨论的术语作全面理解，同时
还应该考虑生产过程和消费规模的双重变化。

（2）未来的形态

63

　　从 1930 年代到 1950 年代后期，流线型作为流行的风格——
所谓的"流行"，在一定意义上同时指的是"商业上的成功"、"民
主的"、"反纯粹主义的"和"反古典主义的"等——可以参
照两个主要的发展形态来进行解释：压制钢技术的改进和新的
消费市场的形成。冲压和压膜技术的发展（产品的零部件可以

1　Anthony Bertram, *Design*, 1938, in S. Bayley (ed.). *In Good Shape: Style in Industrial Products, 1900-1960*, Design Council, 1979.

2　Anthony Bertram, *Design,* 1938, in S. Bayley (ed.). *In Good Shape: Style in Industrial Products, 1900-1960*, Design Council, 1979.

3　N. Pevsner, *An Enquiry into Industrial Art in England*, 1937, extracted in S. Bayley S. Bayley (ed.). *In Good Shape: Style in Industrial Products, 1900-1960*, Design Council, 1979.

整体冲压，再焊接在一起）可以被看作加速自动化和合理化进程的一个组成部分。在第二次世界大战前后的几年，财政与技术资源越来越成为更主要、更高效的基本要素。换句话说，这只是众多技术创新的一种，它使得垄断资本在这个时期得到巩固。

在这种情况下，组合的、几何的形式变成了冲压或压膜的形式，范·多伦所谓的"直线型的"变成了"曲线型的"形式，这种变化标示着工业生产中一个更广泛的转变，它以有限的项目来寻求更大的产出，以更低的单位成本来拓展更大的国内市场。冲压技术让曲线型的生产更为容易，用班纳姆的话说，它"用宽平的包膜形状使工作更有效率"[2]。这一事实也就意味着，这种生产过程的创新及合理化（它可以在形式上宣传自身），可以通过这一新鲜感来打广告，它在生产过程中能够根据产品比例和"流线型"产品的市场导向对产品作定量与定性的改变。

这不是要回到粗暴的技术决定论。商业的压力在这里仍显得至关重要。设计的选择范围仍由市场和生产力组织构成。设计师仍需提供有吸引力和具有商业价值的产品，这些产品旨在最大限度地发挥新技术带来的形式风格的变化潜能。正如美国设计师雷蒙德·洛威在 1945 年所言，最终只有流线型的审美才能给董事和股东们留下深刻印象，它包括一种"销量增长的美丽弧线"。[3] 但是，由新技术"进步"（如冲压技术）带来的风格变化的潜能，就是通过刻意夸大的风格差异在市

1　Harold van Doren, *Industrial Design - A Practical Guide*, 1954, extract in S. Bayley (ed.). *In Good Shape: Style in Industrial Products, 1900-1960*, Design Council, 1979.

2　R. Banham, "Detroit Tin Revisited", in *Design 1900-1960: Studies in Design and Popular Culture of the Twentieth Century*, (ed.) T. Faulkner, Newcastle upon Tyne Polytechnic, 1976.

3　Raymond Loewy, "Industrial Design - the Aesthetics of Salesmanship - An American View", letter to the *Times*, 19 November, 1945, reprinted S. Bayley (ed.). *In Good Shape: Style in Industrial Products, 1900-1960*, Design Council, 1979.

场中得以呈现的。新产品的范围程度可以通过产品的"新鲜感"
和"唯一性"——这里通常指的是"曲线的"品质——来进行
标示。它主要是通过技术装备中采纳的风格与形式，来塑造新
的消费群体。

64

流线型产品的广告，直接吸引了人们对科技发展不可抗拒
的流行观念，同时还经常从当代科幻小说与科幻小说题材中获
取灵感——如 1930 年代的流行杂志中，就有关于未来乌托邦
的描述，这种描述"一半基于现实，一半基于预言"。[1] 流线
型成为"未来形态"的代名词，它意味着在新的权力下的浪漫
狂欢。这个词受到罗宾·斯宾塞所谓的"未来世界的大众想象
观念"的影响。[2] 这个概念的意义和吸引力，正如斯宾塞指出的，
"与既定的艺术形式毫无关系"。[3] 未来主义的宣言和大众想
象的进步只共享着"技术美学的光明无瑕"，[4] 但是，当它们
由高雅走向低俗，由一个艺术前卫的崇高主张进入大众主导的
消费与实用语境时，美学及其意义都发生了根本转变。

对于技术进步的热情，并不仅限于美国设计美学的接受
者。即使是受人尊敬的设计师亨利·德雷福斯，他的作品总是
要做几个月冷静的市场研究，然而他可能也会如其他受众一样，
将目光停驻在水晶球的凝视当中。有时候，这些预测都是无关
要点，但又不可避免：

再过不到半个世纪，就到公元 2000 年。谁能够知道那

1 Robin Spencer, *Designs for Silent Rides over Rough Roads*, in *Design 1900-1960: Studies in Design and Popular Culture of the Twentieth Century*, (ed.) T. Faulkner, Newcastle upon Tyne Polytechnic, 1976.

2 Robin Spencer, *Designs for Silent Rides over Rough Roads*, in *Design 1900-1960: Studies in Design and Popular Culture of the Twentieth Century*, (ed.) T. Faulkner, Newcastle upon Tyne Polytechnic, 1976.

3 Robin Spencer, *Designs for Silent Rides over Rough Roads*, in *Design 1900-1960: Studies in Design and Popular Culture of the Twentieth Century*, (ed.) T. Faulkner, Newcastle upon Tyne Polytechnic, 1976.

4 Stanley Mitchell, "Marinetti and Mayakovsky: futurism, fascism, communism", in *Screen Reader*, September, 1977.

时的生活会怎样？人们只能根据过去五十年来科学取得的难以置信的进步进行猜测，无限的远景就在面前……我们的邮件也许会通过导弹火箭在全国各地派出……[1]

美国的产品设计日益成为富有想象力的艺术，它要不断地刺激需求，来克服利润率下降的规律，这只能通过不断推出"更新的"、更奇异的、更具有"未来派"风格的商品。反过来，随着消费者越来越注重身份意识并且对视觉标准更加敏感，制造商之间的竞争也会使得商品市场越来越激烈。正如约翰·赫斯科特所说（德国制造业模仿的正是"美国样板"），"设计师的工作主要面向的是产品之间的人工创作和表相差异"。[2] 这些愈演愈烈的市场压力推动了产品设计的新方向，即后来所谓的"消费者工程"（consumer engineering）。[3]

（3）从硼砂到流行

螺旋产品在美国汽车行业中极为显著。在 1950 年代，"淘汰计划"（planned obsolescence）的政策在底特律开始实行，并引发了公开的游行示威。事实上，这一政策对设计和"消费者满意度"来说有着积极影响，它催生出一些最古怪的"创造"，然而实践表明，这些具有"梦幻"风格的手工艺品却走向了另一种极端，它没能上线生产。（1953 年凯迪拉克的埃尔·卡米诺就被广告宣传为每个人的"梦幻之车"。）

哈利·J. 厄尔（Harley J. Earl）是通用汽车（General Motors）造型设计部门的主管，他负责了许多梦幻得令人发狂的设计。他最具争议性的创意，包括在 1949 年将洛克希德闪电（Lockheed Lightning）的尾翼改装到凯迪拉克系列的后保

1　Henry Dreyfuss, *Designing for People*, 1955, extracted in Bayley (ed.). *In Good Shape: Style in Industrial Products, 1900-1960*, Design Council, 1979.

2　J. Heskett, "Archaism and Modernism in Design in the Third Reich", *Block 3*, 1980.

3　Donald Bush, *The Streamlined Decade*, Braziller, 1975.

险杠上。为此，他还义正辞严地声称，这给车主赋予了一种"看得见的声望"。这些"无理"和"傲慢"的特点，引发了欧洲设计界的轩然大波，1930年代关于流线型的许多讨论都对此作了概述。但是，随着战后从生产经济到消费经济的转变，迫在眉睫的"美国化"问题变得更加明显：

> 流线型是绘图板上的爵士乐。这个类比很相近，两者都是美国现象、都是"流行的"、都远离了最初来源——黑人音乐和航空动力学，最终这两者都是高度商业化的，且都使用了星级系统。[1]

英国的设计师和"经典的"美国设计师联合了起来，他们抗议通用汽车的"短期、廉租的、铬金属乌托邦"的到来。[2]

"硼砂"（borax）这个词，在美国家具行业中标示着"十分厚重的形式和精美的装饰"[3]，它被反对者接管，并被用来指代以底特律为代表的终端造型（甚至还有一个形容词"borageous"）。正如班纳姆指出的，这些术语在期刊中出现，就如《建筑评论》一样明确地用于"现代运动"的原则，这也意味着一个简单的冷战逻辑："硼砂的不好……简洁的好；风格化的不好，功能性的好。"[4]事实上，尾翼的引入最后被描述成"越南的产品设计"，[5]它甚至作为"美国在太空竞赛中落后于苏联的事实"而受到（明显的）责难：当苏联一直在开

---

1 Edgar Kauffman, *Borax or the Chromium Plated Calf*, 1950, 引自 Banham, "Detroit Tin Revisited", in *Design 1900-1960: Studies in Design and Popular Culture of the Twentieth Century*, (ed.) T. Faulkner, Newcastle upon Tyne Polytechnic, 1976.

2 Richard Hamilton, "Persuading Image", *Design*, no. 134, February, 1960, extracted in Bayley(ed.). *In Good Shape: Style in Industrial Products, 1900-1960*, Design Council, 1979.

3 R. Banham, "Detroit Tin Revisited", in *Design 1900-1960: Studies in Design and Popular Culture of the Twentieth Century*, (ed.) T. Faulkner, Newcastle upon Tyne Polytechnic, 1976.

4 R. Banham, "Detroit Tin Revisited", in *Design 1900-1960: Studies in Design and Popular Culture of the Twentieth Century*, (ed.) T. Faulkner, Newcastle upon Tyne Polytechnic, 1976.

5 R. Banham, "Detroit Tin Revisited", in *Design 1900-1960: Studies in Design and Popular Culture of the Twentieth Century*, (ed.) T. Faulkner, Newcastle upon Tyne Polytechnic, 1976.

66 发"人造卫星"（Sputnik）时，美国人却在沉迷于尾翼而自甘堕落。[1]

尽管如此，这时（正如班纳姆的辛辣讽刺表明的）反对派的力量和声音越来越大，现代主义共识正从内部开始瓦解（班纳姆曾是佩夫斯纳的学生）。《纽约工业设计杂志》（New York Journal Industrial Design）开始对底特律的新产品给予高度评价，并且，部分纽约知识分子对厄尔1951年的作品进行了重新评价，认为它是打上引号的艺术（如现代艺术博物馆中展出的中空滚动雕刻）。在伦敦，出现了类似的讽刺意识——这种意识最后产生了波普艺术和汤姆·沃尔夫（Tom Wolfe）的新新闻主义（New Journalism）——它在独立集团（Independent Group）的组建中就有所暗示，并嵌入1956年在白沙佩尔艺术画廊（Whitechapel Art Gallery）举办的"这是明天"的展览之中（它沉迷于新流行文化的图像，这是遭人鄙视的）。

而且，这些在艺术和设计世界中的转变和突破，在文化批评和大众新闻的交叉领域中再度上演。这反过来又反映了"美国化"、"水平下降过程"、"文化的衰落"以及"消费者的富足"等流行的意识形态。为了追踪前一阶段（和后一阶段）的连接，所有这些转变，都反映了或回应了市场构成以及生产力的变化。"硼砂"的争议，扩大并加重了部分欧洲主流精英对美国流线型产品的抵制，这有助于将专业的学科问题（这被认为是危险的）在限定的空间内表现得更为清晰和具体：日常生活中形式的意义、大众需要的"负责任的"解释、设计实践中的公众品味。1950年代的凯迪拉克，只是一种价值观和利益冲突的催化剂，这种价值观与利益的冲突，自20世纪前20年大规模生产技术在美国发展以来就已确立。

1　R. Banham, "Detroit Tin Revisited", in *Design 1900-1960: Studies in Design and Popular Culture of the Twentieth Century*, (ed.) T. Faulkner, Newcastle upon Tyne Polytechnic, 1976.

它代表着对合法性与品味的不同理解所形成的冲突。这是一个需要作出明确反应的问题。

走向流线型的劳动力

在美国，凯迪拉克就如埃尔·卡米诺广告所承认的那样，是美国梦在铬金属中的具体体现。在整个 1950 年代和 1960 年代，它代表"处于劣势的美国人"（disadvantaged American）[1] 的抱负，它是其原始愿望的公开表达——并未受到欧洲"好的品味"的家长式干预——这被证明充满着分歧。当然，这也是使得凯迪拉克如此"庸俗"的原因。它是"水平下降"过程的典型表现，通过"自命不凡地"宣称代表"社会地位"（这是"提升社会经济地位"的车）悖论性地消除价值和品味区隔（在"差异"和"显著卓越"的双重感觉之中）。这是整个恶性过程的高潮。在这里，1950 年代的凯迪拉克，作为一个"区别的标志"最终被对风格变化的迷狂所取代。

67

尽管对于（富裕应该产生出来的）阶级差异的想象性侵蚀在左翼那里有不同的变化，但这种解释却不仅限于保守的文化批评家。马尔库塞在《单向度的人》（1964）中描述了一个近乎"流线型的"劳动力，他引述了"拥有凯迪拉克的黑人"以及"打扮得像雇主女儿一样有魅力的打字员"[2] 的例子，去说明下属群体通过"被动的消费主义"在多大程度上接受了主流的思想和行动模式。

马尔库塞是一位生活在加利福尼亚州的欧洲马克思主义者，他的著作特别有意义，因为他代表着一种有意识的尝试，他将许多不同的话语——社会学的、美学的、文学的和精神分

---

1 R. Banham, "Detroit Tin Revisited", in *Design 1900-1960: Studies in Design and Popular Culture of the Twentieth Century,* (ed.) T. Faulkner, Newcastle upon Tyne Polytechnic, 1976.

2 Herbert Marcuse, *One Dimensional Man*, Routledge & Kegan Paul, 1964.

析的——连贯成一个主题文本，并把它们直接指向受自动化工作流程影响的"劳动力质变"[1]问题。马尔库塞采纳了范斯·帕卡德（Vance Packard）和查尔斯·沃克（Charles Walker）提出的建议，即关于生产过程合理化和规范化的趋势，再加上工资的上涨，导致了"管理职位的强化，以及工人方面的顺从和弱化"。[2]有意思的是，他使用了"位于法国昂贝尔（Ambès的一个美国化的加德士（Caltex）精炼厂"这样的例子，去说明瑟吉·马勒（Serge Mallet）的"自愿融合"（voluntary integration）概念[3]：工厂作为一个封闭的消费社会的缩影——一个运作得就像一台高效、不可阻挡的机器的社会（参见《大都会》和福柯所说的"圆形监狱"）。

　　一群"私有化的"、富裕的工人，他们被限定在生产和消费的封闭流程之中，他们和他们的雇主一样，"看同一个电视节目，游览相同的度假胜地"[4]，只是为了购买他们自己异化劳动所生产的产品，这种工人的形象在 20 世纪五六十年代的许多关键性社会学话语中都得到了体现。正如克里彻（Crichter）指出的——这里涉及哥德索普（Goldthorpe）和洛克伍德（Lockwood）对卢顿（Luton）汽车工人的经典研究《阶级结构中的富裕工人》（1968）——这些变化的证据，在这种情况下：

　　　　经济环境的变化（收入和获取消费品途径的增加，引发生活方式的变化）；技术和工作管理的变化（体力劳动减少，新"技术员"角色涉及更多的团队合作以及管理目标的整合）；城市生态的变化（增加业主所有权，实现郊

1　H. Marcuse, *One Dimensional Man*, Routledge & Kegan Paul, 1964.

2　Charles Walker, *Toward the Automatic Factory*, 1957，引自 Herbert Marcuse, *One Dimensional Man*, Routledge & Kegan Paul, 1964。

3　Serge Mallet, *Arguments no.* 12-13, 1958，引自 Herbert Marcuse, *One Dimensional Man* Routledge & Kegan Paul, 1964。

4　H. Marcuse, *One Dimensional Man*, Routledge & Kegan Paul, 1964.

区城镇化以及重建市中心）。[1]

这些情况往往被假定而非被评定。作者也只是关心自己，他们在探讨"在大多数'新'因素最为明显的情况下，是否对他们自身产生影响"。[2]

变化的证据

这里能够被收集的证据，实际上是矛盾的、零碎的和有缺陷的。例如，战后许多有关消费统计的数据，来自市场研究和广告的新型消费导向性产业，虽然它们在描述一般趋势方面非常有用，但它们提供的证据有时是存在问题的（见下文）。

当然，在1935—1962年，消费模式的确发生了变化。在这期间，除了各式各样的消费品供应在稳步上升外，工人阶级花费在休闲方面的时间与金钱也出现戏剧性转变。例如，保罗·维尔特（Paul Wild）追踪了一个城镇洛奇代尔（Rochdale）在1900—1940年的消费新形式——主要是电影院和舞厅的扩张。这些年，休闲变得越来越集中（例如，1929年英国高能公司在全国拥有300家电影院，到1945年，兰科 [Rank] 集团开了超过500家电影院，同时还拥有伊灵与牧羊人丛林 [Ealing and Shepherds Bush] 工作室[3]），并且，美国和受美国影响的产品开始在"大众"市场中占主导地位。维尔特描述了这样的总体趋势：垄断娱乐寡头的增长（如兰科集团和第二次世界大战后百代唱片 [EMI] 的出现）；从大

---

1 Chas Critcher, "Sociology, Cultural Studies and the Post War Working Class", in *Working Class Culture* (eds.), J. Clarke, C. Crichter, R. Johnson, Hutchinson, 1979.

2 C. Critcher, "Sociology, Cultural Studies and the Post War Working Class", in *Working Class Culture* (eds.), J. Clarke, C. Crichter, R. Johnson, Hutchinson, 1979.

3 参见 Paul Wild, *Recreation in Rochdale*, in J. Clarke et al. (eds.), 1979。

众控制中取消休闲供给；以前是公共的或阶级的仪式，现在出现了更为专业化的趋势；工人阶层的繁重工作日渐减少，而"美式娱乐世界的诱惑日渐增多"[1]。但是，我们还有许多工作要做，如工人阶级如何看待这些发展，他们如何利用这些新的设施，以及他们在多大程度上被战后大众娱乐的重构而真正地（如维尔特指出的"被诱导"）放弃政治上的激进立场（deradicalised）。

战后，尤其是青少年消费模式的变化引起了密切关注。一位市场研究员马克·艾布拉姆斯（Mark Abrams）在《青少年消费者》（1959）中，以及柯林·麦金尼斯（Colin MacInnes）在其著作《初生之犊》（*Absolute Beginners*）中，一同建构起具有影响力的范式。奉行享乐主义的工薪阶层青少年，准备花费大部分的收入（据艾布拉姆斯统计，这笔花销是战前的两倍）用于休闲。但是，社会学家（如史密斯的Bury 样本 [1966]）进行的后续研究将这些结论置于一种不确定的质疑中（史密斯发现，他采访过的 18 岁少年中，有 40%的人每周在衣服、饮料和外出等方面的花销，竟然不到 75 便士）。[2]

然而，"丰裕的神话"和与之相伴随的"无阶级性"（classlessness）及其"收编"（incorporation）的意识形态，试图对工人阶级生活形式的变化与形成（尤其是新的"大众文化"与"美国化"论题并行不悖）提供一致的解释：设法消除的传统差异，在很大程度上仍保持不变。例如，艾布拉姆斯宣称：

> 在普遍繁荣的条件下，阶级方面的社会学研究是少之

1　P. Wild, *Recreation in Rochdale*, in J. Clarke et al. (eds.), 1979.

2　Mike Brake, *The Sociology of Youth Culture and Youth Subculture*, Routledge & Kegan Paul, 1980.

又少的。它的地位已由年龄相关的差异所取代。[1]

然而，这里有许多的困惑。艾布拉姆斯在 1959 年仍坚称：

　　……将近 90% 的青少年消费，受制于工人阶级的品味和价值的影响。[2]

青少年消费中的大部分戏剧性变化都得到了关注，如增加休闲设施的供给（迪斯科舞厅、精品店、汉堡柜台、十针保龄球馆等）和增加杂志发行（《Fab》杂志、《19》杂志等）。这些针对特定青少年市场的消费，在 1960 年代早期至中期才开始冒出来。但是，即使这些年轻人的消费仪式远不是无阶级的，它们在与阶级相关的质量 / 品味严重分裂的文化中，仍在继续发酵。1971 年，全国物价和收入委员会（the National Board of Prices and Incomes）的报告称，收入分配基本与 1886 年持平：物资困难可能已经减少，但是相对贫困仍在持续。1962 年前，青少年的消费还没有受到教会青年俱乐部、志愿者协会（以及非自愿组织——兵役，一直持续到 1958 年）的约束，它总是倾向于在地下进行，至少对那些工人阶级的男性而言，其消费发生在父母文化的夹缝之中，在街角、商场、咖啡馆和舞厅里。变化最明显的证据是在 1950 年代初期出现的花哨的亚文化，如泰迪男孩，那些群体的品味显然受制于美国进口商品、美国流行音乐和美国电影（根据巴恩斯 [Barnes][3] 的意见，这种风格受到了好莱坞流氓文化和西方刻板印象的强烈影响），这将强化而非废止阶级差异。毕竟，这些泰迪男孩，或多或少都是来自下层工人阶级青年的"最底层"。[4]

70

1　Mark Abrams, *The Teenage Consumer*, London Press Exchange, 1959.

2　M.Abrams, *The Teenage Consumer*, London Press Exchange, 1959.

3　Ken Barnes, *Coronation Cups and Jam Jars*, Hackney Centreprise, 1979.

4　参见 T. Jefferson, "The Cultural Meaning of the Teds", in S. Hall, J. Carke, T. Jefferson, B. Roberts (eds.), *Resistance Through Rituals*, Hutchinson, 1976。

根据 1954 年《图画邮报》对托特纳姆（Tottenham）的麦加歌舞厅所作的一项调查显示，泰迪男孩的每周工资，低的只有 4.176 英镑（学徒），高的则到了 12 英镑（一个熟练的壁橱制造者）。而他们都要量身定做一套瘦长的男套装，这是必须要穿的（它被费维尔 [Fyvel] 描述为"戏剧性装备……没有英国人特色……只剩下怪异"[1]），要花费 17 ~ 20 英镑。一件"好的府绸衬衫"要 2 英镑，一双"大靴子"要 3 英镑。[2]这就意味着，要当一个泰迪男孩并不是一件轻而易举的事情。这不是一句简单的"钱来得容易"。泰迪男孩奢侈的服饰装扮，要求小心谨慎的财务规划和明显自觉的节衣缩食的生活，在其他方面，这种生活很可能是相对无趣并且回报很低的。

但是，这些群体几乎没什么代表性。他们为大部分当代观察员充当"黑暗先锋队"（dark vanguard）[3]，同时他们还被视为叛徒——对漫画、飞机头和泡泡糖的想象世界的背叛，这可能击垮英国文化的独特性，除非"某物"（很少规定的）已经完成。霍加特在论"自动点唱机男孩"的文章中，对此给出了一些指示，即这些文化的"遗存"形式如何被看作"最先进的社会变革点"[4]——即将到来的物之形态。

超越对新事物的震惊

从 1930 年代到 1960 年代，关于品味、美国文化影响以及"生活质量"的争论可谓是连篇累牍，时至今日，我们可以对它们的政治与文化影响进行重估。在各式各样相对独立的专业语境下演进的话语（discourses），它们因同样的意识形态主题、

---

1 T. R. Fyvel, *The Insecure Offenders: Rebellious Youth in the Welfare State*, Pelican, 1963.

2 "The Truth about the Teddy Boys (and Teddy Girls)", *Picture Post*, 29 May, 1954.

3 George Melly, *Revolt into Style*, Penguin, 1972.

4 S. Hall, J. Clarke, T. Jefferson, B. Roberts, "Subculture,Culture and Class", in S. Hall, J. Carke, T. Jefferson, B. Roberts (eds.), *Resistance Through Rituals*, Hutchinson, 1976.

形象与问题而相互联系在一起。特别是我们已看到的，一些意识形态的内涵代码（如"美国"、"爵士"或"流线型"等）如何被调用和启动。一些显然不相关的团体与个人，如英国现代设计机构（British Modem Design establishment）、英国广播公司员工、《图画邮报》和音乐报纸的记者、批判性社会学家、"独立"的文化评论家如奥威尔和霍加特、法兰克福学派训练有素的马克思主义者如马尔库塞，甚至像伊夫林·沃这样强迫性的孤立主义者，所有这些都已进入内涵代码。它们共同形成了历史上特有的价值语言。随着流行现象的输入，如"流线型"和"爵士"这类语言的出现，不仅是这些术语本身（"卓越"、"质量"、"区别"等），而且它们背后的预期和假定的结构（文化延续性、社会稳定性和道德与绝对审美的永恒愿望），都陷入危机之中。

市场组织和生产力转变带来的挑战，在新的音乐流派（摇滚、饶舌乐等）的外观形式，以及新的商品订单（通过表面风格特点的不同进行区分）中得到了体现。就像非裔美国人的音乐语言，它从一个与欧洲古典音乐完全不同的文化传统中生发出来，遵循着一套不同的规则，按照不同的时间推进，更加强调节奏、参与和即兴的创作，因此，新经济（new economy）基于生产过程的自动化和非人格化，以及消费模式的转变，它破坏并替代了旧的关键性语言。这个新经济——消费的经济，它的能指经过无休止的替代、超越、漂移和游戏——反过来又产生了一种新的异质性语言。那些被文化精英消极定义的术语，其意义得到了反转，当它们被（反主流文化的）倡导变革者挪用（按照马尔库塞的方式）时，就具有了对立的意味，同时转化为积极的价值观——快乐主义、乐趣、无目的性和可处置性等。然而，一种语言的置换，一套话语被另一套话语所替代，并不是简单地或仅仅通过认识论范畴和"真理体系"的神秘"分散"而发生，而是通过真实事物的代理，即一系列新的商品材料——以另一种完全不同的"语言"写下的信息（message）——渗透到特定历史的意义领域。这个信息提出了另一组转换，它源自"最终的"、比语言更具决定性和确定性的区域——确切地说，是生产领域。正如本雅明在本章开头指出的，关于"信息"的接收方式，以及本章涉及的"好的品味"的争议性定义，有一个更为根本的解释。

72   我们已经看到，流线型如何构成了技术创新（如冲压和压制技术）形式的明确表达，这使得生产日益标准化，统一的商品范围成为可能。流线型开始被视为工业野蛮主义、风格上无节制与过度的一种隐喻。"爵士形式"的扩散被欧洲文化评论家引用，它同时意味着"大众品味"、"未来的展望"和"美国性"——都是负面性的定义。另外，对流线型产品的设计师和广告商以及"广大公众"而言，流线型的词汇被用来表明生活质量的积极改善，这反过来又引发了生产基地（productive base）和炫耀性消费的大规模扩张。质量和数量在这里是无法区分的——品味问题与物质进步的争议密不可分，现代主义修辞中提到的"漂亮的机器"和"精心制作的物品"，只能被掩盖在"自由市场"条件之下，大规模生产技术致使传统审美标准发生转变并被替代，社会差别也因此最终被建立起来。这些同时可触及又能复制的事实（一百万台流线型的雪佛兰，一百万个流线型的收音机），最终让许多文化评论家感到焦虑。一大批不同的商品，它们经过相同的生产线却无法对之进行一一区分，用班纳姆的话说，它们代表着"压向你的铬部落"[1]。而那些受过欧洲传统教育的知识分子，十分看重（并且仍将继续看重）"正宗的"、"独特的"或至少是"诚实的"和"实用的"价值。本雅明非常明确地预测了审

---

[1]   R. Banham, "Detroit Tin Revisited", in *Design 1900-1960: Studies in Design and Popular Culture of the Twentieth Century*, (ed.) T. Faulkner, Newcastle upon Tyne Polytechnic, 1976.

美标准的转变，它随着大生产的出现而终将降临：

> 复制技术……通过克服每一个独一无二的存在，把所复制的东西从传统领域中解脱了出来。[1]

差不多在同一时期，以同样精神进行写作的葛兰西（Gramsci）针对意大利知识资产阶级对"美国化"迹象的初步回应，作了非常令人信服的批评。他预测，引入意大利的美国式大生产技术（"福特主义"）将导致经济开发的加剧，并最终使得国家意志进一步渗透到私人和公共生活的各个方面——对群众意识形态和"道德胁迫"的控制将更加细致入微且更加发达。但是，葛兰西拒绝悲悼表象性形式发生的变化，这些变化不可避免地伴随着结构性的调整。他精确地指出了抵制美国文化影响的根源：

> 在欧洲，对美国风格（它代表着"质量"）的抵制是一种消极的残余势力，因为它们的本能直觉认为，生产与工作中所出现的新形式会毫不留情地将它们扫除。[2]

73

面对流线型的小汽车外型，以及流线型音响放出的"热辣的"爵士乐或"即兴的"摇滚乐，1935—1965 年的文化保守派，不管其公开的政治关系如何，他们均认为本雅明描述的"毁灭性的、导泄性的（cathartic）方面，即对文化遗产的传统价值进行清算"是正确的[3]；他们认为，未来——他们的未来——岌岌可危。

1　Walter Benjamin, "The Work of Art in the Age of Mechanical Reproduction", in J. Curran et al. (eds.), *Mass Communication and Society*, Arnold, 1977.

2　Antonio Gramsci, "Americanism and Fordism", in *Selections from the Prison Notebooks*, Lawrence & Wishart, 1971.

3　Benjamin, "The Work of Art in the Age of Mechanical Reproduction", in J. Curran et al. (eds.), *Mass Communication and Society*, Arnold, 1977。睿智的年轻叙述者柯林·麦金尼斯在其邪典小说《初生之犊》中以一种更简洁的方式提出了类似观点："这是反美（anti-Yank）完全失败的明显标志"（*Absolute Beginners*, Allison & Busby, 1959）。

结　论

如果没有提及当时流传的美国及美国影响力的另一种定义，或者不去评估这一时期美国文化渗透的实际程度，而就此结束对"大众品味"（流行于 1935—1962 年）的一些观念的讨论，结果将会是误导性的。

如我们所见，消费品味与模式发生变化，往往与市场构成的变化密切相关（如"闯入"工人阶级和年轻人"显性消费"的领域），反过来，相关事物和环境的变化，要么是从美国引入，要么就是美国式风格（如电影、流行音乐、流线型的手工艺品、牛奶吧、发型和衣服等）。毫无疑问，美国在战后开始对欧洲文化产生相当大的文化与经济影响力，尽管已有的统计数据超出了本文的覆盖范围（例如，据估计，到 1973 年，世界荧屏时间有 50% 被美国电影占领，美制电视节目在西欧的电视播出时间超过 20%，英国制造业产值的 20% ~ 25% 由美国控制，八家主要的广告代理机构均由美国公司所有[1]）。

但是，几乎没有证据表明，社会和文化差异的消除（如一代文化批评家预测的那样发生）可以被归咎于这些发展。例如，目前大量的青年文化选择（如乡村摇滚乐、重金属乐爱好者、泰迪男孩复旧者等）间接地折射出一个"神秘的美国"。它似乎表明，早期对美国文化同质化影响的担忧是毫无根据的。相反，美国的流行文化，如好莱坞电影、广告图像、包装、衣服和音乐，提供了丰富的图像志，一组象征、物件和人工制品，它们都可以在不同的组合中进行无限次的集合和再集合。每一次选择的意义是作为单个的对象转变而来——牛仔

1　参见 T. A. Gurback, "Film as International Business", in *Journal of Communication*, Winter, 1974, 以及 C. W. E. Bigsby, "Europe, America and the Cultural Debate", in C. W. E. Bigsby (ed.), *Superculture: American Popular Culture and Europe*, Paul Elek, New York, 1975。

晖、摇滚唱片、托尼·柯蒂斯（Tony Curtis）的发型、波比袜等——它们从最初的历史和文化语境中脱离出来，与其他来源为其他标志并置。从这个角度来说，泰迪男孩的风格可以被解译为如霍加特所说的一群"驯服的和没有方向感的奴隶"[1]，一组简化的规范和价值观，而不是作为一种意义的归属、一个强制和控制的企图、一个自我消失的象征行为——远离社会的一步，它可以提供一点知识，即"所有的工作是为了让你可以漂浮在你的生养之地"。[2]

美国的正面形象在这一时期一直在持续，尽管其正面形象通常是被隐秘地构建和维持的，但在学校和国家的"官方"话语中，美国的形象通常是负面的。当然，即使在 1935 年，也存在一个正面的"新世界"神话——也许是更早的浪漫神话的余存，美国和美国人被描绘成年轻、天真、充满活力和朝气蓬勃的。1960 年代初，肯尼迪兄弟被描绘成这些品质的化身。如克里斯多夫·布克（Christopher Booker）在他对战后英国的研究《喜新厌旧者》一书中，描述了肯尼迪时代的词汇和图像如何输入英国，并被用于加强"摇摆伦敦"（Swinging London）的神话和哈罗德·威尔逊（Harold Wilson）的"强有力的"领导。[3] 但是，直到 1960 年代，对美国文化的浪漫肯定留存于《花边新闻》（Titbits）这样无耻的"大众"周刊，以及发育不全的文学类型——中篇小说、漫画以及好莱坞的短效作品，这些都主要面向工薪阶层市场。在 1960 年，这个市场——至少是其中很重要的部分，特别是年轻人，已经再次从流线型和摇滚的丰富词汇中脱颖而出。1962 年，连·戴顿（Len Deighton）的《伊普克雷斯档案》（Ipcress Files）出版。书中有一段这样的文字：

Hoggart, *The Uses of Literacy*, Pelican, 1958.

Tom Wolfe, "The Noonday Underground", in *The Pumphouse Gang*, Bantam, 1968.

Christopher Booker, *The Neophiliacs*, Collins, 1969.

75

　　我沿着夏洛特街（Charlotte Street）走向苏活区（Soho）。那是一月的早晨，阳光普照大地，气温正好。我也许正在寻找迟到的借口，我买了两包高卢香烟，在咖啡馆和马里奥、弗朗哥喝了一杯格拉巴酒。买了一本《政治家》（Statesman）杂志，一些诺曼底奶油和大蒜香肠……我有些慵懒，在中午12：55的时候，我仍然还在莱德雷的大陆咖啡馆里逗留。杰看到了我，他用眼神打量着这个粉红色头发的女孩，似乎在猜测我的外套价格。我知道，他的每一件衣服也就值个60几内亚法郎（guineas），而那件法兰绒，在一个有怪癖的裁缝那里卖58.5几内亚法郎……（后来在脱衣服俱乐部）……最后，他去了男厕所，他平常就是一个乏味的人。一个香烟女孩走过来，试图向我兜售纪念品，她穿得很少，衣服上闪烁着黑色的亮片。我在一个温克尔包上看到了很好的图案，随后我花12.6几内亚法郎买了下来，它产自英格兰……"我会有一包高卢香烟的"，我说……[1]

　　值得关注的是——正如艾米斯（Amis）指出的，1960年代英国间谍小说对品牌和身份象征有着不懈追求，这也许并不奇怪——奇怪的是，像哈里·帕尔默这样的人，他叛逃的去处不是俄罗斯，更不是美国，而是意大利（"马里奥"、"弗朗哥""格拉巴"），欧洲大陆（"大蒜香肠"、"诺曼底奶油"以及那些"高卢香烟"）。这也许是一个终极讽刺。当1960年代英国的"大众"品味发生了最令人震惊和壮观的革命时，它驯化的不是疯狂和"粗俗"的美国设计，而是精致的"炫酷"的欧式风格，后者给"现代运动"中的英国拥护者留下数十年的深刻印象。1961年，费维尔记录了泰迪男孩风格的转换（它在此过程中背叛了一系列众所周知的偏好）：

　　　　通过各种纠偏，衣服和发型逐步变得不古怪也不极端，直到1950年代末，它们变得统一，并成为有着相当吸引

1　Len Deighton, *The Ipcress File*, Hodder & Stoughton, 1962.

力的"意大利风格"，这几乎成为工人阶级男孩的日常衣
着装扮；到 1960 年，它还与"保守的酷派"风格，或只是
非常普通但剪裁很好的衣装风格混合起来。[1]

现代风格（Modern Style）的首批"普通的"（如工人阶级）拥趸，
身着意大利西装，骑着意式摩托车，没过多久，他们就开始将
兴趣转向美国黑人的现代爵士乐和文化精神，自在地徜徉在伦
敦的苏活区。哈里·帕尔默和他的工人阶级出身、犀利的眼睛
（他的世界几乎不像是"展开的地图"）、精致和挑剔的品味（60
几内亚法郎的西服，58.5 几内亚法郎的法兰绒）以及意大利式
的自信（居伊·克罗奇贝克的神圣意大利），就是一个摩登派
的想象性延伸，如小说人物特里默一样——他就是一个彻头彻
尾的当代造型大师，有着 1950 年代游手好闲者的一种余风。
而且，"间谍大师"伯吉斯（Burgess）和麦克莱恩（Maclean，
后来被菲尔比 [Philby] 追随）的故事也是基于一种深刻的蔑视
与憎恶之情——对美国，对美国的文化、经济和军事帝国主义，
以及走向全球扩张的"美国化"的蔑视与憎恶（留下像帕尔默
这样的人去处理后事）。不必说，吉尔伯特·平福尔德都要为
此感到震惊。

76

1　T. R. Fyvel, *The Insecure Offenders: Rebellious Youth in the Welfare State*, Pelican, 1963.

4

作为形象的物：

意大利的踏板摩托车

77

社会学话语的困难之一，在于它像所有的话语一样，以严格的线性方式展开，但是为了避免过度的简化和片面性，它需要在每个节点召唤出整个关系网络。

——皮埃尔·布迪厄，《区隔》，1979

相较于物质实体的存在及其意义，我们对它的"关系网络"似乎要更为熟悉，这更具有"实质性"，然而却更难以琢磨和更充满矛盾性。如果线性（linearity）是所有话语的一种效果，那么，物的世界似乎特别抵制前后一致的注释。那些记述产品设计（更具"实质性的"物）的人面临一个核心悖论：物的历史的和视觉的面貌越有限，它的可言说性也就越奇妙，对它的分析、描述以及历史记录，也就越丰富多变。

78

在某种意义上，罗兰·巴特（Roland Barthes）《神话学》（*Mythologies*）一书中的每篇文章都是一个方程式（equation），它取决于对这种反常公式的最初认知所形成的影响，同时，巴特运用一种介于喜剧与恐怖之间的品味来处理悖论。（"我要求充分体现时代的矛盾，这可能会使得讽刺成为真理的条件。"[1]）在《新雪铁龙》（The New Citroen）中，巴特通过对年度车展（工业新产品在公众面前"揭开"神秘面纱）的介绍，描述了"有形的"（tangible）如何与"缥缈的"（ethereal）相联结，"物质的"如何与"精神的"相结合。他提到物的奥秘，即外观的双重神秘——魔幻的线条、"经典的"车身和难以解答的谜语（至少对巴特这个审美主义者来说，是无法解答的），它在宗教神话和原型意义上是如何产生的。这里出现了一系列现代奇观——通过"奇迹"的驯化，劳动力转变成物——巴特通过操纵一个双关语来进行暗示：雪铁龙 DS 19（DS 是特殊扩散 [diffusion Special] 的首字母缩写），它在法语中的发音就是 Déesee（Goddess，女神）。

这篇文章是一种词语误用的实验。可能有人认为这正是巴特的"方法"，巴特最早强调对单个词（a single word）的力量（它在神话学家那里唤起什么，并使之成为可能）进行分析的合法性。事实上，对巴特而言，只有通过这种"替代"（displacements），写作才能提升为文学：

> 因为文本是言语的显现，在言说中，文本必须对言语做出抵抗，被引出歧义，使之走向迷途……文本不是作为信息的工具，而是作为剧场中的文字游戏……文学中的自由力量并非取决于作者的公民身份，也不取决于他的政治义务……甚至不倚赖于作者著作中的教义内容，而是倚赖

1 Roland Barthes, "Introduction", *Mythologies*, Paladin, 1972(a).

于他对语言进行替代所付出的劳动……[1]

对巴特主义者（Barthesian）而言，写作是作者"在场"的唯一实践方式，只有在写作中，他（她）才有资格言说：

> 这个悖论在于，言语本身在某种程度上成为其自身目的，文学根本上是一种重复的活动……作家（ecrivain）是将世界的本源理解为如何进行写作的人……[2]

对巴特来说，那些声称要涉及表征，以及神话和"信仰"（doxa）的写作，必须满足某些条件。它必须自动回位（self-returning），且对多种语言信号敏感。它必须能够进行"讽刺"。因此，双关语是重要的，它需要打开并破坏一个"自然的"（如"资产阶级"）言语的限制。所以，巴特使雪铁龙回到了它真正的前神话（premythical）成分。他使用纯粹的语言材料对它进行重现。巴特的"新雪铁龙"是用言语的形式来推动的。尽管如此，这个替代品的颠覆性理由并不一定对每个阅读《神话学》的人可见。就像 DS 在它的台盘上慢慢旋转，该论证只是简单地被"展示"，它由一种读者眼睛所不能察觉的机制所推动（甚至很可能连一些能够领会双关语的读者都不能察觉）。

> 很明显，新雪铁龙从天而降，它看起来就像一个最高的圣物。我们不能忘记的是，一个物是超越自然界的最好使者：人们从中可以很轻易地看到一种完美，一种本源的缺席，一种闭合和一种光辉——生活转化为物质……简言之，是一种属于童话故事的寂静（silence）。[3]

如果正如巴特所言，写作被视为一种"自恋活动"[4]，那么语

1　Roland Barthes, 引自 J. Bird, *The Politics of Representation, Block* 2, 1980。
2　Roland Barthes, "Ecrivains et ecrivants", in *Critical Essays*, Evanston, 1972(b).
3　Roland Barthes, "The New Citroen", in Barthes, *Mythologies*, Paladin, 1972(a).
4　Roland Barthes, "Ecrivains et ecrivants", in *Critical Essays*, Evanston, 1972(b).

言是透明的（最近被称为"现实主义的谬误"）这种错觉当然就可以避免。但是"新的"立场有其自身幻想：当语言成为自恋者的镜像时，其他的幻想当然也是可能的。我们可以说，（这种）语言中的"误认"（misrecognised）是感知的深度（反映的深度）。换句话说，"误认"是语言本身虚幻的"物质性"（materiality）。

对巴特来说，现实只能作为一种"寂静"写入语言——"一种属于童话故事的寂静"。但是，我们可能会强调物的可靠性、质地性这些"存在"的简单事实，而不是事物的"寂静"。而且，表现物质世界的问题在巴特那里仍至关重要，它以这种形式进行描述——如作为言说与寂静的关系，因为这个问题本身就是物质性的：巴特毕竟是一个学者。如果他是一个工程师，或一个旅行销售代表，他渴望拥有一辆能打动潜在客户的小汽车（这也许可以实现……这也是小资产阶级进步的实质体现[1]），那么，上述"问题"会以不同的方式得到理解且有着不同的表现。如果他已经分享了对力学和"进步"（力学作为进步的一种隐喻）的兴趣——这无疑让许多渴慕者得到令人欢欣鼓舞的回应，这些渴慕者编档保存了 1955 年的雪铁龙展台，并且他们也渴望拥有"女神"（即雪铁龙 DS 19）——那样的话，我们也将面对一个不同的对象，一种不同的疏离感。因为，通过"无声之物"及为了"无声之物"来言说的许多声音（voices），远不止是寂静，它们是群众呼声。对我们来说，这个物的奥秘，与其说在它的"寂静"与想象的本质中，倒不如说在围绕其间的喧闹声中。

80

1　罗兰·巴特在《新雪铁龙》中写道："车身、结合线都被处理，车内装潢也被弄过，车座被调试，车门被摸过，车垫被抚触……这里的物件都完全被动过，被占用过：起源于大都市天堂的女神在一刻钟内被介质化，通过这种驱邪实现小资产阶级进步的精髓。"

三种 "因素"

意义的变动性，而非品质的稳定性，应该成为分析的最前沿问题……

——弗兰·汉娜、提姆·普特南，
《设计史盘点》，《布洛克 3》

那么，我们如何才能提供一种全面和统一的解释，来说明长期以来聚集在单一的物之上的所有多元价值和意义，说明它能够根据不同的地理、时间和文化来区隔不同的用户群体，并为不同用户提供不同的象征性和实用性的功能？关于这个问题，布迪厄曾作出过概述，巴特也在《神话学》中有所体现，它已得到确认：在那些渴望 "唯物主义" 设计理念的人中，有一种倾向是质疑事物（object）作为分析基本单位的适当性，并以设计实践作为一个更令人满意的切入点。但是，重心的转移和对认识论严谨性的追求是有其自身代价的。因为在设计史的语境中，没有事物（objects）就没有主题（subject）。所有的设计实践都会将一个有形的结果、一套真实的事物作为其最终理想与切实目标。的确，在设计中，物之本身就是理想。

那么，我们如何能够在谈论物和实践（塑造物、确定或界定其用途、意义和价值）的同时，而不忽略那些物与实践所嵌入的更大的关系网络？这个任务变得尤其艰巨，如果我们首先就承认，在设计 / 生产与消费 / 使用等因素之间并不存在绝对的对称性，而广告宣传作为一个单独的终结因素居于其间，它包括市场营销、宣传推广、形象与市场的构建，以及对公众回应的应对。对设计本身进行写作，是引人入胜的。要么将这三种因素合并考虑，要么强调其中的某一种因素，

81

使得生产、中介或消费成为"决定性因素"，这也就具体规定了事物在其话语语境中的意义。在任何情况下，结果几乎都是相同的——一个微妙的（不）平衡关系序列都可被归纳为一组残酷的格言，例如：大众消费的是大量生产的东西（生产被视为决定性因素）；欲望是广告形象的一种功能（中介被视为决定性因素）；人们通过对形象或事物的呼求，而保持人性的、"真实的"、纯真的状态（消费或拒绝消费被视为决定性因素）。当应用到特定事物中时，这些模式显然都不够，尽管在特定情况下它们每一个看起来都很适当。我们最好能够找到一种方法，将三种情况（instances）保持在一起，这样就可以充分考虑物在诸种转型期间所发生的转变。但是，这里仍然存在一个问题，即如何建构一种语言，以充分表述物所经历的各种流程。

如果我们放弃那些将意义的产生局限于物本身的内在逻辑中的解决方案——作为一种内部组织的元素或作为一个潜在的本质——换句话说，如果我们放弃形式主义的选择，并抛弃抽象的纯粹功能性语言，如"使用"、"满足"等，如此一来，排除和组织信息的标准变得越来越不确定。我们就身处一个没有边界的领域，只留下一团棘手的"文化意义"。

为了重建 DS 雪铁龙的全部"文化意义"，我们要做的就不仅是对它的市场接受进行"去神秘化"（demystify）。如巴特所说，"女神"作为一种"中介"，它来自"大都会的天堂"，同时它又符合一些人的收入水准，满足了每个人的渴望。如果我们要对此进行全面的分析，就必须考虑到，当事物通过一个独立但又是连锁框架（在每一个节点重新考虑框架的结构）的迷宫时，意义的种类就产生了。

我们可以追踪雪铁龙的生产流程，然后，从它的开始 / 设计到各个准备阶段：市场调研、动力研究、设计——工程学、造型（设计团队内的劳动分工；基础设施管理团队的关系）、设计阶段对构思的一些修改、现有技术资源对 DS 的限制、现有雪铁龙厂对新产品的调整适应、原型与模型的生产、新产品的生产（劳动关系、劳动过程）、展览和推介、新闻发布会、综合报道和宣传册、贸易新闻、广告活动（目标群体）、成品发配、零售安排、国外许可的分发、服务设施的提供、报价、销售形象（目标群体的消费者情况）、雪铁龙用户群体的形成和构成等。最后，我们必须将 DS 与其他 1955 年的车辆相提并论，以评估它与同等产品的差异——它的风格和基础"进步"或偏离的程度，其潜在的"声望"等。

雪铁龙 DS 19 的"文化意义"可能被定义为：在产品生产的每个流程（从构思、生产、调整到流通、销售与使用）所作的选择和装配的总和。这些内涵不会累积在从工厂到消费者的有序进程之中。在意义的生产上，时间是可逆的，流程中的每一个阶段（生产—中介—消费）都可以在不同时间占据主要的决定意义。

举一个更典型的例子：梅特罗牌小型汽车（Mini Metro）的意义，是由生产的不确定性，以及英国雷兰德（Leyland）"血汗工厂"的名声（通过新闻和电视对工厂的报道而建立的名声）等多种因素决定的（overdetermined）。这使得梅特罗在新闻媒体上构成了一种矛盾性：一方面是作为"英国希望"的象征，另一方面是作为"英国病"的症状（生产停滞、技术故障被列为英国作为工业强国衰落的证据，通过参考英国劳动力的"问题"来对此自圆其说）。英国雷兰德劳工关系的整个历史，在梅特罗牌小型汽车的公众形象中得到了体现。广告活动激活了那段历史（罢工的记忆萦绕其间，正如赫维斯电视广告中关于大萧条的记忆出现在声音与图像之中——北方铜管乐队的忧郁乐声，配上"高贵的"、戴着布帽的工人的黑白图像）。

梅特罗牌小型汽车广告活动表现了两种形式的爱国主义乐观精神——英国可以制造；英国的雷兰德可以继续制造（并供应备件），这通常意味着未来可以放心购买新车。潜在的买家被邀请在同一时间进行三项投资——英国的未来、英国雷兰德的未来，以及他（她）个人的未来。新闻报道明确表示，无论何时，只要争议威胁到梅特罗牌小型汽车的生产，这三项投资就都会受到危害。通过这种方式，每一个英国雷兰德汽车公司的投资股份（作为纳税人）是以梅特罗牌小型汽车的形象（为身材矮小的人而生产的汽车）、危险中的梅特罗牌小型汽车的形象，以及一些相关说明来实现的："你"是投资者/纳税人/消费者/车主/英国人/爱国者/不罢工者。因此，梅特罗牌小型汽车在目前计划中的地位是由一个双重定位来界定的——追溯英国雷兰德的过去；迈向一种可靠的消费梦想，一种纯粹的经济制度和一个守纪的、本分的工人阶级……

当然，这并未穷尽梅特罗牌小型汽车对所有时间或对所有人的"意义"。它只是试图孤立出一些主题，这些主题在1981年就已聚集在"官方的"对梅特罗牌小型汽车形象的修复中——这种修复将我们带回巴特、神话和二阶意义。并且，解读梅特罗形象的可信程度，甚至是可理解的程度，取决于读者对政治问题和文化符码关联之处的知识储备，这是在历史上特有的，并超出了我编制的与1955年雪铁龙相关的清单范围。因此，我们还是回到原来的问题：不是一个事物（object）而是许多事物（objects）在不同"环节"（如设计、组装和使用等环节）、不同（真实的和虚构的）时间（与想象的过去和未来有关的不同关头），出于不同目的从不同视角而被观察。所有这些不同的时间、目的和视角，如何统一以便它们可以被描述出来？一个可能的解决方案是从事物到文本，找到一种更为具体的表现方式，在这种模式中，事物可以"进入"那种更大、更无形和不相干的"关系网络"，这可以给它带来秩序和意义……

83

本文接下来要谈论一个特定类型的商品"卷宗"（dossier）：意大利的踏板摩托车。本文叙述的次序对应于事物的发展历程，从设计／生产经过中介到使用，其中有着许多不同因素之间的交叉对照。我将应用一些理论模型，以便更好地架构材料。在某些地方，叙述可能会被打断，我会插入一些更丰富的经济与社会内容。我希望通过这种方式来呈现"踏板摩托车的历史"，意义多样化的一些迹象可以成为文内建构的"回声"（echoes）和"韵脚"（rhymes）。文本本身是"可变的"，因为不存在一种通过文本来进行言说的"声音"（voice）。相同或类似的信息可以通过不同部分的不同"声音"来接续，如它的意义可以根据地点不同而发生变化。同理，任何累积的"回声"都不能被隔绝，被概括，被降低为一种"寂静"或被放大为一个振聋发聩之声。

以下内容建立在假设基础上（本身并不新颖）：事实无需为自己言说。它们已经"被公开言说"……

踏板摩托车作为性别化之物：早期历史

在第一次世界大战结束后不久，第一辆踏板摩托车在欧洲投产（尽管在美国有记载的"摩托车"出售要比这更早）。最初，"踏板摩托车"这个词表示一种小型的两轮车，带有一个平板、开放的踏板，以及安装在后轮的发动机。踏板摩托车的特点是发动机容量低：1921年的"自动滑行牌"有2.5马力的发动机。这些特点将踏板摩托车与其他两轮运输车区分开来，同时也与更强大、更"野性"的（如起源更早，更具"功能性"和"张扬性"的）摩托车（motor cycle）区分开来。摩托车和踏板摩托车的划分，正好吻合并再造了男性与女性的界限。

最早的踏板摩托车是为满足女性骑车人士的需求而设计的。例如，当女性驾驶踏板摩托车时（1920），她们有可能站立，以保持身姿得体和长裙线条。（设计师如何预见女性轮廓将彻底出现在 1920 年代的女性时尚中？他如何预见裤子、马裤和严格定制的西服，会如丽莎·蒂克纳 [Lisa Tickner] 所说，是为解放女性而提供的挑衅性隐喻？[1]）早在 1950 年代至 1960 年代，大量生产的意大利黄蜂牌和兰美达牌踏板摩托车，开始挑战英国摩托车行业的权威，踏板车被视为一种外来入侵者——对道路上的男性文化构成威胁。这被认为是一个不好的预兆，它将开启一个普遍性进程：公共领域的女性化（30 岁以上的妇女在 1918 年被剥夺权利，一年后，通过《性别失格消除法案》[the Sex Disqualification Removal Act]，女性可以参加工作）。踏板车的位置较低，且易遭嘲笑，这进一步强化了它与儿童玩具踏板车的相似之处。如：祖托拉（Zutoped）直接在玩具车上进行建模。尽管多年来对设计进行了修改，但踏板车的总体观念和布局——规划的市场方向、整体性的公众形象，仍在方案中得到了确定。摩托车对应踏板车，就像男子对应着妇女和儿童。

与摩托车永久性地结合在一起，踏板车处于一个次等和依赖的关系之中：

我们拒绝对踏板车进行热情描述，它作为一种装备，在摩托车的项目中是没有任何地位的。　85

——理查德·霍夫，《世界摩托车史》，
艾伦 - 昂温出版公司，1973

机器的性别

通常被称为图腾冲动的命名与分类系统的运作价值源自它们的形式特征：它们是一些符码，这些符码适宜于传

1　Lisa Tickner, "Women and Trousers: unisex clothing and sex-role changes in the 20th Century", in *Leisure in the 20th Century*, Design Council, 1977.

递那些可传输到其他符码中去的信息，同时也适宜于在自己的系统中表达从其他符码渠道接收到的信息。……图腾制度或这一类东西相当于从某一形式系统中任意抽离出来的一些程式，其功用在于保证社会现实不同层次间观念的可转换性。

——克劳德·列维-斯特劳斯，《野性的思维》

如果遵循列维-斯特劳斯1962年的主要观念来对踏板摩托车展开论述，我们并不是要接近那些孤立的现象（它们作为实质与意义的虚拟承载者），而是要去关注那些现象在概念上和语义上是如何被排列的；它们作为代码中具有能指作用的元素或功能，自身也被编入符号系统。对结构主义者来说：

图腾制度这一术语涵盖了按遗失形态被放置于两个系列之间的各种关系：一个是自然系列；另一个是文化系列……自然系列一方面由类属构成，另一方面由特殊构成；文化系列则由群体和个人组成。

——克劳德·列维-斯特劳斯，《图腾制度》，1962

在"原始的"社会，自然界的元素——植物和动物——被用来展现这些图腾的功能。它们通过隐喻和转喻规则，确保可控的形式代码进入道德的、审美的和意识形态的类属之中。而机器对罗兰·巴特而言，就是"最好的事物"带着超自然的光环（"我们需记住的是，一件物是超自然界的最佳使者……"）。它们作为区别性元素（作为身份和差异的标志）而介入现实（"中介化"），通过其在文化/意识形态代码中的位置组成有意义的关系。身份的第一个标志，就是性别差异。物之性别，在现存的事物秩序中，第一步就是从"大都会的天堂"沦落到"适当的"地点。在先进的工业社会，性别特征转移到无生命之物上特别显著。通常来说，那些归于"理

86

想的"性别的品质与状况，通常都被转移到物的身上。保罗·威利斯（Paul Willis）在对伯明翰摩托车帮派的研究中，提供了一个"拟人化"的有趣例子：

机械上的性别歧视
他的＝工程动力学的
她的＝款式设计型的

> 摩托车男孩接受了摩托车，骑着它穿梭于人群中。他们没戴头盔，使得长发自由地随风飘扬，他们身穿布满装饰钉与花饰的外套。摩托车男孩那野性的骑车风格，给世人呈现出一种可怕的外观。这种外观放大了摩托车的野性、声响、惊奇及威胁。为了突出上述特征，摩托车被改装，高牛角的车把手和镀铬挡泥板，赋予了摩托车一种夸张的强大力量。[1]

这仅仅是一个极端本地化的例子，从更广的假定意义上说，摩托车与男性气质等同，男子气概与巴特所谓的"力量的兽寓"（bestiary of power）[2]等同。一旦它与性别挂钩，机器就成为一种（实现）虚拟性别差异的物质标记，即所谓机械的性别歧视（mechanical sexism）。

在面对性别差异时，广告宣传做出了最终裁定。有时候，物就像两面神一样（janus-like），被分为对立的两面：他的（his）和她的（hers）。他的：功能的、科学的、有用的；她的：装饰的、审美的、悦人的。这种区别对应不同的设计功能：他的／工程学的；她的／造型的。性别分工中的主导／从属地位关系被转置，这使得工程学的功能被认为是高级和必要的（男性的／生产的），而造型的功能则被认为是次要和不必要的（女性的／非生产的）。

这些转换能影响最广泛的社会和经济发展的根本看法。例如，从生产（清教徒的）经济，转型到消费（异教徒的）经济，常常在经济史著作中凝结为一个单一形象：自 1920 年代

1　Paul Willis, "The Motor Cycle Within the Subcultural Group", in *Working Papers in Cultural Studies* (2), University of Birmingham.

2　Roland Barthes, "The New Citroen", in Barthes, *Mythologies*, Paladin, 1972(a).

中期起，通用汽车日益壮大，并远超过福特汽车公司。通用汽车的成功代表着老于世故的营销策略（老式样的需求——周年款式；大规模的广告；"消费者融资"[低价购物、租赁购买]；奇异的造型），要胜于福特公司的刻板做法（在质量和价格方面的"诚实"竞争）。风格被认为是通用汽车产品之所以流行的关键：福特的 T 型设计在几十年里几乎保持不变，但是价格和成本相对便宜；通用汽车的设计师引入了华美的造型功能，以此来区分市场层级。现代广告业的发展，要么与女性消费者的购买力增强有关，要么与女性对家庭开支的影响力增大有关。范斯·帕卡德在 1950 年代末引用了联合百货公司（Allied Stores Corporation）主席的话，"阐明"了女性对消费领域的渐进式统治：

> 我们的工作是让妇女对她们的现有生活感到不满，我们必须让她们不开心，如此一来，她们的丈夫就会发现，储蓄过多时也毫无幸福感或和睦感可言……[1]

"消费主义的扩张"通过女性的容易上当和热衷浪费的特点来实现。帕卡德对此所作的三重抨击——《废物制造者》（1960）（底特律的汽车工业）、《身份寻求者》（1959）（新一代的消费者）、《隐形的劝服者》（1957）（饱和状态与"潜意识的"广告宣传），是在一系列类比之间进行的：一方面是在美国工业设计中象征着先驱精神的"真正"坚实的 / 阳刚的 / 功能的方面的衰落，另一方面则是象征消费者颓废的"荒诞的" / 阴柔的 / 装饰的互补性元素的崛起。女性时尚的相关术语开始渗入汽车设计之中，这一事实被认为是普遍标准下降的证据：一位来自伊利诺伊州的汽车零部件经销商认为，小汽车好比是"女性的时尚产品"。帕卡德则表示，在专业设计方面，

---

1 Vance Packard, *The Wastemakers*, Penguin, 1963.

产品造型现在被认为是"女帽之类的装饰"，设计新的汽车外壳被称为"穿上裙子的模特儿"。[1]这些发展的险恶本质（sinister nature）可从通用汽车的成功与对造型的大型投资来推断，投资造型就是美国社会"女性化"和"阉割化"（emasculation）的象征。在帕卡德的整部论著中，确切地说，在多数他撰写的讨论 1950 年代的产品设计的批判性著作中，某种车型、某种造型功能都是以图腾方式来重复类型的差别，它们被统称为对"女性的"和"女性化的"拒绝或轻视。因此，"厌恶女性者"（Misogynist）的价值观是通过物的媒介和对物的态度来机械地传递的。性别差异的标志沿着不断滑动的链条移动：男人 / 女人、工作 / 娱乐、生产 / 消费、功能 / 形式，例如：

> ……妇女逃离了生产领域,只能完全被纳入消费领域,她们被商品世界的直观性捕获,这不亚于男人被利润的直观性所震撼……[2]

88

这种对"男性化"与"女性化"的富有倾向性的描述，扼要地概括了教育制度中关于"理科"（hard）和"文科"（soft）学科的区分：工程学在大学中被列为科学学科（并且相对受到保护以免被裁撤？），时尚 / 时尚历史是次而再次的学科——它只是一种"工艺美术"——而且是可有可无的。

父权制的倾向统治了整个学术话语领域。这种隐含的偏见，在深层次上规定了马克思关于"现象形式"和"真实关系"的区别。这绝非偶然，阿尔都塞在他的"庸俗的马克思主义"的戏仿中，将"经济基础"称作"皇帝陛下"：

> ……待时机成熟,（上层建筑）作为纯粹现象……在经济基础面前四散而去,而这位"陛下"则沿着辩证法的皇家大道阔步前进……[3]

1　Vance Packard, *The Wastemakers*, Penguin, 1963.

2　T. Adorno, 引自 Colin MacCabe, *Godard: Sound Image: politics*, BFI Publications, 1981。

3　Louis Althusser, "Contradiction and Overdetermination", in *For Marx*, Allen Lane,1969.

吹风机：摩托车车手对意大利踏板车的一种俚语叫法。

1946 年的黄蜂牌踏板摩托车

踏板车，

这台机器的发动机容量少于 250cc，车身都做了相当
精细的风雨防护，它还拥有一个俊俏、干净的外观。

——J. 西蒙斯，《设计》1957 年第 94 期

在 1946 年和 1947 年，两款全新的意大利踏板车问世，它们销量可观，设计理念前卫，这让以前所有的车型都黯然失色。黄蜂牌（Vespa）率先出现，它由比亚乔（Piaggio）公司的科连多·达斯卡尼奥（Corriando D'Ascanio）设计，在战争期间，比亚乔航空公司曾生产过意大利唯一的重型轰炸机 P108 B。（它并不是特别成功。墨索里尼的儿子布鲁诺在早期的试飞过程中丧生。）

1946 年的黄蜂牌踏板摩托车

89

1943 年，位于蓬泰代拉（Pontedera）的机器都在盟军的轰炸中被完全摧毁，随后一个和平时期生产设备的新工厂（比亚乔后来兼营机床）被建造起来。踏板车最初被认为是一个小型项目，旨在最大限度地利用现有厂房、材料和设计专长，以此填补市场上的空白。同时，它也给战争期间被剥夺了直观生动、物美价廉商品的消费者一种消费需求，给他们提供便宜、时尚的运输工具，这有助于为意大利饱受战争毁坏的道路争取维修资金。

达斯卡尼奥曾专门从事过直升机设计，他将飞机图案融入最早的黄蜂牌踏板摩托车设计之中。气冷式发动机和承力蒙皮架构在飞机设计中十分常见，但将其应用于两轮车的设计中，则被认为是一项重大创新。同样的创新，则是将车轮安装在短轴上而非前叉间。这使得它们比普通摩托车车轮更

容易拆卸，也因此更易于修理。达斯卡尼奥从飞机起落架的装配中获得灵感，尽管短轴理所当然的是汽车设计的标准功能，但是点焊焊接的钣金架构，代表着对传统摩托车观念的一种重大改造。二冲程发动机被隐藏在可移动的金属整流罩和平台框架后，它附着于中央脊柱上，向上延伸到车把手上，提供脚部支撑并保护它免受天气影响。速度几乎不在考虑之列：98cc的发动机（后来是130cc），其最高时速只有35英里，但是其燃油消耗低（大约是每加仑120英里），且可以轻松掌控齿轮和离合器，这可作为一种补偿性机制。（达斯卡尼奥已经用车把控制代替了摩托车行业所青睐的脚踏控制。）安装在后轮上的二冲程发动机操作简单，它没有了复杂的阀门齿轮或泵润滑，驾驶被简化为一套基本的操作，即使你没有摩托车的驾驶经验，也可以轻松上路。

这样的设计，让骑手感到舒适和便捷，还满足了虚荣心（将机器部件进行包络意味着踏板摩托车骑手不是必须穿专业的防护服）。另外，黄蜂牌摩托车也带来相当大的视觉冲击。它是流线型的，并且让人自我感觉十分"时髦"。外型上的协调和弧线上的流畅，与传统摩托车设计的坚固功能主义完全不同。

黄蜂牌摩托车在1946年的都灵展览会上推出，随即获得商业成功，尽管摩托车贸易中对此有不同的反应。新颖的款式，从整体上来说被认为是有利的一面，至少对设计界来说是如此，不过大家也同时注意到，基础的工程存在某些故障（悬架被认为太"软"，火花有时不稳定），踏板车的安全性能也常遭诟病（速度不稳定，8英寸的齿轮被认为太小，不能提供足够的道路抓地力，尤其是在雨天或潮湿地面）。比亚乔认为，这些指责完全依照的是摩托车的标准，这对它们来说并不适合。踏板车作为一种小型的、"轻巧的"车辆，它适合低速短距离行驶。换句话说，黄蜂牌踏板车呈献给公众的，不是一种略逊于 90

摩托车的存在。它作为新的运输种类，作为一款新机器，有着自己的独特品质、吸引力及受众群体。

达斯卡尼奥的黄蜂牌摩托车为随后兴起的踏板车规定了设计样板模式，并且其大体形状在此后都变化不大（前大灯后来从挡泥板处挪到了车把处，这是唯一的主要造型变化）。它综合了三项创新——短轴、开放框架和封闭式发动机——这些创新在接下来二十多年都被法国、德国和英国的制造商所复制。由此，1966 年有记者做出这样的表述："今天制造的踏板车最少都有这三个特征中的其中两个。"[1] 这种设计理念通过惊人的销量而成为现实（截至 1960 年，已售出 100 万辆的黄蜂牌摩托车，1960 年代后期有所放缓，但随后出现的石油危机导致了踏板车市场的复苏；1980 年，比亚乔每年生产 45 万辆踏板车。详见《卫报》1981 年 2 月 21 日）。市场的统治导致了占主导地位的形象：到 1960 年代中期，"黄蜂牌"和"踏板车"这些词在一些欧洲语系中都可交替使用（巴黎的交通标志仍有规定"黄蜂牌"的停放时间）。

1947 年的兰美达牌踏板摩托车

在设计史上，黄蜂牌设计占据的垄断地位超出了对踏板车的定义，这往往掩盖了一个事实，即比亚乔并不是意大利唯一意识到新"情调"与新市场兴起的工程公司。当黄蜂牌进入 1946 年的米兰车展时，出现了一系列新的轻型摩托和轻便摩托，至少有 17 种备用电机为踏板车提供动力（参见霍夫，《摩托车的历史》）。此外，汽车工业正在计划进入崛起的工人阶级和青少年市场。到 1953 年，黄蜂牌正与一个特殊的大陆力量竞争：伊塞塔（The Isetta）的三轮车，它是首个轻型三轮汽车。达斯卡尼奥只是竞争中的胜者，它可以找到工业

---

1 Jan Stevens, *Scootering*, Penguin, 1966.

重建（ricostruzione）的象征，开发出一种"流行的"商品，用以转换早期欲望的机动性与变化性——重建议会民主相关的欲望，并以马歇尔援助的形式来实现物质刺激，将欲望转换成一件物、一个形象。

1947 年，另一款踏板车出现了，其基本观念、规模和价格都与比亚乔原型十分类似。这就是由米兰的因诺森蒂（Innocenti）公司生产的兰美达牌摩托车。在接下来将近 25 年的时间里，兰美达牌系列在国际销售与贸易认可方面，给处于领先地位的比亚乔造成了最致命的威胁，这种状况一直持续到 1970 年代初，因诺森蒂踏板车部门随后被印度政府买断。在 1950 年，比亚乔与因诺森蒂开辟了一个全新市场，专门销售便宜的机动交通工具。早期的广告活动针对的是两个新兴的消费群体——青少年和女性。他们在战前都不被认为是这类商品的消费群。一台新机器被创造并注重设计内容，这可以说是另一个新的"发明"：理想的踏板车骑手——年轻、喜好社交、注重外表。踏板车被一位持支持态度的记者定义为，"对那些不太在意硬件方面的人来说，是舒适的、精细设计的小车"。[1]

由于两家公司在同一市场上相互竞争，到 1960 年代末，兰美达牌与黄蜂牌踏板车在设计上越走越近，它们至少在造型上（如果不是在性能和工程细节上的话）几乎一模一样。然而，兰美达牌的模型 A 和达斯卡尼奥的黄蜂牌存在显著差异。而且，兰美达牌的设计是组装（bricolage）的技艺，其材料——专业知识、工厂以及生产流程——源自两个组件公司（因诺森蒂专门从事钢管制造，它在战后与专注车身制造的特拉斯 [Trussi] 合并），它对二者进行综合改造，转化到踏板车的生产之中。模型 A 的底盘是基于双钢管结构（类似于早期英国的柯基犬牌），前轮放在分叉处，后轮在短轴上，与黄蜂牌车一样，它

"未防护的"兰美达

91

1　Mike Karslake, *Jet-Set*, Lambretta Club of Great Britain, December, 1974.

还有一个踏脚板。但是，兰美达牌与黄蜂牌的不同在于，它有一个更大动力的发动机（125cc），且搭载了一个乘客的座位在模型 A 中，有一个脚蹬可以控制齿轮和离合器；挡风玻璃越来越窄；最重要也最明显的是，早期发动机是裸露的。尽管出于安全考虑，齿轮和离合器的控制被转移到车把手，但是兰美达的发动机仍然是完全裸露的，直到 1951 年引入了 C 和 CL 模型。在 C 模型中，双管地盘由单管架替代，购买者面临着两种不同款式的选择：一种是"防护好的"（CL），另一种是"未防护的"（C）。人们对"防护好的"款式的需求（它基于达斯卡尼奥的设计，有更宽、更高的挡风玻璃，可以提供更优的风雨保护装置）很大，以至于因诺森蒂公司很快被迫从生产线上撤回未防护的兰美达牌车。不可避免的是，兰美达牌车添加了光滑的保护性侧板，这使得它赶超上它的对手。平分秋色的格局很快出现：因诺森蒂公司制作了一个新的生产模型，迫使比亚乔公司做出了类似的改造，反之亦然。到 1953 年，两家公司都出现了 125cc 和 150cc 的型号车型。1950 年代中后期，有两个因素——坚固、高性能踏板车适于长途旅行，强大的德国机器（海因尔牌、贝拉牌、胜利公司的女伯爵牌）出现——引发了黄蜂牌和兰美达牌车对发动机和车轮尺寸的调整：比亚乔公司生产了四速的跑车运动款（Gran Sport）和极限运动款（Super Sport），因诺森蒂公司则以兰美达牌 175cc 的 TV 车型做出回击。

92

但是从总体上说，踏板车的基本"轮廓"仍保持不变："踏板车"（scooter）一词成为流线型和腿盾牌（legshields）的代名词。到了 1950 年代末，大多数踏板车设计基本是在 125 ~ 150cc 范围之内——意大利的米兰（Iso Milano）、法国的莫比（Moby）、德国的普瑞马（NSU Prima）等，均对比亚乔的原型作了明显的视觉参考。当英国的摩托车制造商最终不情愿地（参见以"英国对踏板车的接受"为题的一节）向本地需求妥协，并开始生产他们自己的（彻底失败了）踏板车时，他们倾向于借鉴意大利模式，甚至偶尔也会求助意大利的设计师（文森特·皮亚蒂在 1950 年代中期为赛科尔马斯特公司 [Cyclemaster] 设计的一款踏板车即为此例）。欧洲大陆的踏板车渗透到国际摩托车市场的程度，是对（一段时间）传统等级结构的一种颠覆。摩托车设计师开始采用封装机器部件的"女性化"（effeminate）做法。随着英国阿里尔领导者（Ariel Leader）车型的出现，这种机型最后消失在人们的视线里……

消费者的生产

在踏板车的设计中，形式的融合并不十分明显。毕竟，设计上的创新是为了预估时尚潮流的走势。然而，机械部件被包络在金属或塑料"外壳"之中——其发展伴随着流线型的出现而进化——它不仅表明物的外观发生了变化，而且也标示着生产程序、资本积累的规模和速度，以及商品生产和市场关系等方面的一系列转变。"包装"的体系化趋向与咨询公司的发展息息相关，同时与更广泛的发展相一致——巨型企业的崛起，一批现代企业集团以及跨国公司开始异军突起。伴随着权力和资源的集约化，这反过来又要求对社会和文化生活进行根本性重组：让大众成为市场主体。

经济学家保罗·斯威兹（Paul Sweezey）概述了战后垄断资本主义发展的一些变化：工作流程的自动化；不断增长的专业化和多样性（扩大了更多产品范围的风险）；白领的增加；流通网络的控制；公司之间的市场共享；价格的限定（对生产能力增长的自我限制，使得价格保持在"可接受"水平）；帝国主义（利用第三世界资源，统治第三世界市场）；竞争从价格领域转向销售领域；增加用于研究、设计和"市场准备"的

93

开支。所有这些都是由市场需求来驱动的:"现代企业最需要的,是主宰和控制影响其生存能力的所有条件及变量。"[1]

正是在此情况下,广告和营销行业在这一阶段的大规模扩张才能得到最清晰的了解。鉴于生产一批新货需花费巨额费用,如果要避免重大损失,必须像在制造过程中精选材料一样,对消费者实施优化。这方面的权宜之计十分简单:通过市场准备和控制来消除风险因素。要想保证利润,不仅需要谨慎地监测市场趋势,而且还要根据"需求构成"(want formation)[2]原则来预测消费者的需求。换句话说,企业的生存越来越依赖于对需求的监管。

在这一时期,设计成为具有独特功能和目标的一项"科学"实践。从此,物的形状与外观在调整潜在的不同利益方(即生产的利润和消费的乐趣)上发挥着重要作用。自1930年代开始,投资设计的视觉领域出现了一个前所未见的规模,这预示了制造方的一系列新的优先选项,并标志着更普遍(更进一步)过程中的新阶段:介于消费者和消费行为之间的形象。

当然,这些发展在比亚乔公司的黄蜂牌摩托车问世时已经很先进。1920年代中期,美国的广告业蓬勃发展,并高度组织化。广告人员已在社会和心理研究的基础上进行政策制定(根据斯图尔特·尤恩的意见,早期符号互动论者将重点放在了个人身份的建构上,这尤其具有影响力[3])。1920年代末,战后广告业出现的精致的犬儒主义和自觉的鲨鱼般形象,

---

1 Paul Sweezey, "On the Theory of Monopoly Capitalism", in *Modern Capitalism and Other Essays*, Monthly Review Press, 1972. 彼得·唐纳森(Peter Donaldson, *Economics of the Real World*, Penguin, 1973)提供了关于战后英国资本转移的有趣数据。他写道:"1960年代前五年的收购花费,大约是1950年代的十倍……据估计,1960年代的并购运动一定涉及制造业净资产总和的20%的转移……"

2 参见 Vance Packard, *The Status-Seekers*, Penguin, 1961。

3 Stuart Ewen, "Advertising as Social Production", in *Communication and Class Struggle*, Vol. 1, IG/IMMRC, 1979, 也可参见 Stuart Ewen, *Captains of Consciousness: Advertising and the Social Roots of the Consumer Culture*, McGraw-Hill, 1977。

已经充分证明了这一点。以下段落出现在 1930 年代的广告业杂志《印刷者》（*Printer's Ink*）中：

> ……广告有助于让群众对他们的生活方式感到不满，对自己周围丑陋的事情感到不满。对生活满意的顾客不如对生活不满的顾客那样有利可图。[1]

94

到 1958 年，用于产品建设和消费者开发的投入基本持平，这已经变得如此系统化，以至于 J. K. 加尔布雷斯（J. K. Galbraith）可以将其作为经济法则介绍给读者：

> 在生产商品的投入和整合消费者欲望的投入之间，存在着广泛的经验关系。扩大产出必须通过适当的广告预算来为之铺平道路。[2]

人们要求设计者提供"产品身份"和"公司形象"。随着这种压力的加大，进一步的改善因此成为可能：单个商品可用来推广同一公司不同部门生产的一系列视觉产品。一台奥利维提（Olivetti）打字机或一台 IBM 电脑，就是对它自身及其生产公司的广告宣传。这个形式可反复发生作用：它是三维的商标。它在一个"精心设计的环境"中"看起来最好"。

将产品的实际目标与形象设计紧密贴合，并且，随着多学科方法（人体工程学和"管理科学"）的到来，融合设计功能的趋势变得更加明显，这完全要取代设计师的"直觉"这一概念（参见《务实的理想主义者》[*The Practical Idealists*, J. P. A. Blake, Lund Humphries, 1969]）。到 1950 年代末，当代设计的语言充满着控制论与系统理论的类比，它开始表现出对团队合作、整合与总体规划的关注，这些都为 1960 年代的"设计热"

1 Stuart Ewen, "Advertising as Social Production", in *Communication and Class Struggle*, Vol. 1, IG/IMMRC, 1979，也可参见 Stuart Ewen, *Captains of Consciousness: Advertising and the Social Roots of the Consumer Culture*, McGraw-Hill, 1977.
2 J. K. Galbraith, *The Affluent Society*, Penguin, 1970.

劝服的形象：集成的设计

提供了主要论题。在集体欲望和企业设计之间实现完美对接的想法，终于实现。夸张的形式主义已经根深蒂固。物质本身将对资本需求和大众意志进行调节：消费者将在物的形象中发生改变。1960 年，理查德·汉密尔顿（Richard Hamilton）在《设计》杂志上发表了一篇名为"劝服的形象"的文章：

95

> ……媒体……广告人不仅了解公众的动机，而且在引导公众对形象的回应中发挥着很大作用……他们应该是设计师最亲密的朋友，也许比研究者和销售经理更重要。广告人、文案、专题编辑在项目之初需要跟设计师一起工作，而不是作为一个独立团队去为一个已完成的产品寻找市场。时间可以用来设计产品消费者，消费者在生产期间能够被"制造"出来。然后，生产者不应感到压抑，也不必由于他们的产品受到不信任观众的怀疑而感到困扰，消费者可以来自同一个板块……[1]

中介化

  因诺森蒂和比亚乔公司都开展了大量的广告宣传活动，该项目由他们各自的宣传部门进行监督。1950 年代初，两家公司都出版了杂志（有 3 ~ 4 种欧洲语言的版本），组建了摩托车俱乐部，这些俱乐部成员起初大部分为本国国民，后来加入了许多国际会员。通过俱乐部，他们组织群众聚会和开展节日活动，举办了展览、赞助（有时是与意大利道路安全组织联合赞助）、旅行、骑行、跑步、爬山和竞赛等项目。针对那些试图抹黑踏板车性能的人，因诺森蒂和比亚乔公司公开展示了踏板车多功能的性能和范围、回弹性及其男女适用的特点（"女性

---

1 Richard Hamilton in S. Bayley (ed.), *In Good Shape: Style in Industrial Products 1900-1960*, Design Council, 1979.

化"也很时尚，同时还能翻山越岭、横跨大陆……）。

更重要的是，通过对踏板车的感知与使用结构进行控制，它们（因诺森蒂和比亚乔公司）试图进入"流行的"领域。制造商对市场的责任不仅仅是保证产品标准和交付日期，现在他们要负责创立社会认同、休闲的新形式，一种与"物之外观"相关的新的消费群。如我们所见，测试和实验、大场面、展示和展览，社会俱乐部以及杂志，是用一种更普遍的相关意志去扩大生产力——将工厂形象叠加在世界之上。

以下四个部分处理的是对踏板车的公开展示。大部分细节来自因诺森蒂公司在 1950 年代到 1960 年代推出的材料——宣传片、广告以及《兰美达新闻》（Lambretta Notizario）的内容等。这仅仅反映的是现有的资源——来自比亚乔的竞争依旧难分伯仲，它也同样包含着相似主题。

材料本身的组织方式不是完全随意的：叙述是按照经济原则来安排的，形象的流通先于物的销售。在探讨踏板车意味着什么之前，我们有必要考察一下在市场形成之前，踏板车是如何出现的……

物的去物质化

> 在第二次世界大战之后，随着工业设计领域消费品的分散化、小型化及去物质化，产品的时代（The Age of the Product）结束了。
>
> ——安·弗雷比，
> 《自维多利亚时代以来的设计史》，1970

1951 年，因诺森蒂决定同时推出"防护好的"和"未防护的"兰美达牌踏板车，这一劳永逸地解决了消费者对交通工具的偏好。这相当于一个非正式的关于风格和品味的全民投票，其结果是明确的：踏板车购买者压倒性地将票投给了方便的、好看的、闭合性的发动机款式。"防护好的"款式的成功，只是确认了产品设计走向"防护性"（sheathing）的趋势，一个设计史学家将其定义为，一个"复杂的电子部件包络在盒子里，既不引人注目，同时又尽可能地易于操作"的装箱。[1]

所有这些主题，都在因诺森蒂和比亚乔公司的广告活动与营销策略中得到关注。踏板车是呈现给公众的整洁的"社交用器"[2]，它对骑手的限制微乎其微。其设计特点被引用来强化这些说法：镶板包络住发动机易于拆卸，发动机水平装载便于清洗和更换备件。短轴使得拆卸车轮变得简单，到了1960年代，大多数踏板车都可以容纳一个备胎。优雅和舒适作为强大的卖点：兰美达在英国被标示为"两个轮子的跑车"，再加上各种配件——挡风玻璃、车篮、减震器、仪表甚至收音机和小储物箱等，可为豪华的形象添姿增彩。因诺森蒂的促销政策使得便捷观念受到关注：国际服务站网络由训练有素的机械师打理，它的成立是为了满足新生代踏板车手的需求，那些人对常规的维护没有任何兴趣（尽管"女性化的"、"虚浮的"骑手被踏板车俱乐部拒绝，但是它仍鼓励其成员去掌握初级的机械技能及携带工具箱等）。在西班牙，"无障碍踏板车"的概念进一步发展。1950年代后期，正值欧洲大陆旅游热的高峰期，因诺森蒂成立了一个特殊的移动救援分队，名叫蓝天使（Blue Angels），专门负责处理兰美达牌踏板车的故障和消费者投诉。

97

所有这些支持结构都可以被视为对原始设计项目的拓展：去生产一种新的机器类型，去开拓一批新型的消费者。提供全面的售后服务，使得达斯卡尼奥的黄蜂牌摩托车从竞争中脱颖而出：发动机被一个光滑的金属罩包络。机器部件的护罩，

---

1   Ann Ferebee, *A History of Design from the Victorian Era*, Van Nos. Reinhold, 1970.

2   "This exquisite social appliance", a line from *We Carry On,* Innocenti promotion film 1966.

将用户置于一种新的对象关系———一种更为轻微、更少物质的轻松关系之中。由此，它如巴特在 1957 年描述的那样，构成了一般的"器物升华，也体现于当代家居的设备中"[1]———通过层层的包络进行升格，有助于突出人与技术、审美与实用、知识与运用之间的边界。金属外壳或金属外衣增加了另一个连接形象与物的过程。这是另一个迈向理想前景的步骤——物的去物质化，将消费转化为生活方式。

下面的广告包含了最后两节内容要展开的许多主题：

一台悬挂的机器，可以透过商店橱窗看到。窥探关系是一种熟悉关系，它出现在商业投资的形象（Image）中，并反复出现在相同视觉结构的广告中（这一类型的早期例子，几乎都很古怪，几乎都很天真。这些做法尚有待完善）。我们看到他们（图中人物）在注视。我们迂回地从"她"到"他"再到"她"，从"女孩"到"男孩"再到"母亲"（这当然是暗示性的）。我们如今都承认了这个迂回的位置：别人替我们表达

98

---

1 R. Barthes, *Mythologies*, Paladin, 1972(a).

渴望。我们现在都是幻觉中的消费者。通过与梦幻机器精确的几何关系（机械部件给予的启示），我们从"外面"注视着"她"，向往的对象——踏板车/女孩站在与踏板车相邻的凳子上。女孩的姿势是古典的。这令人想起赤裸着的戴安娜，她惊愕地站在木凳上：脚后跟轻轻踮起，嘴巴微启（挑逗的、羞赧的）。这个模特是"没穿衣服的"。但是在"她"和男孩之间有一块玻璃，其功能就是中介。这样做至少是非常清楚的，因为洗涤液将它遮住了，它可见，但并不透明。男孩的手压在玻璃上，起着屏障的作用。我们的目光透过一个圆形玻璃，透过女孩，穿过玻璃，通过男孩和他的"母亲"，通过踏板车在玻璃上的反射，在这之间迂回。所有的注视最后都转向了图像的中心，就是发动机袒露之处，反射中心的一个静止点。这都是我们能遇到的地方——"她"和"她"，"他"和"她"，你和我——我们可以在一定距离接触的地方。一个我们可以找到满足感的地方（在那里我们可以找到"信息"的"内容"）。从"她"到"她"，从对象化女孩到迷恋的对象，这些转移都已经发生。最后，曾被遗失的对象被找到……

刺激我们凝视的机制，就像刺激广告的机器一样赤裸裸。这些设备是裸露的，其标题为："在商店橱窗中展示一个梦想的世界"。历史的转型停驻在单一形象的构图之中：物的去物质化，亨利·列斐伏尔将其称为"展示的神话"（Display Myth）的出现：

> 展示的消费，消费的展示，消费展示的消费，符号的消费，消费的符号……[1]

时尚和女性化

声音："空姐可以成为飞行员……"

1　Henri Lefebvre, *Everyday Life in the Modern World*, Allen Lane, 1971.

影像：空姐从飞机跑到了兰美达摩托车上。

声音："……车后座上有足够的空间搭载一位朋友。"

影像：身穿飞行员制服的男人飞身一跳坐上了她的踏板摩托车。

——出自《游历山河》，宣传电影，

1954 年因诺森蒂出品

1960 年代初，当因诺森蒂公司将兰美达摩托车出口到纽约时（根据帕卡德的说法，纽约的行家从底特律转向欧洲，为汽车寻求"欧式的方格外观"[1]），踏板车不是被展示（有时出售）在汽车或摩托车展厅，而是在专用的"女士"时装店里。它们被认为是装扮橱窗的好东西，不是作为交通工具，而是作为别致的金属配件，作为车轮子上的宝物。

时尚项目定期出现在《兰美达新闻》的版面上（如："骑踏板车的女性总是因裤子不好而感到苦恼……任何帽子——只要它是实用的，就是优雅的"），同一杂志上的一系列广告，展示了年轻女性坐在踏板车上的各种情形："野餐"、"购物"、"在乡村"、"在海边"、"在繁忙的都市"等。踏板 / 女孩之间实现了互惠的效应：踏板车的多功能性被用于宣传"现代"年轻意大利女性享有的自由，反之亦然（"她"可以造访所有地点，"她"能够做所有事情）。这两个创意——意大利新女性（战后意大利电影业通过像安娜·麦兰妮 [Anna Magnani]、西尔维亚·曼加诺 [Sylvia Mangano] 和索菲娅·罗兰 [Sophia Loren] 等明星树立并传播出的国际形象）和意大利新型踏板车；它们同时出现在英国周刊杂志《图画邮报》（参见该刊 1954 年 9 月 5 日的内容）的一篇题为"新一族的女孩"（A New Race of Girls）中。这两项发明——"野性的、无修饰的、骄傲的、热情的、激烈的意大利美女"，以及"干净的、运动

---

1 Vance Packard, *The Wastemakers*, Penguin, 1963.

型的黄蜂牌踏板车"共同宣称，它们"就如彗星牌（Comet）
带给英国人以创意一样，给意大利人带来了同样的'提升'"。
文章用了一张吉娜·洛洛布里吉达（Gina Lollobrigida）骑着
黄蜂牌踏板车的照片来做说明。

踏板车（与选美大赛和电影一起）成为意大利新女性（"踏
板车给了女性一种新的视界"……）"解放"的催化剂。它
给战后意大利女性的时尚直接带来了一连串变化：

> 1949 年席卷女性世界的袖珍手帕是为了快速保持头发
> 的整齐。那年冬天，佛罗伦萨设计师艾米里欧·璞琪（Emilio
> Pucci）将头巾改进为羊毛头巾罩。第二年，头发被风吹乱
> 这个问题被碎剪发型解决。新式裙子之所以要缩窄，是为
> 了防止它被车轮缠绞。拖鞋是为了骑踏板车的舒适而设计。
> 高领衫和围巾则是为了防止寒风倒灌进脖子而设计……[1]

100　最后一句话是这样：

> 通过这样的方式，意大利女孩的外表得到了改观，她
> 们赢得了解放。

旅游业和国际环境

> 整个世界都成为实现公众美好生活的一个环境。世界
> 向我们微笑，它对我们毫无保留。因为所有地方都是为我
> 们而存在，每一个地方都是一样。
>
> ——约翰·伯格，《观看之道》，1972

1951 年，黄蜂牌摩托车在德、法、英等地获得生产许可。因
诺森蒂公司在西班牙的赛维塔（Serveta）设有一家工厂，摩
托车公司 NSU 在 1955 年前一直拥有兰美达在德国的生产许

1　"A New Race of Girls", in *Picture Post*, 5 September, 1954.

可。随着国内市场的饱和（1956 年，意大利有 60 万辆两轮或三轮摩托车），因诺森蒂和比亚乔将它们的注意力开始投向欧洲与第三世界国家。（颇具讽刺意味的是，当因诺森蒂公司在 1972 年被迫出售其踏板车业务时 [根据商业历史资料来看，是因产业纠纷引起]，它很快就被"踏板车印度"[Scooters India] 接管了，这是一个位于勒克瑙 [Lucknow] 的国资项目，它至今仍然在生产 1960 年代"经典"款的兰美达摩托。）到 1977 年，黄蜂牌每年向全球 110 多个国家出口 28.9 万辆踏板车。

　　这些新的纪录不可避免地转化为广告形象。在 1950 年代后期，因诺森蒂推出了一系列题为"兰美达在全世界"的海报，它表明了踏板车已经超越了佛教寺庙或者繁忙的伦敦街道。照片下的标题刻画了一群加纳踏板车手，他们穿着"民族服装"，唤起了当时作为一种普遍流行风格的青春 / 时尚概念："穿着欧洲西服或本地服饰，不会改变年轻人对踏板车的品味。"正是通过这样一些策略，因诺森蒂和比亚乔才能适应新的市场，并将他们转换为视觉资本。一种营销策略清楚地说明了这一过程。

　　1962 年，因诺森蒂举办了"世界摄影"比赛，要求每一位参赛者在"所代表的"国家风情之下，展示兰美达的"假日风格"：

> 　　例如，拉斯维加斯的街道上充斥着著名的赌场招牌；在伦敦、纽约、巴黎等国际大都市，兰美达的图片出现在拥堵的交通要道；还有一些背景是丛林的、充满异国情调的国家，当地人穿着传统服饰，与野生动物、纪念塔及名胜古迹同时出现……

101

其他被规定的条件，如：兰美达应该占据中心位置，应该"作为中心……如果可能的话"。"男孩与女孩"被拍了下来，或

直接靠近踏板车，他们应该是"年轻和热爱运动的"。所有的照片和底片都被作为文档保留在因诺森蒂的档案里，并且可以为了未来"因诺森蒂的正当目的在广告中使用"。

竞争规则以精确、开放的形式进行，这些标准形成了因诺森蒂的广告政策。踏板车表现出一系列内涵——年轻、旅游、运动，它们是开放式的，并能够在世界任何地方被动员起来。通过这种方式，调和不同的实践与象征功能变得可能，踏板车可以为不同国家的市场提供服务。最终，因诺森蒂广告只承认一个总体，即"男孩和女孩"的"国际情谊"：他们征召了整个世界。

1954 年，一部电影（《游历山河》[Travel Far, Travel wide]）专门为因诺森蒂而制作，它将"自由"与身体运动及任意"你想去的地方"等同起来。这部电影是得到资助的全球马拉松比赛和长途拉力赛（其中包括由因诺森蒂公司于 1962 年组织的一项比赛，赛程是从意大利东北部的迪里雅斯特市到伊斯坦布尔），其目的在于宣传更大型的、"运动型的"踏板车的旅行潜能。影片结尾的画面是一群年轻的踏板车手朝着边境线飞驰而去，旁白这样说道：

> 到了边境，在另一边，就是一种完全不同的生活方式。但是，无论你今天去世界上任何国家，你都会看到兰美达人和兰美达的服务站。

这是旅行的惯例（无处不在，到处皆有不同），但是，这里有特别矛盾之处。一方面，为了"国家市场"需要和推动旅游的需求，民族特色与"不同生活方式"得到了强调；另一方面，无忧旅行（连同每个现代化的便利），以及同质化"现代"市场的建设，又要求消弭民族差异和传统文化。"年轻"和"进步"在两个需求间进行调和：年轻去追求不同，这是自然的；科学去产生变化，这是命中注定的。踏板车为不同年纪、不同文化、不同时代，甚至为有着不同需求的人提供了沟通桥梁。102
这是进步的标志，它是为"年轻人或年轻心态"而服务的。这
是走向未来的通行证。空间自由变成了时间自由："使用兰美
达，你就成为变幻场景的一部分。"[1]

工厂的形象

米兰（Milan）的因诺森蒂产品形象，在许多早期的兰美
达广告中都是作为标志（logo）出现。厂家的形象就是最后的
中介——在销售点产品内容将得到召唤。航拍出来的照片，可
以将整个综合性工业建筑简化为示意图的样式（简化是力量本
身的一种展示）。它给我们留下了一个抽象的"现代"模式，
代表着进步、技术、资源：一个踏板车形象的回响。

理想化的生产和生产工序，以及工厂作为微观世界的相
关形象，当然不限于因诺森蒂的宣传活动。相同的主题也能在
过去的传统中被找到，它导致了墨索里尼领导下的意大利社团
主义的发展，同时也引发了吉亚尼·阿涅利（阿涅利是第一次
世界大战后菲亚特 [Fiat] 公司的总裁）的"进步主义"。它们
均落后于第二次世界大战后阿德里亚诺·奥利维提（Adriano
Olivetti）尝试建立的"工厂社区"以及工人福利计划，但却为
奥利维提的"综合设计"观念提供了道德和美学基础。这些形
象本身来源于马里内蒂（Marinetti）、圣埃利亚（Sant'Elia）
以及未来主义者……

1966 年，因诺森蒂先生去世后不久，一部名为"我们接力"
（*We carry on*）的宣传片被制作完成，它显然吸收了本土化传
统（该电影于 1967 年在戛纳电影节获得写实类一等奖。早在
1961 年比亚乔获得该奖项时，制作一部令人印象深刻的"艺术"
作品的压力就被强化）。

工厂

作为

标识

---

[1] 来自 1962 年在澳大利亚广播中使用的广告铃声，由比吉斯（Bee Gees）演唱。

影片一开始，是从空中对因诺森蒂这个巨型工厂进行俯拍，这一镜头突然在生产区定格。摄像工作确实是"现代的"和前卫的。我们见证了踏板车的组装。当它沿着生产线移动时，组建的每一个步骤都是通过使用表现性灯光、跳切和倾斜的摄影角度来渲染的。在音轨上，刺耳的现场录音进一步强化了自动化和工业化力量的冰冷形象。画外音在冷静的统计数字（……"生产线是一英里长，三分之一英里宽……"）与技术流程的"诗意"描述之间交替出现。后者的风格是"未来主义巴洛克式"的："工厂是一个温室，花是机器的一部分……电磁试验台是毁灭的祭坛，兰美达的车身将在此献祭……"在某一处，有一个蒙太奇镜头，向我们回放了一组早期"兰美达在全世界"的海报，但是镜头的快速并置——踏板车停靠在绿洲的附近、城市的街道、地中海的沙滩——标志着踏板车与"奇异的"风景之间的结合。这些对比有意做得非常强烈。（超现实主义在工业中的运用：这部电影似乎有助于当今许多广告片确定其风格和"独特性"，如金边臣的"沙漠"系列。）在向因诺森蒂先生致敬（摄像机围绕着装有"我们的创始人"的半身像盘旋之后，当摄像机扫过工人游泳池和网球场时，电影以另一个盘旋在巨大中央塔／厂区全景之上的空中镜头结束。影片的结尾处，镜头缓慢环绕着等待出厂的踏板车成品，它们将被派发到各个销售点，"只有一个名字和一个名字的机器——一个占领整个世界的名字"。电影配音由塔楼顶部的警笛所主宰："催促他的（即因诺森蒂先生的）员工去工作……他走了，但是我们会继续下去……"

使用中的踏板车

本文最后几节旨在探讨踏板车在英国使用时所附带的一些"文化意义"。

英国对踏板车的接受

1）摩托车行业

看啊，这是一位美女。她花了140英镑买了一辆踏板车，然后，她想知道火花来自哪里。

——《摩托车经销商》，引自简·史蒂文斯，
《小轮踏板车》，1966

1954年上半年，英国进口的外国摩托车和踏板车有3318辆；1956年上半年，进口量达到21125辆。

——数据源于 J. 西蒙兹，《英国踏板车在哪里？》，
见《设计》1957年第94期

意大利产的踏板车首次出现在英国是1950年代初期。因诺森蒂和比亚乔选择了不同的分销策略。1951年，比亚乔授予位于布里斯托尔的道格拉斯汽车公司生产许可证。同一年，阿格特许经销公司获得了兰美达特许经营权，从欧洲大陆进口因诺森蒂的踏板车。两家公司的销售与营销方式有所不同。因诺森蒂的广告是被直接投向注重形象的青年市场。到了1960年，阿格特许经销公司建立了超过1000个服务网点，并且因诺森蒂在欧洲首次超过了比亚乔，获得了市场领先地位。

再生产的权力

104

1950年代中期，意大利踏板车开始对英国摩托车行业构成威胁，后者在第二次世界大战期间仍然占领着国际市场。自1945年以来，英国制造商生产的传统重量型、高性能机器的需求一直在下降。在十年时间里，这种趋势变得尤其明显：1955年厄尔的宫廷车展秀上，只有3辆摩托车，而新的踏板车有50辆之多。

梅柯莱特（垃圾箱）

英国制造商最终被迫投入踏板车生产，尽管从重型、实用的摩托车过渡到轻型的"在视觉上有吸引力的"踏板车这样的转型不曾真正实现。（例如，伯明翰轻武器公司 [BSA] 华丽的

护腿和踏脚板都很窄，没有一个是如史蒂芬·贝利所描述的，黄蜂牌或兰美达牌的"漂亮装饰"[1]。）它们得到的初步回应就是被蔑视并被要求出局。1940年代对意大利踏板车的批评在当时又开始重现。踏板车被定义为"流线型的"和"失去活力的"（effete）。最初的销售专线——这是一种妇女也可以处理的运输方式——被它自己给打倒了。踏板车不仅在构造上是不安全的，而且在道德上也值得怀疑。它是不守法的，违背了辛勤工作、自给自足和业余器械（amateur mechanics）的精神，而这些精神正是传统的摩托车业的成功之本，这也是当前对男性定义（男子汉气概）的根本。

这些反对意见的形成，至少部分是对商业压力的一种回应，它渗透到整个摩托车生产商、零售商以及用户的文化之中。许多摩托车商店都是由原联运保赔协会的离休人员所经营，他们拒绝进"带噱头的"（gimmicky）新机器，拒绝去资助服务设施或雇用机修工。合法的踏板车和踏板车手，被摩托车兄弟会拒之门外。对"死忠的"摩托车手来说，踏板车仍然是一个性别化的（并且劣等的）玩意。即便到了1979年，一篇文章出现在《摩托车运动》（*Motorcycle Sport*）杂志，它唤起了所有关于摩托车的传统分类以及过去存在的偏见。这篇题为"踏板车在卷土重来吗？"的文章，对踏板车的性能做出了一次表面中立的评估。作者只认可威力较大的车型。德国的梅柯莱特（Maicolette，它在1960年代初被那些喜爱意大利风格的英国踏板车手弃之为"垃圾箱"）被人所称道的是"强悍的二冲程发动机。它可以像摩托车一样有着70英里的时速……它跑起来简直就像火箭"[2]。作者最后通过提炼"摩托车运动"的"本质"来作结——它的复杂性、"深度"、能量，以及独一无二的特性，这些品质与踏板车"肤浅的"、"世俗的"

105

1　S. Bayley (ed.), *In Good Shape: Style in Industrial Products, 1900-1960*, Design Council, 1979.

2　Jack Woods, "Is the Scooter Making a Comeback?", in *Motorcycle Sport*, November, 1979.

和"滑稽的"品质形成鲜明对比："自然地"，理想的摩托车手的性别是无可争辩的。

> ……骑摩托车比骑踏板车要复杂得多……这种享受源自一种孤独的速度激情，有那么一瞬间，骑手凌驾于任何权威，手中掌握着自己的命运，乐在其中矣。骑摩托车是一种多维度的快乐。骑踏板车是一种更肤浅的快乐。[1]

2）设计

> 在大众接受的较低层次，流行的是对意大利风格的狂热，这在 1950 年代后期基本主导了英国人的品味，它具体表现为一些时尚产品，如踏板摩托车……奥利维提牌打字机，以及浓缩咖啡机……
>
> ——史蒂芬·贝利，《好的外型》，1979

被摩托车行业消极解读的"肤浅"品质——社会意义和外观样式的肤浅——却被认为是设计领域里的"积极"资产，至少年轻人都比较欣赏量化生产但"外型良好的"机器。在 1960 年代，设计领域中占主导地位的共识开始确立，它围绕着意大利踏板车展开，并被英国实业家视为一个好的设计应该有的样子。作为一件日常用品，它投入了一些风格和实用规格，并设法去满足所有的关键指标：优雅的、可操作的、流行的以及视觉的判断力——踏板车完成了所有的现代理想。

至少，这是关于"精选品牌月刊"（select band of glossy monthly magazines）的一种意见分享，正如班纳姆所说，这决定了在设计界"什么人看什么内容"（who shall see what）。[2] 事实上，战后最有影响力的期刊，其创刊号的首篇内容完全是

1　Jack Woods, "Is the Scooter Making a Comeback?", in *Motorcycle Sport*, November, 1979.

2　Reyner Banham, "Mediated Environments", in *Superculture: American Popular Culture and Europe*, Paul Elek, 1975, (ed.) C. W. E. Bigsby.

致力于"意大利观感"。在 1949 年 1 月的《设计》杂志中，F. K. 昂里翁（F. K. Henrion）编辑了一份高品味的手工艺品清单，表现的就是焕然一新的意大利城市生活。他标示出汽车、家具、陶瓷以及一个吉奥·庞蒂的咖啡机。但是黄蜂牌踏板车——"一项实质性的制度"，得到了特别赞扬：

> 所有新的意大利设计中，最为重要的，当之无愧是黄蜂牌踏板车。这款小型的、流线型的，又有着赏心悦目外观的摩托车，已成为意大利乡村和城市生活的重要元素。[1]

106　昂里翁还特别注意到踏板车的使用灵活性，以及它桥接市场的能力：

> ……你可以看到夹着公文包的商人，还有带着样品盒的商务旅客，他们站在广阔的门店之间。到了夜晚，你会看到年轻夫妇……而到了周末，母亲、孩子和父亲在一起野餐。你看这些踏板车，在各个政府部门门前并排停放，令人惊讶的是，原来有这么多人是以大约 80 英镑的价格购买了它。[2]

最后，他将黄蜂牌踏板车的意义放在整体的"意大利风格"背景之下，作为意大利"第二次文艺复兴"的一部分：

> 我似乎感觉到不同产品之间的审美价值的相似性。这种相似，从时隔多年的眼光来看，它可能被称为 20 世纪中期的风格。[3]

整个 1950 年代和 1960 年代初，意大利代表着年轻、时尚的设计，一切别致的、现代的以及"合意的"东西，尤其是汽车设计和室内设计（以《多姆斯》[Domus] 杂志为代表），都成为

1　F. K. Henrion, "Italian journey", in *Design*, January, 1949.
2　F. K. Henrion, "Italian journey", in *Design*, January, 1949.
3　F. K. Henrion, "Italian journey", in *Design*, January, 1949.

意大利的代表。对天才设计师的崇拜——文艺复兴时期的天才
融汇了数学才能及艺术气息——似乎在很大程度上指的是蓬蒂
（Ponti）、吉亚（Ghia）、皮宁法里纳（Pininfarina）、尼佐里（Nizzoli）
等人。意大利设计的"优势"有时是通过它与艺术（如未来主义）
的关系来进行"解释"的。例如，安·费勒比（Ann Ferebee）
将流线型的意大利产品与博乔尼（Boccioni）的《空间中连续
的独特形式》（*Unique Forms of Continuity in Space*）进行比较，
并因"雕塑般的优雅"[1]而对"防护好的"意大利交通工具倍加
称赞。通常来说，"精致……纯净……的流线"——皮宁法里
纳的 1947 年西斯塔利亚跑车（Cisitalia Coupe）——价格是稳
定的，因为它确立了"可以取代当时美国兴起的巴洛克风格的
替代性标准"。[2]所有这些品质和效果都归功于不同时代的意大
利踏板车。它已成为意大利品味的神话，现在变成了一个"实
物示范"（object lesson），这是 1946 年史蒂芬·贝利《好的外型》
中的唯一一条目——它代表了它的时代。

　　然后，关于踏板车的两个"官方"版本，代表着两个不
同利益之间的冲突。这种"观念的冲突"体现为：一方面，
是重工业的衰落——重工业要求保护既得的市场利益，它有
固定的产品和市场概念，其物质资源旨在扩大市场并生产特
定的设计类型，并形成一套既定的文化价值观来捍卫重工业；
另一方面，是设计行业的繁荣——设计行业要求转变市场、
美化（aestheticising）产品，培育消费者，其物质资源旨在生
产一种新的商品（即形象），它用一套全新的文化价值观（一
种新的欲望形式）来进行表达并付诸实践。踏板车起源于意
大利，在两个系统中的功能有所不同：首先，"意大利特质"
（Italianness）作为踏板车"对外竞争"的卖点，强化了女性
化特征（意大利："男性自恋"的家园）。其次，它将踏板车

107

1　Ann Ferebee, *A History of Design from the Victorian Era*, Van Nos. Reinhold, 1970.

2　John Heskett, *Industrial Design*, Thames & Hudson, 1980.

定义为"面向未来的外型",并将其作为一个精心设计的对象,使其价值翻番(意大利:"好品味"的故乡)。

物都是分裂的,但在使用中又是被重新组装在一起的……

踏板车俱乐部

埃平:踏板车骑行

1950 年代中期,兰美达牌和黄蜂牌都开设了用户俱乐部英国分部,它们由伦敦市中心的独立办事处负责协调,并获得了道格拉斯公司和阿格特许经销商的赞助。二者都发行月刊(《黄蜂牌新闻》[*Vespa News*]、《兰美达领袖》即后来的《奢华旅行风》[*Jet-Set*])。虽然这些组织明显是以意大利俱乐部的方式组建,并承担着宣传和公关的职能,但是,他们采取的是一种松散的组织方式,可各自设立本地分部,由业余爱好者负责运营,并且允许各分部组织自己的事务。此外,一些较大的分部根据非正式的特点和较强的区域关系,有了自己的名称——"布罗姆利的无辜者"(Bromley Innocents)、"流浪者"(Vagabonds)、"米查姆的暴徒"(Mitcham Goons)——旗帜、徽章、颜色等,他们与战前的自行车俱乐部颇有些相似。1950 年代和 1960 年代初,大规模集会和有组织的踏板车游行吸引了多数成员的加入。据一位爱好者说,多达 3000 名踏板车手将参加全国性的兰美达俱乐部年会,他们汇聚在布莱顿(Brighton)和苏森德(Southend),"在服务大厅设立了许多横幅和旗帜,沉浸于彩旗环绕和嘉年华的氛围之中……你的兰美达将可以完全免费地享受服务"。[1] 夜晚,还有烧烤、化妆比赛以及舞会("……这是摇滚的一天……马蒂·怀德[Marty Wilde]、汤米·斯蒂尔[Tommy Steele]、亚当·费斯[Adam Faith]……")。[2] 至少对许多年轻的俱乐部成员来说,这些活动之所以有社会凝聚力,原因之一就是对意大利和

---

1 Mike Karslake, *Jet-Set,* Lambretta Club of Great Britain, December, 1974.

2 Mike Karslake, *Jet-Set,* Lambretta Club of Great Britain, December, 1974.

"意大利式"文化的共同偏好。俱乐部还组织了"意大利—英国文化周"活动来促进这种联系。在位于温布尔登的兰美达特许公司总部，一台浓缩咖啡机为俱乐部成员提供"免费泡沫咖啡"。[1]1960年代初，有一个在苏森德举办的舞会，播放的唱片就是意大利劲曲《兰美达旋转》（*Lambrella Twist*）……

　　随着越来越多的踏板车进入市场（到1963年，英国有22家不同的公司在销售踏板车），焦点转移到踏板车的竞争性活动，它总是被摩托车车队视为一场"耐力型的拉力运动"[2]。英国的踏板车俱乐部似乎特别能接受竞争观念，因为竞争提供了洗脱污名（如："柔弱"和"肤浅"）的机会，在早期的"社会化"阶段，骑踏板车已被认为是一项体育运动。为此，因诺森蒂专门开发了200cc的兰美达，以满足马恩岛的踏板车拉力赛，到1950年代晚期，踏板车拉力赛已成为欧洲最重要的事件之一。除了竞速和径赛，还有踏板车的北极圈考察。他们不间断地从伦敦到米兰，开着带载人侧车（side-car）的踏板车攀登斯诺登峰：这是孤独英雄的壮举，是为了展示骑手和机器的韧性与耐力。其中的一些行为体现出积极的史诗性品质，如：一名踏板车手穿越了英吉利海峡，他通过黄蜂牌摩托车去操作划桨来前行。[3]俱乐部的踏板车变得更加强劲，踏板车跑得也更长久，对踏板车的考验也越来越艰巨。踏板车旅行是英国兰美达俱乐部的一种延伸，它给车手提供了多达40辆的踏板车作为领头"蛇"赶赴瑞士、奥地利和德国。

　　踏板车手在1959年左右开始趋于饱和，他们要求赢得比赛、打破纪录的需求也变得越来越强烈。"友谊赛"有时让位于公开赛，这种紧张局势开始从工作团队渗透到普通会员。更

108

踏板车集结：亚历山德拉宫殿

1　源自迈克·卡斯莱克的个人回忆。

2　Jack Woods, "Is the Scooter Making a Comeback?", in *Motorcycle Sport*, November, 1979.

3　来自一篇名为"嗡嗡作响的黄蜂牌"的文章，发表于 *On Two Wheels*。该系列还刊登了一篇关于兰美达的文章，名为"另一种社会"。

肌肉型的踏板车表演

年轻、更狂热的俱乐部支持者开始打破服装禁忌。例如，"蓝色男孩"可以穿剪裁考究的皇家蓝西装——这也成为兰美达俱乐部的颜色。两家踏板车公司的分销政策进一步强化了这些竞争：经销商只能获得一种品牌的经销授权：要么是黄蜂牌，要么是兰美达牌。

但是无论如何，竞争从未完全清除起初加诸体育竞技之上的框架："交际性质"及其附带的各种内容，如健康、户外和欢快的友谊。这一理想在俱乐部的实际构成中被重新选择。俱乐部会员不再限于单一阶层或年龄段（尽管它偏于相对年轻的人群 [如 16 ～ 35 岁]，偏向的阶层是从"受尊敬的"工人阶级到中下层阶级）。女性踏板车手被认为和男性一样突出，至少在非竞技的环道上是如此……

比亚乔和因诺森蒂的宣传部门认为，将黄蜂牌或兰美达牌纳入剧情片是一个主要的广告妙招。电影导演被拉去推销企业产品。明星被安排坐在新款踏板车模型上进行拍摄（有时还要穿上时装）。

109　　1960 年代初，出现了两部主题为意大利踏板车（和克里夫·理查德）的电影：《美妙人生》（*Wonderful Life*，以黄蜂牌为主题）和《夏季假日》（*Summer Holiday*，与兰美达牌联袂主演）。这些电影精确地阐述了文学中经常出现的"喜好娱乐"的集体理想，以及早期踏板车俱乐部的集会和"社交"，它们概括了许多在踏板车广告中遇到的主题："旅游"、"青年"、"自由"和"时尚"。所有这些类别都被典型化地体现在克里夫·理查德的形象中，以及一群"滑稽"、"时新"但善良的年轻人身上，他们骑着踏板车去寻找一条海岸线，一个假日的浪漫……

摩登派少年

1960 年代中叶，意大利踏板车开始和摩登派少年（及摇

衮手）的形象结合，至少在英国新闻和电视方面，踏板车是和南英格兰沿海度假胜地的"狂欢集会"形象联系在一起。（这种形象的紧密结合并未结束：1979 年电视节目《关于英格兰》[About Anglia] 制作的一个兰美达保护协会 [旧踏板车俱乐部的一个"受人尊敬的"分部] 的专题节目，开头就是 1964 年在马尔盖特和布莱顿发生冲突的片段。）"踏板车社交"（social scootering）一词曾唤起有秩序的大众集会的形象。现在，它突然跟一个更凶险的社群有关：一支年轻的队伍，他们看起来是整齐划一的——几乎不能区分每一个个体或社群——然而他们可以协调一致地从事破坏行为。摩登派少年和踏板车俱乐部在 1964 年的"布莱顿之战"，与 1950 年代的布莱顿赛事，二者相互联系但又相互对立。他们分享了同一个空间，就如一张纸的正面和反面。在"社交层面"之后，有了"反社会"；在《夏季假日》之后，出现了《我的世代》……

"防护好的"形象

> 每个人都想让自己看起来像一张照片，就像一本杂志里的页面一样光鲜……每个人都想发光……
>
> ——琼·巴克，《无论英国模特儿发生了什么？》，
>
> Harpers & Queen，1980

> ……甚至在苏活区，在黑手党的总部，你也可以看到无处不在的不安分青年暴动的迹象。光盘店的窗户边摆着可爱的套筒……孩子们在里边购买吉他，或花钱给前 20 名的歌曲砸榜。衬衫店和文胸店的窗帘上有电影明星的照片，销售着少女专用用品……还有发型店……化妆品店……孩子们在路上疯狂地骑着踏板车和泡泡车，早几年前，他们还正在人行道上推着玩具车……人生当然就是最好的电影，如果你能把它看作一部电影的话……
>
> ——柯林·麦金尼斯，《初生之犊》，1959

110

第一波摩登派少年出现在伦敦及周围是 1950 年代末。多数评论者都同意一些基本主题：摩登派主要是工人阶级，以男性为主，他们可以追求穿着打扮，对美国和欧洲大陆的风格十分迷恋。他们对欧洲产品的认可尤其明显。

柯林·麦金尼斯《初生之犊》中的领头人就是一个"典型的"（即理想的）早期摩登族分子：

> 大学男生用烫机来给头发分边，他们穿着整齐的白色意大利圆领衬衫，短的罗马夹克是量身定制的（两个小孔，三颗纽扣），不折叠的窄裤在裤腿处开着 17 英寸的口，脚穿尖头鞋，身边还带着一件白色的折叠雨衣……[1]

他（未提及名字）的女朋友也是以类似细节被描述的：

> ……身上的裙摆线很短，穿着无缝丝袜、尖头高跟鞋、尼龙绉纱的衬裙、短外套夹克，头发扎成一种精灵的风格。苍白的脸上有一丝淡紫色，涂了许多睫毛膏……[2]

但是这里没有精确的刻度（calibration）来确定她在小说和亚文化表征系统中的位置。同样，虽然她的风格来源于意大利，可能是来自"（意大利）女孩的新族群"，但是这里并没有做出说明。而领头人则是通过衣着来进行界定。他是英国籍，但宁愿做意大利人。

根据社会学和营销学观念，摩登派很大程度上是一种商品选择的问题。[3] 正是通过商品选择，摩登派少年标示自己为

1　Colin MacInnes, *Absolute Beginners*, re-issued by Allison & Busby, 1980.

2　Colin MacInnes, *Absolute Beginners*, re-issued by Allison & Busby, 1980.

3　参见 R. Barnes, *Mods!*, Eel Pie Publishing, 1980，我在本文的摩登派部分进行了大量参考；*Generation X* (eds.) Hamblett & Deverson, Tandem, 1964; Gary Herman, *The Who*, Studio Vista, 1971; S. Cohen, *Folk Devils and Moral Panics*, Paladin, 1972. 也可参见 D. Hebdige, "The Style of the Mods", in S. Hall et al. (eds.), *Resistance Through Rituals*, Hutchinson, 1976.

摩登派，他们把商品作为"圈层化"的武器[1]，避免被周围其他青少年（泰迪男孩、"垮掉的一代"以及后来的摇滚手）的品味所感染。

摩登派少年利用商品选择来进行表现，并得出合理的结论。他们"狂热的消费计划"——衣服、俱乐部、唱片、发型、汽油和紫心片（drinamyl pills）——被描述为"对（他们的）父母愿望的一种奇怪模仿"。其父母均为第二次世界大战之后的工薪阶层和中下阶级[2]，他们住在新的市镇或新房子里。摩登派将自己转化为对象之物，他们这样"选择"是为了使自己成为摩登派，他们试图对"自己的"这一专属私人领域（即休闲和外观，衣着与态度等方面）进行系统掌控，在那里他们看到"真正的"自己。他们将欲望（"……他们父母的……愿望"）转向衣着打扮，这个过程是一种自体性行为（auto-erotic）：自我，"它自身"成为一种恋物癖。

当摩登派少年首次（据见证者说，约在 1958—1959 年[3]）将意大利踏板车选择为一种身份标记时，踏板车被提升为一种品味的大团结——它制造了在服装和音乐爱好之外的一种形象；反过来又被用来向别人证明是一种"消息灵通"的信号——以某种方式来见见世面。通过简单的选择行为，踏板车被赋予了一种价值。物的价值的转换应该被公开标示：

> 正确的骑车姿势是：你以 45 度角跨上去，后座上的人把手放后靠垫上。[4]

111

早期的摩登派：在踏板车比赛中穿着讲究的参赛者（1950 年代早期）

1　Baron Isherwood and Mary Douglas, *The World of Goods: Towards an Anthropology of Consumption*, Penguin, 1980. 伊舍伍德和道格拉斯将消费定义为一种"仪式过程，其主要功能是理解事件的早期变化……仪式是建立可见的公共定义的惯例"。奢侈品作为"排除武器"特别有用。这个观念与布迪厄对"品味"的定义形成有趣对比："品味（即表现出的偏好）是对一种不可避免的差异的实际性肯定……完全拒绝了其他的品味……"

2　R. Barnes, *Mods!*, Eel Pie Publishing, 1980.

3　R. Barnes, *Mods!*, Eel Pie Publishing, 1980.

4　R. Barnes, *Mods!*, Eel Pie Publishing, 1980.

有时候踏板车也会被物理改装。根据理查德·巴恩斯的说法[1]，1960年代中期埃迪·格里姆斯特德（Eddie Grimstead）在伦敦开了两家踏板车店，他专门为摩登派少年定制踏板车。踏板车被重新喷漆（兰美达后来采用了一些格里姆斯特德的配色方案），并装上了一些其他配件：狐尾、锦旗、吉祥物、铬金属、警报器、车灯和镜子、鞭状天线、毛皮设计和豹皮座椅。这些特点都有效地扩展了原有的设计理念。

尽管踏板车对骑手的衣着没有限制（这毕竟要使踏板车"适合"那些有时尚观念的摩登派少年），但是，有一种适合骑车的款式——橄榄绿的（皮制）厚大衣、李维牌牛仔裤，还有轻便的靴子。有时候骑手还会戴上法国贝雷帽，以此强调与欧洲大陆的联系，并进一步区分"踏板车男孩"与摇滚手——后者穿着全套的皮夹克、飞靴、牛仔帽，标示出对美国文化的另一种蔑视，他们沉浸于前卫的神话里。

摩登派强调创造一种全新的、更具特色的外观，这最终导致了另一种定制趋势，这似乎再次与踏板车诉求的逻辑相矛盾。随着灯光和灯具的多样化，设计师们所做的反应是：踏板车卸下附属装备——侧板、前挡泥板，有时甚至将踏脚板移除，剩下的主体部分则用面料涂上柔和的颜色。[2]这些都是终极的、大不敬的变革。此时，摩登派在一套报纸相片和假日头条新闻中被公开报道。他们在公众视线中出现，摩登派又开始反对自己。在经历过巴洛克风格、极简主义之后，踏板车的形象也被解构了，它被"重新物质化"（re-materialised）······

日常生活的审美化

当餐具和家具就像至上合唱团（the Supremes）一

112

1　R. Barnes, *Mods!*, Eel Pie Publishing, 1980.

2　R. Barnes, *Mods!*, Eel Pie Publishing, 1980.

样摆动时，这真是一个美好的日子！

——迈克尔·沃尔夫在 1964 年的《SIA》杂志上这样写道

然而，摩登派的意义（和影响力）超出了亚文化的范畴。青少年的更"复杂"和具有自主形式的休闲需求主要是通过摩登派来表达的。市场对摩登派的供给也相应地扩大了。到 1964 年，麦金尼斯《初生之犊》中的咖啡吧、"衬衫店和文胸店"已经完全让位于迪斯科舞厅和精品店。现在有一个关于摩登派的电视节目《准备出发》（*Ready, Steady, Go*）（片头：摩登派少年骑着踏板车在等交通灯；电视旁白："周末开始了……"）。在伦敦的卡纳比街和英皇大道，青少年时尚行业在蓬勃发展。那里有保龄球馆、温佩酒吧（Wimpey bars），还发行了至少六本周刊，瞄准摩登派市场。[1]

在更一般的层面上，摩登派强调了新消费感性的出现，雷蒙德·威廉斯可能会将之称为"情感结构"，据此与"消费者意识"相区别。毕竟，在 1950 年代末，当"现代主义"这个词首次被使用时，冷溪委员会（Coldstream Council）建议提升设计在高等教育中的地位；设计部门在所有主要艺术学校中成立；皇室的赞助正式延伸到工业设计领域[2]；设计中心（Design Centre）开始在干草市场（Haymarket）中开设；一些杂志，如《哪个？》（*Which?*）、《消费者指南》（*Shopper's Guide*）、《家》（*Home*）和《美丽家居》（*House beautiful*）开始宣传"消费者满意度"和"家居品味"的理念。而在 1964 年，当"摩登派"变得家喻户晓时，特伦斯·康伦（Terence Conran）开了第一家栖息地商店（Habitat shops），根据广告文案，商店提供了"预选的购物程序……即时好吃的口味……

---

1 S. Cohen, *Folk Devils and Moral Panics*, Paladin, 1972.

2 参见 Fiona MacCarthy, *A History of British Design 1830-1970*, Allen & Unwin, 1979。设计中心创办于 1956 年。爱丁堡公爵设计奖在三年后才首次颁发；也可参见 *The Practical Idealists*, J. & A. Blake, Lund Humphries, 1969。

只针对那些时尚达人"。[1]

"经典款"摩登踏板车上的反射镜和铬身，不仅反映了摩登派少年的群体期望，而且也反映了他们对整个历史的想象，对于富足的想象。摩登派表面上的完美，是日常生活中普遍"审美化"的一部分，它通过形象的介入，通过"公众"与"个人"、消费和展示的融合来实现。1966 年，一个来自伍尔弗汉普顿（Wolverhampton）的报纸读者有点担心关于"装修问题"（decorating problem），然后写信来寻求建议：

> 我把墙和木制家具都刷成了白色，并用奥利芙·苏利文（Olive Sullivan）的橡木橙栗的"矢车菊"地毯铺在地板上。内饰采用的是唐纳德兄弟（Donald Bros）的未经漂白的亚麻布。窗帘是橙色的，用的是一个明亮的塞克面料（Sekers fabircs）。我以相片、书籍、靠垫和地毯作为亮色的搭配。我在伦敦交通站台的海报上找到一张关于格林威治天文台的照片，上面展示了一个胜利者的形象[2]，我认为这对白墙的处理是很奇妙的。[3]

把一个房间分为几个部分（每一个部分都贴上标签，放置好），让每个部分自有其"特征"（每个按钮都计算好，在图纸上标出），这一分类来自一个共同的冲动。它们一起勾勒出一种新的布置。伍尔弗汉普顿的读者室，苏活区的领头人套装——都是"集成结构"，是精心设计的环境。两者都受到高度重视，它们同样也遭遇了忧虑和歧视的目光。这是丰裕的另一面：贪婪的反照，贪婪的我即将来临。

布莱顿重游

1964 年，在南海岸度假胜地的瑰丽长廊，代表不同品味

1　Fiona MacCarthy, *A History of British Design 1830-1970*, Allen & Unwin, 1979.

2　或为詹姆斯·沃尔夫的雕像。——译者注

3　引自 F. MacCarthy, *All Things Bright and Beautiful*, Allen & Unwin, 1972。

和倾向的两派青少年发生了一场斗争。海边的骚乱成为一个公开展示的"事件"，刚开始出现在新闻里，后来是作为历史档案而存在（电影《四重人格》[*Quadrophrenia*] 出现在 1979 年）。"刚刚发生"的场景被观看（一张本地报纸刊登了一个男人的照片，他在一群男孩中间，站在晃动的躺椅上，将孩子举到头顶，好让孩子能有更开阔的视野……[1]）。

根据在马尔盖特所作的一项调查，摩登派少年大多来自伦敦，他们的家庭多数是中下层家庭，他们的父母从事着熟练、半熟练的贸易工作，或者是服务业。（吉米是电影《四重人格》中的英雄，他作为一个典型的摩登派，在伦敦广告公司担任办公室文员……）摇滚手更多是做手工业，多数是来自本地。[2] 大多数观察家认为，海边的摩登派要比摇滚手多得多。接受采访时，摩登派用"脏"和"无知"这样的词来指称摇滚手。摇滚手则将摩登派称作"同性恋"和"软蛋"。

在外观设计和摩托车运动之间、在服务和生产部门之间、在"应时的"和"过时的"元素之间，两种意见总是会发生冲突。这些冲突在布莱顿和马尔盖特，都是实际的暴力的形象。摇滚手／摩登派两极，不能如此直接地被转换为性别选择（即男性至上／反男性至上）。显然，女孩在两个亚文化中处于同样的从属地位。摩登派男孩称呼女朋友为"后座上的草料"。在"受尊敬的"踏板车社群中，摩登派亚文化内的踏板车女孩要比摩登派亚文化外的女孩少得多……

114

1　S. Cohen, *Folk Devils and Moral Panics*, Paladin, 1972.

2　P. Barker and A. Little, in T. Raison (ed.), *Youth in New Society*, Hart-Davis, 1966. 彼得·威尔莫特（Peter Willmott, *Adolescent Boys in East London*, Penguin, 1966）提供了一组有趣的数据，反映了在现代派摇滚时期，伦敦自治市镇工薪阶层的踏板车和摩托车占有情况。数据显示，在 264 个男孩样本中，超过 16 岁的人（主要在 16 ~ 17 岁的年龄段），拥有踏板车的占到了十分之一，而拥有摩托车的（他们的年龄稍大一些，在 17 ~ 18 岁的年龄段）只占二十分之一。

摩登派再流行

> 18~20岁的踏板车狂热者真的不知道是怎么回事。
> 在1980年要成为摩登派是不可能的，他们只是走错了
> 方向——踏板车是一种交通工具。你没有崇拜它……
>
> ——《最初的摩登派》，引自《观察家杂志》，1979

服务站的消失、经济衰退、小型日本摩托车、强制佩戴的防撞头盔、印度踏板车和红色的队列：原来的"关系网络"随着时间推移而发生变化，变化的还有物，以及用户与物的关系。

踏板车是"未防护的"：所有新的摩登派都是业余机修工。备件的匮乏和维修机构的崩溃，意味着更多的踏板车手要被迫去自己动手保养和维修他们的车辆。

结　论

在《标准晚报》（*Evening Standard*）（1977年2月24日）上，作为"新时尚的中层管理人员之一"的德里克·泰勒（Derek Taylor）先生，解释了他为什么出售自己的小汽车，并买了一辆二手兰美达：

> ……道路税每年4英镑，保险费12英镑，耗油量将
> 近100 mpg。我估计我买了个好东西……我仍然喜欢这样
> 的舒适状态，我想要在一个干净和体面的条件下工作……

时尚仍然是一个重要的影响力量（vector），但是它的意义基于这样一种事实："……时尚是一个后座，但讲求实际的踏板车手带上了所有的行车配件（季风防护的雨衣……英国皇家空军的长衣裤）……"（出处同上）

　　时尚范式被讲求实际的踏板车手完全戳破了。燃料危机和被《标准晚报》"忽视的"中层管理人员的困境，重新定义了物（一些痕迹仍然存在……"舒适……干净……拿得出手"）。这个形象变得很讽刺。

115

　　在伦敦的地铁上，出现了一个关于"新生产的"P系列黄蜂牌踏板车的海报广告，这款车型有着"更具吸引力的外形"。[1]与之并置的，是铃木汽车和梅特罗牌小型汽车的广告，以及阿多尼斯牌内裤、艾略特双人床和"侮辱了女性"的贴纸等。意大利踏板车再次上升到稍高的档次，重新启程……

1950年代后期：意大利风格

1　这是来自 On Two Wheels 上关于新的黄蜂牌 P200 的一篇评论，名为"嗡嗡作响的黄蜂牌"。

5

低级趣味：

关于波普艺术的笔记

116

大卫·霍克尼，《我们两个男孩紧紧挨着》

有这样一群人，他们只信奉洛布经典，度假要去托斯卡纳，热衷奥古斯都·约翰的素描，购买签售版的法国家具，阅读《每日电讯报》的主要文章，买的衣服永不过时。对他们而言，波普艺术意味着一种文化断裂，波普艺术对经典传统的反叛，就像行刑队对待死刑犯一样，没有丝毫的怜悯或缓期执行的余地。

——雷纳·班纳姆

相较于被看得太轻，我更不喜欢的就是被看得太重。

——比利·怀尔德

1959 年，大卫·霍克尼画了《我们两个男孩紧紧挨着》，这幅画呈现出霍克尼后期作品的许多特质——一种自觉地展露的纯真，这与炫技痕迹明显的画图形成鲜明对照。纯真是被传达的……因此具有颠覆性……这里涉及同性之爱：两个男孩，左边有一颗黑色心形。关于它，没有什么特别"流行"（pop）的内容，它的出现有些惊喜，可以让人了解灵感的来源。霍克尼的早期绘画《男娃娃》（Doll Boy）参考了唱片《（给我自己）一个能走路的、会说话的洋娃娃》——无独有偶，据霍克尼自述，《我们两个男孩紧紧挨着》的灵感来源于与克里夫·理查德的一次交往。

117

《英格兰的波普艺术》（Pop Art in England）是 1976 年为约克市美术馆创作的，并从德文翻译而来，翻译得有些拙劣。从该书的目录来看，霍克尼的部分灵感来源于沃尔特·惠特曼（Walt Whitman）的一行诗。前面那幅画（和它的标题）是一个报纸头条，它吸引了霍克尼的注意，标题是这样的："两个男孩整晚紧紧靠着悬崖"（Two Boys Cling to Cliff All Night）：

> ……乍一看，霍克尼认为这里的 Cliff 指的是克里夫·理查德，当时他非常强烈地想画出来；但标题实际上指的是悬崖（cliff）。[1]

很明显，这一偶然性联想，关乎那些被纯艺术界所界定的下层社会（netherworld），霍克尼以一种简短又沉闷的方式对此做了"衍伸"，他的这种参照和创作，就是纯粹的波普艺术。画布并没有因为有同性恋意味而被玷污——即使在 1950 年代，同性恋艺术也是在许可范围内——同性恋与古希腊一样久远，至少是和黄皮书（Yellow Book）一样古老。但是，从商业性波普文化中汲取的仿制图案，代表着资产阶级（épater

---

1　*Pop Art in England. Beginnings of a New Figuration, 1947-63*, York City Gallery, 1976.

les bourgeois）艺术的一轮新的转向。

波普艺术和波普艺术评论家都沉浸于最受鄙弃的流行文化形式的修辞中。他们使用最脏和最破的通货。这也是理查德·史密斯（Richard Smith）描述大卫·霍克尼"幻想之帘"的方式，它于1960年发表在皇家学院的家居杂志《方舟》（Ark）：

> 它就像巴铎（Bardot）的毛巾一样必不可少，霍克尼的范围可能像他外套上的翻领一样狭窄，但是在当时的条件下，他已经发出了非常成功的个性声明……[1]

这一类比的逻辑其实无关紧要。重要的是评论风格，以及对时尚、对被禁止的短效物（ephemera）、对细节和服饰的一些引用。这与它的隐含意义相连接，即传统的艺术与设计的层次排名（文艺复兴时期就已建立的排名）——从纯艺术到图案再到装饰艺术，以价值、重要性、精神价值的降序依次排列——这个秩序已被推翻并被抛弃。与此同时，另一个意义是关于社群分离，即过去的形式价值观已被破坏，它意味着传统美学界限的崩溃，也意味着排他性原则的坍塌——那些界限之所以确立是为了维持：被压迫者的（再度）回归（艺术的神圣之船被一群低贱的海盗霸占）。这一意义在四年后得到了回应，乔纳森·米勒（Jonathan Miller）在《新政治家》（New Statesman）杂志中写道：

118

> 现在有一个奇特的文化社区，一个令人窒息的现代社会。在那里，斯诺登伯爵和一些星罗棋布的亡命徒，正在争抢商业艺术学校的默西明星（Mersey stars）、橱窗布置师和卡纳比街头的裤子小贩。在这里，风格——品味64——就是一种炫酷的线条和年轻人富于机巧的傲慢。[2]

1　Richard Smith, *Ark* 32, Journal of the Royal College of Art, Summer, 1962, in John Russell and Suzi Gablik, *Pop Art Redefined*, Thames & Hudson, 1969.

2　Jonathan Miller, *New Statesman*, 26 May, 1964.

在纽约，以前相互隔绝的社会层级同时出现了类似的融合。曼哈顿的寓所和展览馆都创造出明亮的、脆性的（brittle）氛围，在那里，时尚、美术、摄影和电影等为新型文化企业家（作为明星的艺术家）提供了一个平台。

如图所示，沃霍尔的画作与他的人体模特是很难辨别的。他的工作室与电影布景无法区分，肉体与塑料一模一样，纯艺术与时尚没有界限。这可能是一张时尚照片。

波普艺术在纽约的兴起与新富人（nouveaux riches）艺术市场的出现有关——社会暗流涌动，利来利往。汤姆·沃尔夫有一篇文章《以艺术之名向上爬升》（Upward with the Arts）登载在《纽约杂志》（New York magazine），讲述了一个名为罗伯特·C. 斯库尔（Robert C. Scull）的人，由计程车司机摇身一变成为行政人员和波普艺术收藏家。斯库尔在1965 年买下了贾斯培·琼斯（Jasper Johns）的啤酒罐，这些罐子均来自卡斯蒂里（Leo Castelli）。斯库尔是沃尔夫笔下最残忍且最有说服力的配角，他的形象就是那个时代的缩影。

斯库尔的座右铭是"享受，享受"（Enjoy，Enjoy），他在伦敦旅行时，走进萨维尔街，面对冷酷的盎格鲁 - 撒克逊反对派，他被安排穿上一件粉色的传统骑行夹克。

汤姆·沃尔夫具体描述了他的首次试穿：

……他们拿出粉色的骑行服，外套裁剪适当且向上疏缝，一个袖管绷缝。这是很平常的一次试穿，他们让斯库尔穿上这件衣服——斯库尔注意到一件有趣的事情。在他试穿的时候，裁缝店里的一切都静止了。在昏暗的木架和门栓架之间，其他人都在抬头看着他，从门帘后面，从门的边缘，从衣服的后面，所有的眼睛都在盯着他看。

斯库尔向后退了一步，朝向所有目光，并问身边的人："嘿，他们都在干吗呀？"

身边的人俯身贴耳，非常温柔且无比真诚地说："他
们都在为你加油啊，先生。"

享受，享受！ [1]

如图所示，罗伯特·C.斯库尔和妻子斯派克（Spike）坐在餐桌边，面前是一幅罗森奎斯特（Rosenquist）的新作品——晚饭已由佣人准备好。这张照片的作者是肯·海曼（Ken Heyman），它是另一个重要的讽刺作品。这个房间可能是杜安·汉森（Duane Hanson）展览里的"环境"——人物都是以蜡或石膏来模拟的。照片的标题是（首字母大写缩写）EAT，副标题是小写的"享受！享受！"（enjoy！ enjoy！）。

然而，1965年西德尼·蒂利姆（Sidney Tillim）在《艺术论坛》（*Art Forum*）上说：

> 波普艺术的观众，大部分是傲慢无礼和野心勃勃的，他们参与艺术的方式，我认为是美国大众以前所没有过的。相较于艺术和品质，他们更关心一种被压抑精神的释放，这种精神基本上被一种与观众无关的文化观念所压制。波普艺术的观众厌倦了说教，厌倦了所谓单纯的好的艺术。[2]

波普艺术显然已构成美国本土化（vernacular）追求的一部分，其中，欧洲的绘画规范被视为再现出（拐弯抹角地）一种僵化和陌生的社会结构、一种基本上是欧洲式的品味等级。在欧洲，"品味"作为社会阶层的一种标志："好的品味"被镌刻在门上，仅对会员（Members Only）开放。

早在一百年前，马克·吐温（Mark Twain）就站在欧洲品味的门槛之外。1867年，当他登上贵格市（Quaker City）的船，开始第一次去往欧洲的跟团旅行。在意大利，作为首个司

1　Tom Wolfe, "Bob and Spike", in *The Pump House Gang*, Bantam, 1969.
2　Sidney Tillim, "Further Observations on the Pop Phenomenon", in *Art Forum, 1965*, in *Pop Art*, Michael Compton, Hamlyn, 1970.

各特·菲茨杰拉德（Scott Fitzgerald）的"梦幻般的尼安德特人"，他深刻感受了欧洲人的遗迹、艺术作品以及贡多拉[1]船夫（gondoliers）。回到家之后，他这样写道：

> 我从来没有感受到如此热烈的感激，如此舒缓和宁静，我的内心充满了神圣的和平。这感觉就像是昨天我刚知道米开朗基罗已经去世了一样。[2]

在波普艺术中——在鲍勃·C. 斯库尔的形象中——马克·吐温和美国最终对欧洲实施了报复。

这无疑是我们熟悉的领域：波普艺术丰富的民间风俗的一部分。

然而，对波普艺术的"严肃的"讨论，应该通过轶事（anecdote）和老套的类比来进行。我认为波普艺术对"文化政治"的贡献在于，它对"文化"和"政治"两个术语提出了问题（通过放弃某种庄重和"严肃"的语调，资产阶级艺术和艺术批评中任何"激进的"提案——前卫的或其他的——都可谓司空见惯）。上述对 1960 年代伦敦和纽约的波普艺术的介绍，概括了我想在此处论述的主题：

（1）什么可以被描述为波普艺术的指示功能（它被用来强调审美品味与经济的、象征的权力之间的共谋方式）。

（2）在文化游戏中，波普艺术作为一种启发性的运动，其目的是修正"感觉"和"精神"、"低"与"高"、"艺术"和"非艺术"之间的移动线（shifting line）——布迪厄已指出这两个范畴是一致的。

（3）波普艺术作为另一场"品味之战"（实际上是同一场战争在沿着不同战线进行）中的策略，体现于旧世界与新世界之间，体现于美国（如莱斯利·菲德勒指出

1　贡多拉是在威尼斯运河上航行的一种长而窄的平底船。——译者注
2　Mark Twain, *Innocents Abroad or The New Pilgrim's Progress*, Collins, 1986.

的"必须被发明和发现"[1]与欧洲（有着悠久的文学
和美学传统，有着复杂的阶层和地位的符码）之间——
在两大洲之间，在两个象征的集团之间："欧洲的"
和"美国的"。

（4）最后，不是那么重大但同样不容忽视的是，波普是一
种时尚、消费和艺术的话语；劳伦斯·阿洛韦（Lawrence
Alloway）在 1959 年将其称为"财产的戏剧"（the
drama of possessions）[2]；作为一件新式衣服，波普是
一件搭着粉色窄翻领的运动夹克。

我们的关注点将主要集中在英国波普艺术，那些与之相关的美
国波普艺术家作品和流行的波普艺术，也将在此做出比较。

对英国波普艺术史进行详细概述，在这里既不必要也无
可能。需强调的是，英国波普艺术的发展大致分为三个阶段。
第一阶段，时间跨度在 1952—1955 年，它与英国当代艺术中
心（ICA）"独立小组"的作品有关。这一阶段通常被认为
是波普艺术的孕育期，"独立小组"的成员，特别是爱德华
多·保洛齐（Eduardo Paolozzi）和理查德·汉密尔顿（Richard
Hamilton）发展出许多的主题和表现技巧，后引起巨大的轰动
效应。第二阶段，时间跨度在 1957—1959 年，主要与彼得·布
莱克（Peter Blake）和理查德·史密斯的早期作品有关。

1　Leslie Fiedler, *Towards a Centennial: Notes on Innocents Abroad in Unfinished Business*, Stein and Day, 1972.

2　Lawrence Alloway, "The Long Front of Culture", 1959, in *Cambridge Opinion*, Cambridge University, 1959, reprinted in J. Russell and S. Gablik, op. cit., 1969。这个词出现在战前与战后的希区柯克电影的比较之中。它被当作一个寓言，表明文化价值观从战前固定的"男子气概"行动转变为 1950 年代的专注于形象："战前电影《三十九级台阶》中，英雄穿着粗花呢衣服，随着追捕的进行，衣服有点皱巴巴，就像一个绅士农民经历过一天的打猎。在《西北偏北》（1959）中，英雄是一个广告人……虽然他从纽约被捕到南达科他州，但是他穿的衣服总是整齐的'布克兄弟'品牌。也就是说，追逐过程中的风尘、汗水以及伤害，都不如英雄的外在包装来得重要——粗狂的英国绅士，还是文雅的麦迪逊大街上的男人……重点是，所有物（在这种情况下，是衣服）的戏剧，代表着英雄的动机和行为的特征（或者更多）……"

121

《我是一个富家子的玩物》
（E. 保洛齐）

第三阶段，英国波普艺术被认为是一个独特的，至少是连续的运动（通常认为，波普实质上并不仅仅是"青年一代"的特别组织）。这一时期至少纳入了德里克·波舍尔（Derek Boshier）、帕特里克·考尔费尔德（Patrick Caulfield）、大卫·霍克尼、艾伦·琼斯（Allen Jones）、罗纳德·奇塔基（Ronald Kitaj）和彼得·菲利浦斯（Peter Philips）等人的早期作品。在这一阶段，波普艺术吸引了多数公众的注意，其原因部分是每年举办的"青年一代"（Young Contemporaries）的展览，以及肯·罗素（Ken Russell）在 1962 年制作的电视纪录片《画架上的波普艺术》（Pop Goes the Easel），所有这些都有助于建立一种印象：波普艺术家是年轻的、突破常规的、性欲强的男性艺术家。用 1960 年代的关键词来说，他们的"生活方式"是引人注目的"摇摆伦敦"模式。这些活动同样有助于修复波普艺术在公众想象中的印象，它作为英式节拍（British Beat）和时尚潮流在视觉艺术中发展的必然结果，大约在同一时间开始形成相似的走势。

到了 1960 年代中期，"pop"（波普）一词和"mod"（摩登派）、"beat"（节拍）以及"permissive"（放任的）等其他词一样，因过度使用而变得一钱不值。以至于这些词成为一种涣散的、语言学上的屈从而变得程式化，这有赖于新闻界人士在语气上和 / 或形式上采取的模糊的当代风格，这些词偏重于色域（colour range）的初级终点，并可能与"摇摆不定的"社会环境联系在一起。

波普艺术和评论家

每一个人都讨厌商业艺术；显然，他们并不是真正讨厌。

——罗伊·利希滕斯坦

在展开进一步的论述之前，我想再详细检视一下英国波普艺术
的第一阶段和第三阶段。由于已经有一大堆文献都在研究这一
课题（如休·亚当斯 [Hugh Adams] 指出，波普艺术总是能成
为新闻报道的好素材），也许就有必要追问，为什么我们要再
来评估波普艺术的意义？我会给出两个主要理由。

首先，英国波普艺术已被彻底融入商业艺术和包装指令的
语言中，比如，这么多"高品质的"（quality）英国广告中特
有的讽刺语气——以至于我们最有可能忽略其最初提议的激进
本质：流行文化和批量生产的图像本身是值得考虑的，而且，
这为那些艺术工作者提供了丰富的图像资源。例如，人们很容
易忘记，当波普艺术于 1950 年代首次出现在英国时，它在批
评界被普遍视为一种有象征性的侵略，并陷入一个尴尬的、未
曾探索的境地。它介于美术与制图学之间：一方面是美术的（经
过验证的、创意的、纯粹的），另一方面是制图学的（可鄙的、
商业的和妥协的）。艺术和商业的不兼容性在一些迎纳波普艺
术的活动中得到明显体现。如：1963 年，《艺术论坛》发表
了一篇题为"反感觉的绘画"（Anti-Sensibility Painting）的文
章，作者伊万·卡普（Ivan Karp）这样写道：

122

> 商业艺术家的表现形式与纯艺术有着深刻的对抗。在
> 他对有意味的形式的操控当中，棘手的商业惯例层出不穷。
> 这些惯例是对灵感创作的一种掳掠……[1]

在 1950 年代末 1960 年代初，艺术领域仍被"好的品味"的捍
卫者持续审视，他们决心"维持标准"。潜在的"交叉点"和
"分解点"很容易受到这种监视的影响。违反者将受到起诉。
1960 年，詹尼·艾恩赛德（Janey Ironside）借用威廉·莫里斯
的壁纸块（wallpaper blocks），将这一大胆的设计运用到纺织

---

1 I. Karp, "Anti-Sensibility Painting" in *Art Forum*, 1963, reprinted in M. Compton, *Pop Art*, Hamlyn, 1970.

品中，威廉·莫里斯协会为此向皇家学院当局进行控诉。[1] 由于 1940 年代至 1950 年代初长期的经济紧缩状况被之后的相对富裕所取代，官方的品味制定机构开始寻求新的方式来扩大他们对大众品味的家长式影响。大概是为了遏制文化的衰落，英国广播公司开始教育新的消费者。据约翰·麦克海尔（John McHale）说：

> 英国广播公司和工业设计委员会（Council for Industrial Design）有一个精心策划的合作……大约在 1956 年中期，一场火灾被写进电视剧《格鲁夫家族》（*The Grove Family*）的脚本，这使得"家庭成员"可以通过设计中心来重新装修他们的"家"。[2]

波普的出现，挑战了第二次世界大战前艺术与品味形式之间的权威界限。波普对象（美国事物、"流畅的图形"、流行音乐等）中的"教训"（lessons）与英国广播公司的"教训癖"（didacticism）可谓势均力敌，波普将它们完全颠倒过来。英国广播公司提出要加以辨别和节制的地方，波普则认为应该无所节制和畅所欲为。

显然，新的视觉感受力的出现（它在波普艺术中得到表达）与 1950 年代艺术流派的社会结构变化有关。通常认为，波普艺术体现了新一代艺术生的渴望——他们多数来自工薪阶层、中低收入家庭、战后获得军人抚恤金的家庭，以及 1944 年巴特勒教育法案（Butler Education Act）中的首批受益家庭。用雷纳·班纳姆的话说，波普艺术代表着"小学男生的报复"。还有（这并不是巧合）观点认为，这凸显了制图学对纯艺术的报复。波普艺术是战后艺术教育中首要的，也是最明显的

123

1　参见 Paul Barker, "Art nouveau riche", in Paul Barker (ed.), *Arts in Society*, Fontana 1977。

2　John McHale, "The Fine Arts and the Mass Media", in *Cambridge Opinion*, 1959 reprinted in J. Russell and S. Gablik, op. cit., 1969.

转变标志，它远离了工艺学科，更直接地参与专业设计和行业
需求。（1957 年，冷溪委员会提出要扩大设计在艺术教育中
的地位。）一些英国艺术家、建筑师和艺术生率先打破传统，
与传统发生精神上的背叛，他们开辟了美国制图学和产品设计
这个被禁止，但又前途无限的新领地。1969 年，班纳姆描述
了那场背叛：

> ……重要的是要意识到，美国设计可以纠正十年前大
> 部分伦敦艺术所表现出的涣散的地方主义，这是多么有益！
> 宽屏电影或底特律汽车造型体现的热情及专业精神，是对
> 摩尔式乡下佬（Mooreish yokelry）的英国雕塑或受派珀式
> 幽暗（Piperish gloom）影响的英国绘画的连番痛斥。对
> 任何有着一点敏感性或技术眼光的人来说，《美国时尚》
> （American Vogue）杂志上的倍儿乐（Playtex）或美顿芳
> （Maidenform）广告，能让时尚艺术委员会（Arts Council
> vogue）的大多数艺术家瞬间感到沮丧。[1]

那么，当波普艺术首次出现时，我们很容易忽视，在早些时
候，波普的出现既像是孤儿（orphan）也像是混蛋（bastard），
它也因此就被蒙上了污名。后来它被接纳、重估、提升并改
造——确切地说，就像狄更斯在《雾都孤儿》最后几章刻画主
角人物的方式——失落的贵族血统突然被昭示，巨大的财富突
然得到继承。事实上，这个神奇的救赎偏偏就在这样的情况下
真实发生了。

　　我会给波普艺术进行重估的第二个原因是，它在现有艺术
史经典中，往往表现得十分糟糕，或至少是不太好。波普艺术
一直被拒绝、否认或被带有强烈保守倾向地宽恕，使得人们怀
疑这里有什么危险。波普艺术倾向于被具体化为艺术史上的一
个特定时刻，作为离散的历史时期的绘画、雕塑或印刷的一种

Reyner Banham, "Representations in Protest", in P. Barker(ed.), *Arts in Society,* Fontana, 1977.

独特学派，比如：大致在 1953—1969 年，波普艺术被简单定
义为：作为波普所展示的东西。

或者，波普艺术也可以被解释为一种内在的暴动（interna
putsch），一种在艺术界限之内或多或少出现排他的反应。
从这个观点来说，波普艺术被视为雄心勃勃的年轻少壮派
（Turks）的一种有意识举动，他们意图取代那些老一辈有声
124　望有地位的学院派画家和雕塑家——在英国，他们是亨利·摩
尔（Henry Moore）、斯坦利·斯宾塞（Stanley Spencer）、格
雷哈姆·萨瑟兰（Graham Sutherland）以及其他人；在美国，
他们是杰克逊·波洛克（Jackson Pollock）和抽象表现主义者。
由此，波普艺术被认为是艺术游戏（Art Game）与代际游戏
（Generation Game）进行斗争的关节点。或者——这是一个
轻微的变奏——波普艺术被视为一个更普遍的图形风格的逻
辑统一。在 1950 年代后期，这种逻辑统一显然导致了对现有
抽象概念及"厨房水槽现实主义"[1]（如约翰·布拉特比 [John
Bratby]、杰克·史密斯 [Jack Smith]、爱德华·米德迪奇 [Edward
Middleditch] 等人的作品）的一种摆脱。正如罗伯特·印第安
纳（Robert Indiana）在 1963 年所说：

> 波普艺术是过去二十年来的艺术的一切。[2]

1　厨房水槽现实主义（Kitchen sink realism 或 Kitchen sink drama）是 1950 年代末 196
年代初在戏剧、艺术、小说、电影和电视剧中发展起来的英国文化运动，其主人公
通常可以被描述为对现代社会失望的"愤怒的年轻人"。它采用了一种社会现实主
义的风格，描绘了英国工人阶级的家庭状况，他们住在狭窄的租房里，在肮脏的酒
吧里喝酒，探索有争议的社会和政治问题，比如：从堕胎到无家可归。严酷、现实
的风格与前一代所谓的"精心制作的戏剧"的逃避主义形成了鲜明的对比。——译
者注

2　Robert Indiana, "What is Pop Art? Interviews with eight painters", Gene Swanson, Ar
News, November, 1963, reprinted in J. Russell and S. Gablik, op. cit., 1969. 这个引述来自
对印第安纳的采访。另一句话也值得引述："波普基本上是回归具有代表性的视觉
传播，在几个急剧的最新模型中以突破性速度移动……一些年轻的画家退回到一些
不那么崇高的事物，如可口可乐、冰淇淋、苏打水、大汉堡包、超市以及饮食信号
他们的眼神渴慕，他们是波普艺术家……他们并不是眉头紧锁，头有反骨的在知识
上、社会上和艺术上的反抗者……"

两种解释都有一些道理。布迪厄指出，为了在艺术界创造价值并得到认可，首先必须创造一种不一样（difference）。毕竟，这是管理大部分文化生产领域的经济逻辑。这一逻辑不仅在艺术界产生了变化和微调，它还创造了艺术品（在两种意义上）的价值，并决定了一些前卫实践的真正反常的形式。

然而，上述两个定义都不允许我们分析（作为纯艺术之外的一种视觉习惯的）波普艺术所产生的非凡效果；波普有助于人们将种类繁多的海报和版画制作视为艺术。换句话说，这两种定义都阻止了对波普艺术更广泛的文化意义展开研究。我认为，波普艺术的意义超出了传统艺术史的范畴，它提出了古典 – 保守意义上的文化（用马修·阿诺德的话说，这种文化是"世界范围内被思考和被言说得最好的东西"）与人类学意义上的文化（文化作为独特的模式、仪式以及表现形式，共同构成了一个社区或社会群体的"整体生活方式"）的关系问题。

例如，我们应该记住，"pop"（波普）一词最初由劳伦斯·阿洛韦创造，它最初并非被用来指涉拼贴画、版画以及后来汉密尔顿和保洛齐的画作，而是指这些艺术作品的原材料——广告、漫画、海报、包装等——这些典型的美国事物的碎片和痕迹，是由美国大兵、有胆识的文具店主和约翰·麦克海尔偷运到美国的。这些碎片和痕迹涉及一个在 1950 年代的英国尚未建立的更丰裕、更具吸引力的流行文化。因此，"波普"这个词本身是模棱两可的。在 1950 年代的英国，它漂移在"独立小组"的现在和一些想象的未来之间，在"独立小组"的艺术抱负与匮乏的文化经验之间。保洛齐的早期作品和"独立小组"的发布会及展览会——《生活与艺术的平衡》（*Parallels of Life and Art*，1953）、《物与拼贴》（*Objects and Collages*，1954）和《这就是明天》（*This is Tomorrow*，1956），都是出于共同的使命，不仅是为了生产一种新的视觉环境，而且是

125

为了批判地分析日常生活的结构及大规模生产的图像。

还应该回顾的是，在英国艺术中心召开的早期"独立小组"会议，其基调有意识地向科学与工程方面倾斜，而非艺术方面；控制论、底特律汽车造型和直升机设计成为这次会议讨论的话题；保洛齐自称明显偏爱科学博物馆而非艺术馆；他后来写到关于波普艺术的起源，"关于艺术方面的有效考虑，除了美学上的，基本上就是社会学的和人类学的"。[1] 我们也应记住的是，早在1959年，阿洛韦就主张，一个社会学变化的"以受众为导向的理解大众艺术的模式"[2]——接受美学的开端，这种美学试图解释在不同消费市场流通中的物与形象的不同意义。换句话说，波普艺术形成于"大众文化"分析与"艺术"产品之间，它居于两种对立性文化定义的交接点上：一种是作为卓越标准的文化，另一种是作为描述性范畴的文化。波普艺术提出的问题不能在狭义的艺术史框架内得到回答，因为大多数波普艺术的批判性研究似乎都停留在狭义的艺术史框架内。

在此，我们开始触及我先前所暗示的：在围绕波普的批评的和艺术史话语的沉默与反感中，存在着更大的利害关系。波普艺术有第三种状况，我们发现聚在一起的批评者们通常在意识形态上或审美方面几乎找不到共同点——一方面，如克莱门特·格林伯格和约翰·卡纳迪（John Canaday）等批评家，他们是《纽约时报》的保守评论员，当时美国波普艺术正处于鼎盛时期；另一方面，是彼得·富勒（Peter Fuller）和休·亚当斯，他们是近期出版的回忆录《六十年代的艺术》（*Art in the Sixties*）的作者。

这种不太可能的共识，是围绕着一种共同的看法形成，

《杰作》（罗伊·利希滕斯坦）

1　Uwe M. Schneede, *Paoloui*, Thames & Hudson, 1971.

2　Lawrence Alloway, "The Long Front of Culture", 1959, in *Cambridge Opinion*, Cambridge University, 1959.

即无论波普艺术是什么或不是什么，它目前肯定还不够重要。波普艺术让激进者和保守者都怀疑它在艺术市场上的迅速成功——相对于它的流行程度来说——随着波普手法被广告业界轻松纳入劝服策略中，这些怀疑得到进一步强化。

　　卡纳迪称波普艺术为"一种商业炒作"，它解决了美国艺术评论家和经销商在 1950 年代后期面临的危机，那时艺术市场被抽象表现主义的世俗现象所淹没。在这种情况下，波普艺术的出现，"相当于发现了一个关键的克朗代克[1]"。[2] 欧文·桑德勒（Irving Sandler）1962 年在《纽约邮报》上撰文指出，波普艺术在他所谓的"光鲜杂志"上受到大量不公正的曝光，因为波普有助于认同并使广告精神（预示了出版业务的"商业目的"）受到尊重。[3] 在激进派阵营中，波普艺术往往由于它与艺术游戏的共谋关系而受到谴责，因为它绝对认同美术馆制度和资产阶级的艺术品观念。彼得·富勒对波普艺术家的成就感到怀疑，因为"他们未能超越 1950 年代末 1960 年代初流行的关于富裕社会观念的普遍幻想"。[4] 休·亚当斯认为，波普艺术中传达的"任何引人注目的观念"都

126

> ……被剥削性结构给过滤掉了，它们被稀释和贬低为……（或者是它们倾向于退化成）……仅仅是没脑子的贩卖商，只是沿街售卖着波普形象。[5]

1　Klondike，指曾引起淘金热的克朗代克河周围的河谷地区。——译者注

2　John Canaday, "Pop Art sells on and on. Why?", in *New York Times*, 1964, reprinted in M. Compton, *Pop Art*, Hamlyn, 1970.

3　Irving Sandler, review of New Realists exhibition, New York, 1962, in *New York Post*, 1962, reprinted in M. Compton, *Pop Art*, Hamlyn, 1970. 完整的引述更有启发性："纯艺术和商业艺术的融合，必然促进新现实主义的广泛认可。在油滑的杂志中，近些年没有其他表现形式得到如此迅速的关注。广告人（和其他分享他们方法的人）可能已经提升了新现实主义，因为它恭维他们自己的'艺术'。并且他们已将它运用到自己的作品之中。"

4　Peter Fuller, "The Crisis in British Art", in *Art Forum,* 1977.

5　Hugh Adams, *Art of the Sixties*, Phaidon, 1978.

《小大图》（罗伊·利希滕斯坦）
平整绘画的标记

波普艺术向商界和时尚界作有伤风化的卖俏，同样招来人们的反感。琳达·莫里斯（Lynda Morris）在一篇题为"是什么让1960年代的艺术如此成功但又如此肤浅？"[1]的文章中，表达了她对波普艺术的嗤之以鼻。

所有这些批评者似乎都认为，波普艺术偏离了负责任的艺术家应有的关注，偏离了严肃的表述。它是愚蠢的、脑子错乱的或空洞的，本质上是未谙世事的或不道德的。任何有坚定信念的艺术家——学者、形式主义者、宣传家和民粹主义者——都应该做出严肃的表述。对此，我认为，这种轻蔑的批判性反应只是再现了过去两种对立的意识形态：一方面是"严肃的"、"艺术的"和"政治的"，另一方面是"短暂的"、"商业的"和"愉悦的"——这是波普艺术本身暴露出的一系列区别，这些区别或许还有讨论余地，但却让波普艺术实践开始被削弱。我认为，波普艺术的意义在于它在亮光中被展示、被照亮、被袒露的方式。这些随意性的区别特征在隐形经济（hidden economy）中被放大，后者通过赋予它们以艺术外衣来衡定某些特定事物、某些表达形式以及某种声音，以此和其他事物、其他形式和其他声音相区分。

我试图通过划分英国波普艺术的两个阶段来做到这一点——按照我原来的时间年表，分为第一阶段和最后阶段——这样做是为了引出1950年代中期和1960年代中后期围绕波普艺术产生的一些主题和意义。这两个阶段的思考方式可以最准确地被描述为"调用"（invocation）[2]。这一术语提醒读者以下事实，即接下来的内容既不是对"发生的事"的简单时间排序，也不是传统意义上的概述。我希望，像"调用"这个词所具有的灵活性和任意性，能够让我在一个更宽泛的文

127

1　Lynda Morris, "What made the Sixties' Art so Successful, so Shallow", in *Art Monthly*, 1976.
2　"调用"具有以下方面的意义：（向神或权威）祈祷或咒语；占有的一种形式；（仪式或集会）命令或召唤；具有特定精神的自我认同等。——译者注

化背景中对波普艺术进行定位，并允许我：

（1）指出美国和英国波普艺术之间的一些普遍联系。如果
我们试图更加冷静地陈述"事实"的话，这些联系将
被抑制。

（2）隔离"品味的不确定性"问题。它们都是围绕着波普
艺术而展开，或者是对波普艺术做出的批判性回应。

（3）去召唤一种介质，就如降神会（seance）上的媒介、
信息厅里的媒介，以及一些独特的隐性力量。这集中
了 1950 年代和 1960 年代期间"波普艺术"和"波普
艺术家"相关的内容。

调用一：《这就是明天》

我们很难再去还原 1950 年代初英国波普艺术首次出现的
视觉背景和文化背景。据"独立小组"会议中筛选出来的档案
和回忆录来看，当时英国人的日常生活在各个方面都缺乏视觉
刺激。视觉素材的不足凸显出当时物资的短缺。直到 1954 年，
配给制仍没有完全解除，包装设计（packaging）是完全不存
在的。

与此相反的是，美国设计透露着一种夸张的异国情调。

这是一种心理层面的愉悦，它助益于你的性情（爱德华多·保洛齐）

128　　　这些出现在保洛齐的剪贴簿中的形象与物，它们作为自由的符号，宣称反对经济的和文化的限制；它们作为梦想，又含蓄地颠覆了"现成的隐喻"（readymade metaphors）。[1]

我在本书其他地方说过[2]，这些能指（signifiers）在艺术与设计的批判性话语中以及广义的"负责任"的评论流派中，被普遍解释为文化颓废的先兆，以及自律与克己的本土传统的女性化。

举个例子。1955 年在《设计》杂志上有一篇文章[3]，约翰·布莱克（John Blake）通过调查当代产品设计的案例来追踪美国的影响力。他将奔驰汽车"克制和精密"的排气口与1957 年庞蒂亚克（Pontiac）（移植自飞机的"超出实际需要的重量"转置）的通风口进行对比。这一奇怪的武断的逻辑（陈旧的现代主义公理遗留下的扭曲遗产——形式应从属于功能）让作者得出结论认为，意大利设计的林肯水星（Lincoln Mercury）优于粗俗的和球茎形式的美国凯迪拉克，因为前者呈现出一种更"高贵的"、完整的飞机图案移植术。

"粗俗的……球茎形式的"　　　　　　　　"实在的"

这些歇斯底里的将美国建构为"对手"（enemy）的行为，最终生产出一个"美国"，它可以对英国波普艺术家产生影响（就像在 20 世纪三四十年代无意识对超现实主义那样产生

1　Schneede, *Paoloui*, Thames & Hudson, 1971.

2　Dick Hebdige, "Towards a Cartography of Taste, 1935-62", Chapter 3.

3　John Blake, "Space for Decoration", in *Design* no. 77, May, 1955.

影响）。早期的波普形象从"官方"与"非官方"两种品味模式的对抗冲突中汲取了超越力量。这种辩证法给了波普力量和意义，并决定了它的差异可以通过一系列并置（juxtapositions）来呈现：

负面的 / 官方的：理查德·霍加特打算通过以下类比来表 129 达他对廉价黑帮小说的谴责："作者通常是美国人或伪美国人，他们的出现，通常仿效查林十字路口的美国衬衫店的那款形式。"[1]

积极的 / 超越的：理查德·汉密尔顿诉诸冷静模式，宣扬美国男装广告的那类语言。

《就男装和配饰的未来趋势做出明确说明》（理查德·汉密尔顿）

负面的 / 官方的：霍加特痛斥好莱坞电影对"自动点唱机男孩"的影响。"他们摇着一侧的肩膀，"他写道，"就像亨弗莱·鲍嘉（Humphrey Bogart）一样绝望……穿过钢管椅。"[2]

Richard Hoggart, *The Uses of Literacy*, Penguin, 1958.

Richard Hoggart, *The Uses of Literacy*, Penguin, 1958.

《室内Ⅱ》（理查德·汉密尔顿）

130　　　**积极的／超越的**：阿洛韦在 1959 年称赞了美国电影的

"（服装的、举止的）风格的经验……与美国家庭生活有关

的电影，如环球国际（Universal-International）的精彩女性电影，

也以类似方式在获取物、豪华模型和卧室的布置图等方面获

得了经验"。[1]

　　　负面的／官方的：霍加特写道："劳动人民正在用他们生

而具有的权利来换取大量美女图片（pin-ups）。"[2]

《我的玛丽莲》（理查德·汉密尔顿）

1　Lawrence Alloway, "The Long Front of Culture", 1959, in *Cambridge Opinion*
　　Cambridge University, 1959.

2　Richard Hoggart, *The Uses of Literacy*, Penguin, 1958.

积极的 / 超越的：汉密尔顿"拍摄"梦露的图片：经明星审查过的宣传剧照在拼贴画中被重新修饰，从而对批量生产的魅力进行了一种尖锐的解构。

然后，波普艺术从官方的"好的"品味和"好的"设计话语中汲取了力量。波普艺术家如"泰迪男孩"，在时代的焦虑中进行装扮。他们把自己的青春和对"美式"品味的挪用变成了一种未来的威胁。

"这就是明天"，他们说。这是我们的明天。

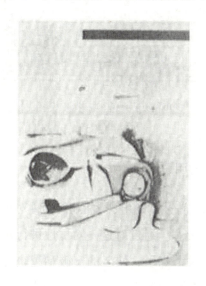

131

《向克莱斯勒汽车公司致敬》（理查德·汉密尔顿）

明天的"内容"很重要。理查德·汉密尔顿的《向克莱斯勒汽车公司致敬》（*Hommage à Chrysler Corp*）使用四种不同的画法来描绘铬金属（chromium）的光芒，这完全不像克莱斯勒的铬那样重要。

明天的"形式"也很重要：对机械复制的亵渎。屏幕截图、剪辑、杂志的照片和幻灯机——拼贴的混杂性有力地表明，艺术家的工艺传统作为唯一的创作点，正在被大规模生产和大规模机械复制的技术所取代。正如国家认同即将淹没在流行文化之中，英国绘画即将淹没到大量匿名的大规模生产的图像里。

132

"这就是明天"，他们说。

这是我们的明天。

早期英国波普艺术的出现，面临着两种对抗的力量、群体、倾向以及品味形态。通过对这一对抗性进行重现，人们可以看到，在这个关节点上，波普的突破和越轨行为变得十分有意义，从严格意义上说，这就是一种"进步"。这种描述表明，艺术中任何激进的方案都是临时性的也都具有历史性意义。这种激进主义是有条件的，并且会倚赖于一些历史条件——可用的或不可用的，各种适当的或不适当的对立性语境。至少在这一时期，那些对波普艺术中的妇女提出的拜物化和性别化批评，或者那些对波普（以 1950 年代美国文化和经济对英国休闲产业进行渗透为起点）的全面驱逐，往往忽略了这些偶然性因素。类似的反对意见可能会引发对早期波普未能"超越……富裕的意识形态"的指责。早期波普艺术家，如汉密尔顿对消费品与合成材料（"……肉质塑料和光滑的肉

贡金属的交互作用"）[1]的癖好，以及他"在日常事物和日常
生活态度中寻找史诗般的作品"的行为，[2]现在看来也不是那
么（无）天真和不可能。但是，如果考虑到消费模式真正发生
变化的背景（"新黄金时代"华丽修辞的背后原因），这一点
似乎不那么重要。毕竟，在 1950 年代，英国的生活水平的确
出现了前所未有的提高。毫无疑问，消费能力和购买力的增加，
在所有社会阶层中并不是均匀分布的（"隐性的贫穷"仍然无
法被看见，剥削依然存在），但物质条件的普遍改善却是实实
在在的。

正如克里斯多夫·布克所说：

> 在 1956 年至 1959 年底，国家的租购债务涨得飞快，
> 而且，整体而言，数额要比之前或之后任何时候都更大……
> 老百姓的冰箱里可谓应有尽有：电视速食餐、炸鱼条以及
> 传说中粉红色的佳美葡萄酒。商场货架上有那么多鲜亮的
> 新包装，那么多新奇的小玩意，在工业化英国的沉闷空气中，
> 原来蕴含有如此之多的新魔力，这让人有一种现代性和冒
> 险的感觉，这种感觉再也不会如此容易得到了。这个场景
> 将永远不会重现：许多英国家庭都在购买他们的第一辆车，
> 配置第一台冰箱，享受第一次欧洲大陆旅行。人们就像在
> 丰裕时代的黎明醒来，发现身边的新奇事物几乎无处不在。[3]

在经济大萧条和通货紧缩之后，艺术家们拒绝对这种转变（布　　133
克在这里可能有些夸大其词）做出积极回应，这看起来更像是
酸葡萄心理，而不是对主流意识形态的超越。

1　Richard Hamilton，引自 *Pop Art in England*，1976。当然，即使是波普艺术的最初支持者，
也仍然坚持纯艺术的价值观。为了强调转型的作品确实是在最初主旨上开展的事实，
汉密尔顿（与沃霍尔形成鲜明对比）倾向于强调"打磨"（cooking）过程的精细程
度，无论原始成分多么简单朴素："一个作品开始时作为辅助绘画的装配，然后开
始拍照，修改后的照片和最后的印刷品，本身就已添加到绘画和拼贴画中"（Hamilton
quoted in Compton, op. cit., 1970.）。

2　Richard Hamilton, "An exposition of She" in *Architectural Design*, October, 1962.

3　Christopher Booker, *The Neophiliacs*, Collins, 1969.

《迈克尔·凯恩》（大卫·贝利）

《大卫·霍克尼》（大卫·贝利）

《约翰·斯蒂芬》（大卫·贝利）

调用二：《再见宝贝，阿门》

波普艺术的第三阶段需要不同的调用方式；它不一定集中在一个确切的时间区，甚至不再局限于单一的艺术家作品，正如波普传播到更广泛的文化河流当中……这是波普在最佳时期的一种闪耀。这些都得从 1960 年代末说起。

1969 年，大卫·贝利和彼得·埃文斯（Peter Evans）制作了一本叫作"再见宝贝，阿门"的摄影集，以此作为对 1965 年以来的某个"场景"、特定时刻和某个社会环境的深情告别——多亏了《时代》杂志——它被媒体形容为"摇摆伦敦"[1]。这本书收纳了 160 张贝利的黑白肖像照，彼得·埃文斯在该书前言中介绍说：

> 最初的角色阵容、明星和外围明星、客串演员、获奖者、可怕的失败者，以及已故的人，他们在英皇大道上进行展示。[2]

在演员、舞台和电影导演、摇滚音乐家、时装设计师、摄影

---

1 摇摆伦敦，1960 年代英国文化趋势的总称。——译者注
2 David Bailey and Peter Evans, *Goodbye Baby and Amen*, Corgi, 1972.

师和模特中间，我们发现了——这是合适宜的——吉姆·迪恩（Jim Dine）、大卫·霍克尼、彼得·布莱克、安迪·沃霍尔。在贝利连篇累牍的祷语中，波普艺术家成了关键词，他的赞美诗是"没有存款，不可退还的一次性名声"。[1] 这一主题为该书提供了一个基本理据，且保证了至少 160 份的销量。艺术家的表情都很合适。事实上，这里唯一一张看起来不合适的照片是丹尼尔·柯恩-班迪特（Daniel Cohn-Bendit），即"丹尼红"[2]，他是 1968 年欧洲大陆学生运动的活动家和发言人。

贝利并没有试图隐瞒柯恩-班迪特与其他人关系生疏的事　　134
实。当然，照片底片看起来好像并非来源于现实生活。

《柯恩-班迪特》（大卫·贝利）　　《碧姬·巴铎》（大卫·贝利）

就好比巴铎（Bardot）在这本书中是模糊的，在柔焦　　135
（soft-focus）的镜头下她看起来就像一个潮湿的梦，像一部电影，像一个粉丝的海报，这也表明了她的神秘身份，她就是一个性感女神（Sex Goddess），所以与其在电视中的形象保持了适度的距离，这将世俗世界（这才是真实事物发生的世界）与"摇摆伦敦"的世界隔离开来。来自头版新闻的难民"丹尼

1　David Bailey and Peter Evans, *Goodbye Baby and Amen*, Corgi, 1972.
2　丹尼尔是法国 1968 年"五月风暴"中的学生领袖，"丹尼红"既指丹尼尔的红色政治立场，还指他红色头发的外在特点。——译者注

红"，在跨页版面和花边新闻专栏之间，作为二手新闻被呈现，这可能有一点危险，因为它接近该书的中心部分，就像棉花糖里藏着的一块石头。

这是一张关于图像的照片，一个即刻生成的形象。我们的注意力被这些作为媒介的线条所吸引，然而它们却有意构成了一种电视形象，就像在利希滕斯坦的绘画中一样，我们的注意力完全被吸引到构成卡通形象的本戴点（Ben Day dots）[1] 上。

《镜子中的女孩》（罗伊·利希滕斯坦）

上述两张图片实际表现的内容就是：我们的注意力。这两种情况描述的就是我们作为旁观者的地位以及我们与形象的关系。在这两种情况下，我们的注意力都指向中介物（mediations），用影像的术语来说，就是"成形"（generations）和"变形"（degenerations），它们将电视画面或漫画中的刻板印象同现实的指示对象区分开来。贝利的照片和利希滕斯

1　本戴（Ben Day）是以插图画家和印花工本杰明·亨利·戴（Benjamin Henry Day）命名的一种印刷和照相制版技术，它可追溯到 1879 年。其过程通常用"点"来描述，即本戴点，也可以使用其他形状，如平行线、纹理、不规则效果和波浪线等。——译者注

坦的绘画给出了同样的教训：组成信息的材料，是传输信息的媒介。换言之，这就是麦克卢汉式的同义反复（tautology）。利希滕斯坦的绘画，或者沃霍尔的版画，再或者贝利的照片，其中的信息就蕴涵在艺术作品当中，用保罗·巴克（Paul Barker）的话说，就像在"大众艺术"中一样，"艺术就在表面"。[1] 它的深度秘密，就是"没有什么秘密"。[2] 用沃霍尔的话来说，"在艺术背后没有任何东西"。美国黑人灵魂歌手詹姆斯·布朗（James Brown）是 1960 年代的偶像人物，他就像老套的重复大师沃霍尔一样，在一首名为"E.S.P."的歌曲中表达了同样的观点，他反对一种连续的节奏和声，布朗反复强调：**"它是其所是。"**[3] 一遍又一遍，直到歌声与和声变得难以辨别。布朗可以根据韵律的节奏性来慷慨陈词——提醒我们，显而易见的东西是重要的，表面的东西是重要的，表面的就是问题所在。

我在此处引用詹姆斯·布朗的话，不仅是因为他是流行艺术的"正宗的"发言人，也不仅是因为他像利希滕斯坦、巴克、贝利、沃霍尔一样，拒绝遵守长期以来艺术或音乐批评家们的要求（去开展"深度"谈话，去详细阐明，去"深入问题的核心"）。我引述他是因为，如果波普艺术不教会我们其他东西，那么它应该教会我们诙谐引用艺术，以及断章取义的引用艺术。毕竟，波普艺术最初的挑衅正是因为它引用了"不得其所的问题"。

这也就是为什么《再见宝贝，阿门》富有波普意味。你可以通过简单地查看封面和包装来展开阅读。

136

1　Paul Barker, introduction to P. Barker (ed.), *Arts in Society*, Fontana, 1977.

2　Paul Barker, introduction to P. Barker (ed.), *Arts in Society*, Fontana, 1977.

3　James Brown, *E.S.P.*

一个女孩——明显是赤裸的——她对着摄像机噘嘴，她的手臂搁在棺材上，棺材打开，露出一束用红丝带扎好的塑料兰花。丝带是粗鲁无礼的，它既是一个笑话也是一种迷信。它代表着"被禁止的三角地带"。这是"她扎头发的红丝带"。在这种情况下，更为重要的是它涉及另一张图片。女孩在《再见宝贝，阿门》封面上的姿势让人想起克莉丝汀·基勒（Christine Keeler）的著名镜头，它摄制于 1964 年，是刘易斯·莫利（Lewis Morley）在普罗富莫（Profumo）丑闻之后为《每日镜报》（*Daily Mirror*）拍摄的。

137

　　克莉丝汀·基勒脱光了衣服，以一种"不知羞耻"的方式，泰然自若地准备"推翻权威"。这张照片标志着"摇摆的六十年代"的诞生，它决然得、生动得就像贝利的封面图片在纪念他们的死亡。换句话说，这是一个滑稽的引用，就像它所依附的那本书一样，完全是自嘲的：正如墓碑的封面是一部劣质小报上才有的自我意识的戏剧，其主题关乎性与死亡，这代表了波普艺术的高端手法。

　　卓越、杰出、独特——这三个进入经典艺术的先决条件——被消除、抹平到一个无差别的形象序列中，它复制了电视的"流动性"。生活的巨大框架被简化成漫画框架的扁平维度，一个电视屏幕，一个激烈摇摆不定的社交场景。

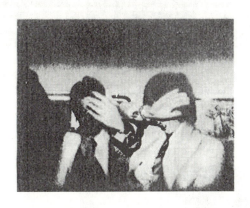

《摇摆伦敦，1967》（理查德·汉密尔顿）

《青少年偶像的消逝》（T. 库珀）

138

　　生命的律动来源于性和死亡：生命以其最粗糙、最尖锐的方式来呈现。所有的人生都在这里：同质化了，消逝了，它们就像安迪·沃霍尔的牛墙纸一样转瞬即逝。这是一个比喻，就像1960年代沃霍尔的老套的重复过程（对环境、房间、图像以及丝网印刷品的大规模复制）中的大多数东西一样。他复制的对象是那些商品，是商品的生产，艺术的生产。

139

商品的生产：电影明星、艺术家、设计师、艺术史家、艺术社会学家，他们在相通领域里共同创造价值，去生产物件、绘画、书籍，去展示观点，去举办艺术品回顾展。

140

正如保罗·博金（Paul Bergin）在 1967 年指出的那样：

> 伊丽莎白·泰勒（Elizabeth Taylor）是一家商业地产，就像坎贝尔（Campbell）汤罐头一样商业化……尽管后者由不同类型的机器出售……[1]

贯通于这一形象、《再见宝贝，阿门》以及整个波普艺术的组织原则，当然是**刻奇**（KTISCH）的。那些艺术工作者的自我意识操控，或暴露于艺术价值观中的那些"粗俗"主题及"低级"表现形式，均被传统派定义为一种"低级趣味"……

《极好的面孔》（B. 戈德纳斯）

结　论

> [刻奇是]……一种间接感受到的经验和造假的感觉……是我们这个时代的生活中所有伪造的缩影。
>
> ——克莱门特·格林伯格

1　Paul Bergin.

最终，我们回到了对波普艺术进行批评的反对意见。那些批评，就像格林伯格对刻奇的著名谴责一样，常常围绕着波普艺术对其原材料的矛盾心态，以及它与真正的流行艺术的寄生关系而展开。人们通常认为，波普艺术是放纵和颓废的，因为它拒绝对被商业化的流行文化采取一种道德上一致且负责任的态度，它肆意渗入，四处越界，以便于自身的长期延续。它的模棱两可是罪魁祸首，因为波普艺术利用了自身矛盾而非解决了矛盾。这在道义上也应受到谴责，因为它允许自身不被现有的资本主义所约束。显然，对 1960 年代后期的英国波普艺术家来说，"美国化的"图像形式已经形成——就像"美国化的"科幻小说对 1930 年代和 1950 年代的后达达主义知识分子的意义一样——就像一个笼子，里边除了代码几乎没有别的东西。不过，在前现代主义者对流行文化的挪用中，这些虚构世界的编码性质可以作为一个狭义的、异化的经验类比来起作用（就像鲍里斯·维昂 [Boris Vian] 的惊悚片或戈达尔的《阿尔伐城》）[1]，在波普艺术和刻奇中，隐喻的力量得到了遏止。隐喻存在的地方，往往是分散注意力的地方——只剩下一些滑稽的旁白。对"真实的"体验进行替代和减弱，这被认为是理所当然的，甚至因为它开启了游戏、伪装以及幻想的可能性，而受到普遍欢迎。用保洛齐的话说：

> "由完全的机械化手段所产生的形象的不真实性"，
> 与之相应的是"我们已生活了半个世纪的新的现实，但尚
> 未对已确立的艺术现实进行认真的研究"。[2]

然后，波普艺术拒绝利用马尔库塞所宣称的伟大（欧洲）传统的超验性潜力。它拒绝放弃讽刺的立场，拒绝舍弃表面和

141

1　Gerard Cordesse, "The Impact of American Science Fiction", in *Europe in Superculture: American Popular Culture and Europe*, (ed.) C. W. E. Bigsby, Paul Elek, 1975.

2　Paolozzi, 引自 Schneede, *Paoloui,* Thames & Hudson, 1971。

外在风格。

　　然而，正是在波普艺术的反射面，我认为它潜在的批判性和反传统力量可以得到确立。波普"政治学"正是基于这样的事实：它挑战了艺术中的重要原则，它打破了布迪厄所言的"庄严性"（high seriousness）。这是资产阶级艺术赖以依存的特质，人们正是通过这种"庄严性"，来区分资产阶级艺术与"低俗"和"非"艺术（"低级"、"瞬间"形式）的差别。（甚至达达艺术也有其"声明"和口号……）波普艺术的"政治学"存在于这样的事实中：它是诙谐的、装饰性的，对物的外观与形式有明显影响；通过这种方式，它为那些拥有一定文化资本的人打开了对流行文化作批判性与创造性回应的范围。它的"政治学"存在于这样的事实中：在物的最小限度的变化中，它努力减少距离或使距离本身问题化（布迪厄将这种距离定义为维持"纯粹的审美凝视"，远程的凝视，对物本身展开思考而不是专注于物的内部——那种纯粹凝视集结着所有精英的品味形式）：

　　　　纯粹的品味理论有其社会关系基础：文化与肉体快感
　　　　（或曰自然）的对立，植根于有教养的资产阶级与普通民
　　　　众的对立……[1]

波普艺术并没有打破这种对立，但是它确实比其他大多数现代艺术运动更有效地涂抹了这一界线。纯粹的品味在主动"拒绝低俗、流行和纯粹感性"[2]，波普艺术却在试图弥合它们之间的差距，这样做当然不是为了生产与"快乐"相反的"政治学"，

1　Pierre Bourdieu, "The Aristocracy of Culture", in *Media, Culture and Society*, Vol. 2., no. 3, 1980. Also in *Distinction: A Social Critique of Kant's Critique of Judgement*, Routledge & Kegan Paul, 1984.

2　Pierre Bourdieu, "The Aristocracy of Culture", in *Media, Culture and Society*, Vol. 2., no. 3, 1980. Also in *Distinction: A Social Critique of Kant's Critique of Judgement*, Routledge & Kegan Paul, 1984.

而是为了生产新的内容：快乐的政治学。

这也许正是保证波普艺术继续生长的原因。对艺术与流行文化的批判分析一直都在进行，但是波普艺术的发展并未因此受影响。

142

例如，在"开放大学"（Open University）最近推出的课程——《流行文化》中，关于波普艺术的内容仅限于封面……确切地说，是该系列最后一卷的封面，这是很有意义的。据推测，保洛齐、汉密尔顿、班纳姆和其他人只是不够认真。然而，对流行文化的早期研究，集中于大众愿望与根深蒂固的利益集团（品味制造者）之间的冲突上，并提出一种强调阶级和地区差异的文化消费模式，这在 1950 年代中后期已由阿洛韦、汉密尔顿、麦克海尔和史密森（尽管有些直观地）发展起来。例如，早在 1959 年，阿洛韦就反对大众社会理论（它仍困扰着文化研究——霍加特等）：

> 我们谈论大众是为了方便，不过这是一种虚构。今天的观众数量密集但高度地多样化……"大众"（mass）一词助长了对无定型观众（Amorphous Audience）的恐惧。事实上，观众的年龄、性别、爱好、职业、流动性、联系方式等都有所不同。虽然不同观众的利益可能无法在传统教育家的课程中被排列，但是它们随着工业化程度的提高，反映且影响了多样化。[1]

在同样的文章中，阿洛韦引用了 1950 年代初一位读者对科幻杂志封面的反应：

> 我相信，弗洛伊德可以找到很多值得评论和写下的东西。它（指杂志封面）的象征主义，无论有意还是无意，都在强调男人意味着胜利者，女人意味着奴隶；男人意味

1　Lawrence Alloway, "The Long Front of Culture", 1959, in *Cambridge Opinion,* Cambridge University, 1959.

着主动，女人意味着主观；男人是占有欲强的，女人是顺从的……其他读者对此有何看法？尤其是同毁灭的城市与征服的男人这一卢罗思[1]的背景相关。[2]

阿洛韦仅引用这一点是为了表明，除了对大众媒介功能进行纯社会学的考虑之外，还有可能对大众媒体进行"私人化和个人化的深层次解读"。也许对我们来说更有意思（但经常被压制）的是，一个原始的本土化符号学——有人准备对"性别主体"的"再现"进行"去神秘化"（demystify），它在没有法国学者（巴特的《神话学》直到 1972 年才被翻译）的任何帮助下，似乎在 1953 年《科幻小说季刊》的通信栏目中有所发展。

然而，这并不重要，因为波普艺术的真正遗产，根本不在于绘画或纯粹的学术分析，而是在图像、时尚和流行音乐里，在文化与亚文化的生产当中……

例如，性手枪乐队的事业，由有着沃霍尔风格的马尔科姆·麦克拉伦（Malcolm McLaren）进行管理。另一个 1960 年代的艺术学校作品，它作为波普艺术在艺术游戏中的一项业务，对摇滚音乐作出了完全相同的恶搞的、嘲弄的评论。

诙谐引用的原则已经被应用于亚文化时尚之中，被用来生产薇薇恩·韦斯特伍德（Vivienne Westwood）所称谓的"对抗性装扮"（confrontation dressing）、拼贴装扮、类型装扮：彼得·约克（Peter York）用"它们"来称谓那些精英的服装徽章……

被应用到音乐中的诙谐引用，已经生产了音乐混成曲

143

---

1 卢罗思（Milton Luros，1911—1999），美国著名插图画家。他早期创作的插图内容，包括冒险小说、牛仔罗曼史、神探故事、帮派小说、侦探故事、科幻小说等。卢罗思在 1955 年创立了自己的艺术机构，开始为男性冒险杂志工作，如《真男人》、《男人的生活》、《斗争中的男人》、《真实行动》等。1957 年，他为环球影城工作，主要设计电影海报和广告牌海报。1959 年他出版了自己的男性杂志《鸡尾酒》。后来他又成为帝国新闻分销公司的负责人，专注于裸体主义和色情出版。——译者注

2 引自 Lawrence Alloway, "The Long Front of Culture", 1959, in *Cambridge Opinion*, Cambridge University, 1959.

（musical pastiche）的艺术、分裂性语言、视听剪辑，以及声音的艺术：新的音乐流派，饶舌、配音、电子"音景"（soundscape）和"合成声音"……

波普艺术、波普形象和波普再现技术的最终目的，不是被放在展览馆里，而是回归原始材料，回到它的源头。正是在其源头处，波普艺术在"经典的"阶段呈现出多种多样的特征。它的最终目的在于生生不息的传承与创新，这种创新当然不是以大写字母 A 指称的 Art（艺术），而是以小写字母 pc 指称的 popular culture（流行文化）。

第 3 部分

——

命悬一线

设法应付"然而"[1]:

在比夫漫画的怪诞世界里

---

1 nonetheless："然而"、"尽管如此"，其意思等同于 however, in spite of。它被用于连接两个
  看似矛盾的观点。作者在标题中使用"nonetheless"，正是在罗兰·巴特的意义上来展开对比夫
  漫画的论述。作者试图在比夫漫画（第一等级）的基础上，发掘超出漫画自身之外的某种意味（第
  二等级），探讨漫画意义的不确定性、开放性和含混性。事实上，作者正是基于漫画文本对其
  文化意义的内在机制做出了一种"重构"。——译者注

147

第二等级（the second degree）[1]是一种……生活方式……有一种色情的、一种审美的第二等级（如刻奇）。我们甚至可以成为第二等级的狂热爱好者；拒绝意义、拒绝自发性、拒绝老生常谈以及无知的重复，只接受一些表现出（哪怕只是轻微的表现）偏离权力的言语活动：戏仿、歧义句构、暗中引证。

——罗兰·巴特

1　罗兰·巴特在《罗兰·巴特自述》（1975）中明确谈到言语活动的"第二等级"："我在写：这便是言语活动的第一等级。随后，我写我在写：这便是第二等级。"由此可知，巴特意义上的"写作"具有"二重性"，也就是说，他既强调写作的内容，也强调写作本身（一种自我指涉性）。这一观点是从巴特的符号学理论基础中生发出来的，即符号（写作）既有某种意义，又同时指向其作为符号（写作）的自身而存在。不过，巴特的"二重性"并不是相当的，他更强调的是"第二等级"，他反对把文学看作通往内容的手段，而明确提倡文学作为自身的存在这一级。他说，写作的作用不再只是去交流或表达，而是叠加上了某种语言之外的东西，它既是历史，又是我们在历史中采取的立场。巴特作为文学理论家，更看重文学指向自身的，指向其意义生成的内在机制。——译者注

比夫（Biff）是英国的一个连环漫画团队，它由两位漫画 148
艺术家——米克·基德（Mick Kidd）和克里斯·盖瑞特（Chris
Garratt）——共同组成。二人在 1980 年建立合作关系。基德
和盖瑞特创作的漫画有一种强烈的讽刺风格——一种瞬间可
识别的混制作品，充满着视觉上的陈腐和对话上的老套。他们
的作品可见于明信片、T 恤衫、徽章、海报、马克杯和书籍等
形式（《比夫的精选集》[*The Essential Biff*，1982]、《雨天比夫》
[*The Rainy Day Biff*，1983]、《荒岛比夫》[*Desert Island Biff*，
1985]，它们都由柯基 [Corgi] 出版社出版）。另外，他们还有《市
区范围》（《今晚小镇》）和《卫报》（《周末比夫》）上的
周刊连环画。

上图就是一幅比夫漫画。大约十年之后，当苏富比拍卖
行拍卖原作时，它也许会作为比夫作品（Biff oeuvre）的代表
作出现在拍卖目录之中：这是一个有着自我意识的作品，它
呈现了 20 世纪五六十年代的图形类型、表征风格以及编码规
范；它对不同品味群体间的细微差别有着特殊的敏感；它透露
出一种令人振奋和使人着迷的感受力，尤其对我们这类人（懂
一点艺术史、现代主义、媒体和表征理论）的生活习惯和审美

偏好，有着非常精准的把握。这个目录可能会引起读者的注意，在 1980 年代中后期的比夫艺术家可以认为，像《卫报》这类英国国家报纸的一大部分读者也会分享这些知识、引证和兴趣，会分享或至少认可那些笑话。毕竟，这些笑话符合罗兰·巴特曾说的"第二等级"的感受，即一种与诡计（artifice）相协调的感受。目录的最后可能会指出，这些漫画（刊登在 1986 年的报纸上）标示着左翼自由主义专业人士的品味发生了转变，他们热衷于阅读《卫报》，摒弃波西·西蒙斯（Posy Simmons）漫画所代表的内容（即对确定的、根深蒂固的文化环境 [韦伯家庭及其朋友所代表的中产阶级世界] 进行一种女性主义的讽刺），倾向于比夫漫画所代表的内容，即对完全没有根基的、介导的、互联的、图像饱和的（image-saturated）

149　文化的一种自觉戏仿。换句话说，这是从某处（somewhere）转移到任何地方（anywhere），从讽刺转移到混杂，从女性主义转移到鲍德里亚所谓的"对符码的迷恋"；从女性主义转移到无性别的迷恋，从"文化政治"和"介入"的语言（1970 年代的语言）转移到后现代主义和游戏的语言（1980 年代的语言）。这种转变从何而来并不重要——它或许来自个别编辑的心血来潮，或是对读者民意调查的一种回应——重要的是，我们需承认一个事实：一家主要的英国报纸显然已接受了这种假设，即在读者群中，对"第二等级"生活的描绘有相当大的市场接受度。

　　当然，在 1970 年代到 1980 年代，在波西·西蒙斯的政治与比夫的后现代主义之间，提出任何明确的反对意见都是徒劳的。这样干净利索的划分与历史运作的方式毫无关系。总有一些连贯的东西要跨越数十年、各种时刻、各个时代和各种运动（人们不止一次听说，1960 年代作为一个神奇术语，被视为反主流文化和"非传统生活方式"的黄金时代，直到

970 年代才真正消除）。在比夫漫画中，政治是作为一系列
问题、主题和内容被表达的。它只是被不断地改变，被不同地
编码——事实上，它总是以这样的方式被编码：符码本身即是
信息。

一种更为明显的政治讽喻不时地出现。例如，最新版本的
《周末比夫》包含一组名为"大众失业时代的艺术作品"的连
环画——这是对本雅明著名文章《机械复制时代的艺术作品》
的一种讽喻性引用／变异。第一幅图描绘的是，有人正在洗澡，
收音机里的新闻播报员宣布要加快艺术和商业的合并，这正是
撒切尔艺术政策的核心。报道说，政府发言人已经驳回了反对
意见，并声称：

> 他践踏民族遗产（National Heritage）——那些搬离泰
> 特美术馆的板条箱（他继续向议院保证）实际上装的不是
> 特纳（Turners）的画，而是从餐厅到市中心游乐场的路上
> 所用过的酸奶盒和蛋盒……

在其他部分，比夫漫画家设想出一个艺术就业中心（Art Job
Centre），它提供了职位空缺，让人在英国电信公司的电话里
给人唱歌剧。布告栏上还挂着广告：特易购公司招募作曲家，
警察摄影部招聘立体派艺术家，塞拉菲尔德核电站招聘笑剧
导演。

比夫时代的艺术批评是一种完全不同的东西，一种全新
的东西。也许，与所有其他"后"学一起，人们正在关注它的
批判或后批判色彩，如后马克思主义、后女性主义、后结构主
义、后现代主义，最后一个"后"学（最后一根以德古拉风格
Dracula-style][1] 插穿严肃评论家心脏的木棍，由此一劳永逸地
消除那个空洞的、一本正经的批评者的幽灵）就叫作：后比夫

150

---

[1] 德古拉，出自布拉姆·斯托克的小说《德古拉》中的著名的吸血鬼。——译者注

主义（post-Biffism）。艺术批评在大众失业的时代、在盖蒂博物馆（Ghetty museum）与萨奇收藏馆（Saatchi & Saatchi）的时代、在紧随其后的先锋派时代、在本土化的形式符码时代，制造新奇都是正常的，可以说，新奇是广告（而不是纯艺术）的标志（在沃霍尔、金边臣 [Benson & Hedges] 之后，广告与纯艺术之间的界限十分模糊）。艺术批评在设计师品牌的时代，新的东西也不再令人震惊，只不过是品牌（名称）看起来是新的而已。艺术批评（至少始自 18 世纪，它与康德和少数受教育的人的纯粹审美凝视有关）似乎将与电视广告和音乐视频中的大众趣味融合，文本（text）的纯粹性屈服于互文（intertext）的杂乱性，这种愉悦不是来自与"真实生活"的理想相遇——这通常被认为是简单的、天真的流行品味——而是来自引用，来自对互文的关注。当符号学最初被赋予（或它的一些支持者曾声称）一种侵蚀性，或至少是启示性，艺术批评有可能要成为年轻消费者的符号和意义。在后 - 比夫时代，广告商开始阅读罗兰·巴特，好莱坞开始阅读《银幕》（*Screen*）。

例如，1986 年，哈罗兹服装精品"入口"（Way In）品牌的两个广告，出现在《I-D》杂志和《面孔》（*The Face*）杂志的封底。这两个广告的风格是对 1960 年代中期"现代"图

151

形的拼贴画。这里有对光效绘画艺术（Op Art）的参考，黑色和白色在色调差图像中形成对比，加粗、黑色的 1960 年代风格被有意识地前景化。"入口"，顾名思义，它在 1960 年代晚期开始，不是要贬低过时的、"摇摆的 60 年代"的内涵。合罗兹的代理机构决定要做过火的表演（camp it up），从吸睛到吸金。由于"新的"东西很快会作为过时的东西而被抛弃，新的发明最终也会作为不合时宜的假定而被放弃，过去就变成了一系列可检索的能指集合，风格本身被定义为对旧事物的一种再造（reworking）。正如为百利发乳（Brylcreem）效力的格雷机构（Grey agency）决定（显然取得了一定成功）[1] 重新编辑 1960 年代的电视商业广告（之前它与不显眼的配乐一起），因此，这些"入口"的广告唤起了人们对过去的一种稍稍曲解之感。百利发乳和"入口"广告都是基于一种"复古的时尚"（retro-chic），即老式风格与年轻的现代风格之间的悖论。在二十年左右的时间里，把图像与其历史回响（echo）分开，社会和道德价值观可能会随着政治气氛、辍学学生的期望、前景与愿望而发生改变，但是，外表、发型和外型设计仍然保持不变——它们就像祷告和咒语一样恒定不变，并且随着视频时代的到来而被广泛传播。

然而，为了将产品打入高端市场，广告商已设法向有符号意识的目标群体发出信号，这些广告的目标很明确。广告商知道，时代已经被隐晦的引文所改变。（毕竟，这是 1980 年代的分众传播：广告商现在面向一个严格定义的"人口统计学"——这个特定的细分市场，不是 1960 年代广告中所暗示的"无阶级"的青少年群体。）在《面孔》杂志上，坐在椅子上的人物剪影的下方，有一行文字："你已经厌倦了本省的精品周末，你需要去一趟神秘的纽约和香榭丽舍大街。"另

1　参见 Kathy Myers, *Understains*, Comedia, 1986。

有一行极小的文字表明，这些话来自史蒂芬·杜菲（Stephen Duffy）的《朱莉·克里斯蒂》（*Julie Christie*）。它不是真实的朱莉·克里斯蒂（她是一代偶像破坏者的偶像，是 1960 年代英国"年轻貌美的摩登女子"的原型，是 20 世纪七八十年代政治坚定的社会主义运动者和反核抗议者），而是一个叫作"朱莉·克里斯蒂"的人：一个带引号的朱莉·克里斯蒂。

《I-D》杂志广告中关于引用的真实性更加不确定。它被限定在一个框架之内。在"双重身份"（Double Identity）的标题下方，有一个横贯两版的内容，上面是一只眼睛和一个指纹的照片，底下有一段文字：

> 这张照片涉及的意识类型确实是前所未有的，因为它并不证实（任何 [复制] 可能引起的）事物存在的意识，而是证实事物曾经存在的意识。

152 这一引文要归功于"罗兰·布朗"（Roland Brown），尽管这看起来像是罗兰·巴特的蓄谋（引文来自《形象的修辞》[*The Rhetoric of the Image*]）。或者（这是适当的），这一引文也可以被归功于巴特和詹姆斯·布朗的虚构混合，他们二人分别被认为是符号学与灵魂音乐的教父。这样一种黑色放克与巴黎知识分子的浓缩，代表着两种要素的完美结合：性别和文本、身体韵律和大陆理论（这是索邦遇见南布朗克斯的地方），它们主导了《I-D》杂志和《面孔》杂志上国际高端的靓丽风格。

这些广告代表的内容来自"第二等级"，在这个世界中，我们生活在别人的框架之内。在身体被束缚的世界里，身体成为第一个也是最重要的吸睛装置——这是被观看和被照顾的对象物。社会集体、更大的集体利益、社会团体、身体政治，在这个话语中不能再被装扮或处理，因为它将更大的团体分解为一系列狭义的市场、"目标"、"消费"、"品味"和"职业"群体。比夫把"第二等级"从密室中释放出来。他们通过塑造一个充满各种符号的奇异空间，将我们带入一个无耻又无罪的嬉闹世界。

在市场营销方面，我必须是一个典型的"比夫人"。我过去曾寄出过"比夫卡"，也从不同的人那里收到过"比夫卡"。特别是有两张卡总是被规律性地寄送到我的信箱，我开始感到有一点震惊。其中一张卡上，一个女人和一个男人拥抱在"存在与虚无"（"约翰尼·萨特的故事"）的标题下面。它还有一个小写的副标题："伟大的全球声明"。这个男人在说："在时间的长河里，生命是一个毫无意义的终止符！"一个气泡从他的脑子里标示出："什么都是无关紧要的。"女人的眼睛闭着，在等待一个吻，她此时正想："天呐！要不要这么直接！"左下角的一个方框里有一个词："无意义"。右边角落有一个心形框，上面用斜体字写着"结束"，还有一个箭头指向男人肩膀，旁边写着"头皮屑"。在另一张卡中，一个穿黑衬衫的男人，样子很疲倦，他坐在火车车厢里。在他面前的桌子上放着带刻度的塑料烧杯和牛奶容器，能看出来这是在英国铁路。透过火车车窗，我们可以看到远处的雪山景观。标题是一行小报的粗体字："地狱是我的归宿。"旁边的一句话"他一直在路上从来没有到达"为接下来的场景提供了预示。在图中居于醒目位置的形象——胡子拉碴、蓬头垢面、若有所失，（如果他的绝望表情是要消逝的）陷入对道德困境的深思之中——似乎在对自己说："我已经差不多三十岁，但还不能决定到底是 153 将头发往前梳还是往后梳。"在形象后面的一个锯齿状泡泡中，是英国铁路对讲机的常年公告：

> 各位乘客请注意：酒吧和小卖部仍然对外出售酒水和饮品，茶水、咖啡、三明治、烤三明治、冷热小吃以及全天早餐。谢谢！

另一个出现在图片中的对话泡泡，显示在左下角，一个检票员在说："对不起……您的票在周五的这趟火车上是无效的。"

近年来，我收到这些卡片的频率（第二张卡片上的"30"曾被划掉，取而代之的是"40"）迫使我去认真地反思很多事情：生活质量、异性之爱和英国铁路咖啡、现代世界的友谊和个人身份、我的灵魂和发际线的状态……这些漫画让我发笑——不是令人痛苦的、躺倒在地上双脚在空中乱踢的、绝望的笑，而是一种苦乐参半的、自我防御式的嘴角上扬。一段时间后，这些卡片可能会让人有些压抑（在某些情况下，抑郁情绪会因写在卡片上的信息而加剧）。比夫摆出一个见怪不怪、听天由命、厌世的姿态，当通信者（包括我自己）试图用反语进行反讽时，都倾向于采用这种姿态。

对我来说，有一种阴影笼罩在这些黑白卡片上。它们似乎在说：现在我们知道，我们完全生活在符号世界中，我们生活在"谎言理论"（艾柯）中，从"身份"到"价值观"再到"物质事物"，所有一切存在的东西都可以被其他东西替代。它们似乎在说，个人"本真性"（authenticity）的神话——这个神话是1950年代波西米亚人、凯鲁亚克、迪恩、杰克逊·波洛克，以及所有其他痛苦的英雄们的梦想——伴随着对浪漫爱情的信仰、"深沉的思想"、"激进"的艺术、"激进"的政治、"另类"的生活方式，以及对抗议的狂热崇拜等。它们似乎认为，人们筋疲力尽地与万物有着直接或间接关系，这种想法真是"天真得无可救药"。我们真的生活正如刘易斯·芒福德（Lewis Mumford）所说，"每个人都生活在一个二手的或衍生生活的幽灵世界里"。[1]但是，在这一切背后，它们似乎又在说：然而（nonetheless），这真的很好；然而，还存有一些残余，对1980年代的我们（此处指的是我们男人）

1　Lewis Mumford, *Art and Technics*, Columbia University Press, 1953.

来说，还有另一种选择。我们在比夫这里得到的——我们称为
"然而"的东西，使得整个事情都可以承受——是一个竖领雨衣，
它可以对抗斯多葛主义的祛魅式风暴：一种反英雄主义，它可
以在男性刻板形象（如 1940 年代的悲观姿态、1950 年代的反
叛姿态、1960 年代的"小丑"姿态和 1970 年代的"自我批判"
姿态 [所有这些姿态，都是在面对"然而"时我们可供利用的]）
的毁灭中幸存下来。

　　比夫信徒（Biffites）——那些有着艺术设计学位的亨弗
莱·鲍嘉们初出茅庐，他们不愿受宗教和政治观念的影响，以
一种细察入微的眼光去独力俯就这些刻薄的电波；他们首先要
警惕的不是正确和错误的细微差别，而是要深入既定党派政治
的左翼与右翼的摇摆之处；他们对当天的大事件无需关注，但
是要对社会和美学规范的"无意义"游戏保持敏感。在 1980
年代，一大批"私家侦探"被征召去巡视符号的迷宫，比夫为
此提供了征召卡。在比夫的怪诞世界中，没有发生什么案子，
除了"作者之死"，没有谋杀案要去调查（所有证据表明，
要么是最终他做了他自己，要么是从来就不存在第一位的东
西——"作者"只是文本的别名而已）。在迷宫般的符号中心，
没有怪异之物，没有弥诺陶洛斯（也许除了老罗兰·布朗），
没有线索，因为没有犯罪。当你把这些卡片收起来，如果看
起来不够会怎样？当你最终只想要改变，抛弃这些引用符号
会怎样？当你最终决定不想在插入语中度过余生，会发生什
么？当你转身看看，却什么也没有，只有一个"然而"，会
怎样？如果你发现"然而"终究是不够的，会怎样？什么会
是 64 000 美元的问题——当你发现疑似你自己正在声如洪钟
地给听众做关于"大众文化与比夫漫画"的演讲时，听众中
就有克里斯·盖瑞特，他通过鹰的眼睛、猎犬的耳朵以及无

154

情的比夫兄弟，以一种刺伤的、二阶戏仿的方式反馈给你，

你到底又会怎么做？！

"星球一号"[1] 的底线：
应对《面孔》[2]

1　"星球一号"和"星球二号"在本章中分别对应《Ten.8》和《面孔》杂志，它们指称的是两个
　　不同的世界，并衍生出两个世界的战争。相关表述还有"第一世界"/"第二世界"、圆的/扁平的、
　　"高雅文化"/"流行文化"。在赫伯迪格看来，《Ten.8》代表着一种正统的艺术文化，《面孔》
　　则代表着一种不断扩张的流行文化。如他所说，在"第一世界"，权力与知识的关系如此有序，
　　以至于书面语言和口头语言被赋予了比"纯粹的(盲目崇拜的)图像"更高的优先权力和优先次序；
　　而在"第二世界"，文字与图像的等级次序已被废除，它是一个空洞得没有任何区别和等级的世界，
　　是一个扁平化世界，在那里，消费者取代了公民，寻求乐趣的小人物取代了寻求真理与正义、
　　启蒙的理性主体，当下取代了历史。更是有"后"学理论家指出，任何区别都带有偏见和不持
　　久性，并借此来破坏所有关于意义和表征的讨论。赫伯迪格将这些后现代所代表的"第二世界"
　　比喻成一种"反体系"，并认为"第二世界"就是一个"意义萎缩"的世界。他将二者进行区分，
　　就是要对《面孔》所代表的"第二世界"提出批判："《面孔》就是这样的杂志，它每个月都会
　　不遗余力地模糊政治与戏仿、恶作剧之间的界限；模糊街道与舞台、屏幕之间的界限；模糊纯
　　洁与危险之间的界限；模糊主流和'边缘'之间的界限，进而把整个世界彻底地扁平化。"赫
　　伯迪格虽然是一位文化学者，但他同时又是一位价值论者，一位思想家，如他在文末坚定地指出：
　　"这个地球是圆的而不是扁平的，审判永远不会结束。"——译者注
2　《面孔》是一本英国的音乐、时尚和文化月刊，于1980年5月由英国记者尼克·洛根在伦敦创办，
　　在这之前，洛根曾是《新音乐快报》（*New Mucical Express*）和《金歌榜》（*Smash Hits*）的编辑。
　　《面孔》杂志于2004年停刊。——译者注

155

这相当地没有节制。我希望能每月出一次刊，这样就可以打破每周出刊的惯例；我希望用亮光纸来印刷，这样看起来会美观很多；我还希望能尽可能少地刊登广告——在《新音乐快报》上，糟糕的广告形式往往意味着你无法按照自己想要的设计来做事情。

——《面孔》杂志出版人尼克·洛根，
1985 年 1 月接受《观察家彩版增刊》访谈时的讲话

156 　　去年秋天，《Ten.8》的原编委会成员艾伦·休斯（Alan Hughes）来到西米德兰兹学院（West Midlands College），在"视觉传播"课程上向学生们讲授杂志设计的话题。在演讲过程中，艾伦问有多少人读过《Ten.8》杂志。听众的反应沉默且较为冷淡。这一问题也因此促成了以下交流：

　　艾伦："那么，究竟《Ten.8》出了什么问题？"
　　学生："它跟《面孔》杂志不同……它太政治化了……

给人的感觉太过沉重……它的文字与图像的比例都完全
错了……我不喜欢它的布局结构……让人觉得压抑……
在任何地方都好像看不到它……它谈论的话题与我知道
的或感兴趣的没有任何关系……它太左翼化了……它对
我这样的人究竟有什么用呢？"

（以上表述为概略性摘录而非逐字转录）

显然，对许多学生来说，《面孔》杂志是优秀设计的代表，
是杂志设计的典范，是原初性文本（Ur text）——它因此成为
评判其他杂志的标准。在我的一些学生的世界观中，《面孔》
的地位——以一种令人不安的颠倒方式——令人想起诺思洛
普·弗莱（Northrop Frye）关于西方的《圣经》中心性及与《圣
经》相关的原型中心性的观点。[1] 弗莱认为，在过去两千年中，
《圣经》充当了威廉·布莱克（William Blake）所说的西方文
化中"伟大的艺术典范"，它不仅为艺术家和作家提供了神话
和隐喻的丰富沃土，而且为他们提供了基本的认识论范畴，后
者构成了西方思想的等级化和类型学的基本模式。在《圣经》
中，弗莱看到了西方思想的基本脉络——一种基本的思想框架
在这里被打开、被理解并被命名。

在我的一些学生所生活的异教徒世界与后现代世界，《面
孔》杂志似乎也在扮演着（与《圣经》在西方世界）一样的功能。
对他们来说，《Ten.8》杂志是"渎神"的文本——它的主题沉闷、
冗长、啰嗦，语调又过于严肃、喜欢说教；它的投稿者沉迷于
神秘的谱系和宏大的理论问题。（读者对它所形成的）这样的
判定，可能更多是因为《Ten.8》那守旧的格式、字体的外观、
过于密集的三栏印刷版式，以及对严格矩阵框架的坚持，而不
是与其内容有实质性关系。我怀疑学生们并不是不能理解，而
是因为他们在看到这些杂志之前，就已知道了他们要从中"学

1　Northrop Frye, *The Great Code: The Bible and Literature*, HarBrace., 1981.

习"什么，他们认为理解《Ten.8》杂志所需消耗的精力，与他们获得的"真正有用的知识"的受益并不对等，甚至觉得它不值得拥有封面上所标出的价格。

不仅如此，如果发行量这个标准还算靠谱的话（《Ten.8》杂志：1 500 ~ 2 500 册；《面孔》杂志：52 000 ~ 90 000 册），那也能说明一些问题。此外，《面孔》杂志还受到了出版界的欢迎。1983 年，它在年度杂志出版奖评比中获评"年度杂志"，它的设计因一如既往的高标准和原创性，在专业期刊中获得了始终如一的美誉。《设计与艺术指南》（*Design and Art Direction*）称，"从设计的角度来看，《面孔》杂志可能是 1980 年代最具影响力的杂志"。《创意评论》（*Creative Review*）则选出奈维尔·布罗迪（Neville Brody）的作品，认为它为《面孔》杂志设计的独特"商标"特别值得称赏，并且建议"每一个印刷商都应该收藏一本"。

在与艾伦的研讨结束之后的很长一段时间，我自己一直在探寻，是否有可能将《Ten.8》杂志与《面孔》杂志的根本区别找出来，并归结为某种单一的决定性因素？它是存在于形式中还是内容中？是两者皆有还是两者都无？是存在于读者群的规模和构成中吗？是存在于风格或语调中吗？是在致辞的模式里？是在广告空间的比例中，还是广告类型、融资方式、营销或分销，抑或编辑方针中？是源自将杂志跟不同机构联系的内在纽带（《Ten.8》杂志与教育和艺术机构关联，《面孔》杂志与流行和时尚产业发生联系），还是源自一些更基本的意识形态或伦理上的两极分化，比如：是追求利润还是专注知识？是强调私人化还是关注公共性？

这最后一个区别经不起过细的审视。由于完全不同的方案，这两本杂志是在不同的状况下出现的。《Ten.8》杂志编辑小组成立于 1979 年，时至今日，它的运营仍由一个艺术委

157

员会拨款资助。一年后的 1980 年，原《金歌榜》和《新音乐快报》的编辑尼克·洛根，倾尽自己的全部积蓄，并将自己的公寓做了二次抵押贷款，筹措出 4 000 英镑来发行《面孔》杂志。如果说《面孔》杂志体现的是一种创业型的撒切尔主义（支持右翼）动力，还应记取的是，在一个以出版寡头垄断为主导的世界，《Ten.8》杂志和《面孔》杂志都处于相对边缘和独立的地位，他们的职员都是由一小群敬业者组成（据《面孔》杂志第 61 期，《面孔》杂志的盈利性很好，它的职员在伦敦可以舒适地搭乘出租车上下班）。如果新闻报道均以表面价值来衡量的话，那么它们都要遵循主流的出版标准，按照有限的预算来运行。（尽管如此，《面孔》杂志的效益还是要比《Ten.8》好得多。）

> 一如既往地别出心裁，洛根故意将广告内容保持最少 158
> 的限度，只求保持基本的盈亏平衡。（"我穿二手的衣物，
> 吃得也很简单。"他高兴地解释道。）
>
> ——《音乐周报》

另外，这两本杂志都为读者提供了非常具体的文化资本形式：来自《面孔》杂志的"街头信誉"、"精神"，"为那些在时尚、音乐、设计等极具竞争环境下的经营者提供了形象与风格方面的启示"。而《Ten.8》杂志则提供了关于摄影的历史、理论、政治和实践，并为教育工作者提供了教学素材。

但是，这些都不足以缩小《Ten.8》杂志和《面孔》杂志之间的差距。二者之间的鸿沟仍是绝对存在的，并且我们无法用简明的描述将它们分解成一个一个的区别元素。它直指事物（things）的核心，必须从另一个角度来接近……

两个不同世界之间的战争

想象一下，一个星系（galaxy）里包含两个完全不同的世界（worlds）。在第一世界里，权力与知识的关系如此有序，以至于书面语言和口头语言被赋予了比"纯粹的（盲目崇拜的）图像"更高的优先权力和优先次序。教士阶层——伟大知识传统的守护者——决定了修辞和语法规则，也划定了学科之间的界限，取缔了所有（合法的）话语的形式与内容，并控制了知识向下层民众流动。一些下层的技术操作员为这些祭司和女祭司提供服务，它们受过物理和化学的基础训练。这些技术人员的工作在于：雕刻图像，以此来对教士们生产的文本进行阐释、查证或补充。

最近，教士阶层的进步派被授予对图像的临时自治权，并且已正式和非正式地调整了抄写员与雕刻师（engravers）之间的工作关系。这些抄写员正在努力将雕刻师生产的图像"置于"（situate）阐释性的历史或理论框架之内。但是，尽管规则有所修改，旧的秩序也仍然存在。这个世界继续转动，并且当它转动时，它的单一本质将会及时地打开。每一个被抄写员观察、争论和记录的时刻，都是一条线上的某个点，它连接着已知或可能知道的过去和永远不确定的未来。每一刻都像是一个句子里的一个词，就像历史长河里的一滴水一样。

星球一号：《Ten.8》

159

在第二世界——一个更大的星球里，文字（word）与图像（image）的等级次序已被废除。真理——如果它存在的话——是首当其冲地要被描绘的：它存在于拥有权力和影响的图像之中。看（looking，动作）要先于看到（seeing，结果）（"感知"[sensing]要先于"认识到"[knowing]）。文字是对原初现实（original reality）的苍白（"推测性的"）摹本，它通过图像来直接感知原初的现实。这一现实就像它所印在其中的纸张一样薄。图像之中或其背后，别无他物。因此并没有隐藏的真理需要被揭露。

在第二世界，语言的功能是通过描述图像所体现的瞬间来对它进行补充，从而使图像在此时此地发挥作用——将其转变为其他图像制作者的物质资源。在这里，语言的功能不是为了解释图像的起源，它的功能或效果仍远不及它的意义（因为意义是复数，不值得讨论）。在这个世界上，纵向轴（Vertical axis）已经崩溃，而感官的组织是水平的（例如，这个世界是一个扁平的世界）。这里没有抄写员、教士或雕刻师。相反，知识是由一群杂七杂八的帮派（包括打零活者 [bricoleurs]、讽刺者、设计师、公关人员、形象顾问、同性恋者、市场研究人员、海盗、冒险家、流浪者和花花公子）来聚合并传播的。

身份角色是灵活的，因为除了图像的首要和优先的原则之外，没有稳定的制度、范畴或法则，因此，除了赢得游戏之外，没有更高的利益可提供。这个游戏取代了第一世界中被宗教和政治占据的地方，其名为：现在之更新（又名：生存），也就是说，打破现在，创造出一个新的世界（即第二世界）。因为图像是首要和多重性的，所以在第二世界中，有多个神存在，空间和时间是不连贯的。从某种意义上说，时间和空间都不存在，二者都融入了永恒的现在（图像）之中。因为没有历史，也就没有矛盾——只有随机的冲突和同样随机的语义粒子（图像和文字）相互连接。

如果意义（sense）存在的话，那么它就存在于原子层面。除了单一的图像、孤立的表述、单独的个体以及个别的"趋势"之外，再也不可能有更大的统一体。这个世界依然在发生转变，它就像一个万花筒：每个月都会产生一个（由旧元素组成的）全新的、栩栩如生的新形态，周而复始。每个月都会见证一个奇迹：新事物变成了"现在"。

星球二号：《面孔》

为了便于讨论，我们把《Ten.8》杂志称为第一世界，把《面孔》杂志称作第二世界。想象一下，发生在两个世界之间的战争……

160　只是一本杂志

当让-吕克·戈达尔在他的"吉加-维尔托夫（Dziga-Vertov）小组"阶段创造出著名格言"这不是一个正义的（just）图像，这只是（just）一个图像"时，他给第二世界以致命打击。在一个简短、难忘的方案中，他成功地做了三件事：

（1）他重新定义了"好"的字眼，所以，当你面对维加（Weegee）或者尤金·史密斯（Eugene Smith）的照片，在你说"这是一个好的图像"之前，必须三思而行。

（2）他质疑了这样一种联系：一方面，是对正义（Justice）这样的理想范畴做出抽象地承诺；另一方面，是"关于表征的政治学"。

（3）他为《面孔》杂志创造了未来安全，在1960年代的摩登派、波普艺术、大都会神话和情境主义之中，其政治的、意识形态的和美学的根源与撒切尔夫人治下的1980年代同样丰富。

《面孔》杂志紧随戈达尔的步伐。《面孔》不是一个"正义的"（just）杂志（在经济衰退最严重时，它宣布直接放弃社会现实主义、解放神学和道德使命，它不再去揭露和抨击社会弊端，转而去助推消费美学以及多种风格的精英品味）。它只是一本杂志，或多或少地明确宣称，它将去取代过去普遍流行的文化政治与图像、"流行文化"之间的关系——这也是一种传统的、"交替的"（alternative）、学术的与常识的结构关系。

这只是一小步，事实上，都根本算不上是一步，从 1968 年的戈达尔到 1985 年第二世界的退伍老兵（如保罗·维利里奥 [Paul Virilio] 与菲力克斯·加塔利 [Felix Guattari]），这两位老兵都出现在《面孔》五周年纪念专刊"假消息特刊"中，题为"政治的终结"：

> 无阶级社会，社会正义——再也没有人相信这种鬼话了。我们现在正处在微观叙事（micro-narratives）的时代，艺术也都是碎片化的了。
>
> ——保罗·维利里奥，引自《面孔》杂志第 61 期

从左岸（Left Bank）理论家，如维利里奥、加塔利、米根·莫里斯、安德瑞·高兹（Andre Gorz）、鲁道夫·巴罗（Rudolf Bahro）[1] 那里寻找到巧妙的碎片（这些理论家与"1980 年代后期风格造型师"的摄影肖像挤放在一起）；对服装设计品牌"人体地图"（Bodymap）的采访；罗伯特·埃尔姆斯（Robert Elms）对灵魂男孩（Soul Boys）的详细调查；唐·麦克弗森（Don Macpherson）的一篇关于当代建筑的文章；茱丽亚·柏契尔（Julie Burchill）对天启的姿势（apocalyptic posturing）的恶毒攻击；尼克·肯特（Nick Kent）对莫里西（Morrissey）的介绍文章《膨胀的图像：波普文化的克隆区》；如何使用最新数字视频技术来识别在超市投毒的日本人照片；对"十年性爱对象"的描绘，即关于艾滋病毒增长的透射电子显微照片。所有这些，只有在一本试图挫败所有期望的杂志上才能预见。《面

161

1　例如，参见 Paul Virilio and Sylvere Lotringer, *Pure War*, New York, Semiotext(e), Foreign Agents series, 1983; Felix Guattari, *Molecular Revolution, Psychiatry and Politics*, Penguin, 1984; Felix Guattari and Gilles Deleuze, *Anti-Oedipus: Capitalism and Schizophrenia,* University of Minnesota Press, 1983; Meaghan Morris, "Room 101 or a few worst things in the world", in Andre Frankovits (ed.), *Seduced and Abandoned: The Baudrillard Scene*, Stonemoss Services, 1984; Meaghan Morris, "des Epaves/Jetsam", in *On the Beach* 1, Autumn, 1983; Andre Gorz, *Farewell to the Working Class*, Pluto Press, 1983; Andre Gorz, *Paths to Paradise*, Pluto Press, 1985; Rudolf Bahro, *From Red to Green*, New Left Books, 1982。

孔》就是这样的杂志，它每个月都会不遗余力地模糊政治与戏仿、恶作剧之间的界限；模糊街道与舞台、屏幕之间的界限；模糊纯洁与危险之间的界限；模糊主流和"边缘"之间的界限，进而把整个世界彻底地扁平化。

因为扁平化具有腐蚀性和传染性。那么，谁才是保罗·维利里奥呢？即使这个名字听起来好像是一个B级片电影演员，一个《弗兰基去好莱坞》的成员，一个参加健美比赛的选手。我知道"他"写书，但真的存在这样的人吗？在这片中产阶级聚居的土地，就像梦想盛开的地方，任何可以想象的事情都会发生，都可以发生。相关的排列组合可以无限扩展：高/低/民间/流行文化；流行音乐/歌剧；街头时尚/广告/高级时装；新闻/科幻/批评理论；广告/批评理论/高级时装……

随着重心（gravity）的突然消失，持守这些关系的界限开始动摇并最终坍塌。这样的组合就如组成它们的类别一样脆弱无常，整个结构就如同一座用卡片盖成的房子。当一切都随着市场变化时，人们很难对任何事物保有信心。用佩姬·李（Peggy Lee）在1950年代的老歌《莱伯和斯托勒》（*Leiber and Stoller*）中的话来说（该曲在1970年代又由纽约俱乐部皇后克里斯蒂娜 [Christina] 以新浪潮版本做了重新录制）：

> 这就是一切吗？这就是一切吗？
> 如果这就是一切，那么，我们继续跳舞吧。
> 我们举杯畅饮，
> 尽情作乐。
> 如果这就是一切。

在《面孔》所代表的第二世界，一切都是扁平化的。在这个世界，你的实际存在全无意义，也没有什么东西是有意义的，那是你活着的地方。因为扁平化（flatness）是死亡的朋友，而死亡又是最伟大的平等之物（leveller）。这就是"星球二号"（Planet Two）的底线。

生活在意义萎缩的世界

> 公众不想知道拿破仑三世对普鲁士的威廉说了些什么。他们想知道的是，拿破仑三世是否穿着米黄色或红色的裤子，以及他是否抽雪茄。
>
> ——一位意大利报纸编辑，引自教皇约翰·保罗一世，该内容出自大卫·夏洛浦的著作《以上帝之名》（*In God's Name*，Corgi，1985）

从4月19日到5月18日，位于伦敦莱斯特广场附近的摄影美术馆被第二世界的势力占领。据新闻发布的消息，摄影大师比尔·布兰德（Bill Brandt）的房间变成了一本"无需预约即可进入的杂志"（walk-in magazine）：这称得上是《面孔》杂志的三维空间版本。

162

展区被分为五个类别，分别对应于杂志结构的常规部分：简介、特色、风格、博览和不实消息。通过这一方式，你可以一边走一边"阅读"《面孔》杂志。这完全是适合的。自1980年发行第一期以来，《面孔》杂志就形成了一个完全精心设计好的环境：一个有图形、排版和摄影的综合包，以这种方式陈列是为了方便那些焦躁不安的走马观花者，本雅明将其称为（外观、对象、思想与价值观的）城市消费者的"心烦意乱的凝视"。（在这一点上，我们有必要回顾一下第二世界中的一切事物，它们无一例外都是商品，一种潜在商品，或具有商业属性之物。）

《面孔》杂志被阅读的次数还没有人们漫步的次数多。闲逛者总是比阅读者要多。首先，也是最重要的，一个文本如果被"巡览"（cruised）——作为《原样》阶段的第二世界发言人巴特经常使用这个词——那么，这个"读者"，他／她就受邀在这个环境中漫步，进而获取任何他／她感到有吸引力的、有用的或有兴味的东西。（顺便说一下，使用价值和欲望——需求和愿望——在"星球二号"上是可以互换的。稀缺性已被驱逐到另一个不太幸运的星球上，它被称为第三世界，位于这个星系的南部边界。）

"读者"被授权可以采用任何适当的方式，无论怎样的组合，只要它被证明是最有用也最令人满意的。（在没有一夫一妻制／一神论／一元主题的世界里，不可能有"滥交"；在没有规范的世界里，也不会有"变态"。）

"巡览"（cruising）最初作为一种后结构主义策略，是为了超越批判活动的"清教徒式"制约，进而去追求和驯服（命名）意识形态的意义。[1] 通过巡览，"读者"可以从文本中获得愉悦，无须同时去承担结婚誓言与房屋抵押贷款的义务。将愉悦／使用价值从对"爱、荣誉与服从"的保证／承诺中分离，就构成了"认识论的突破"，它将星球一号和星球二号彻底分开，并在它们之间建立了一个相互吸引和排斥的交流电场。

摄影术和摄影写作是两个根本对立的模式，任何人试图要去消弭二者间的差距，都将面临巨大的困难。或许通过将第一世界的评论家（如约翰·伯格 [John Berger]）与"后"学时代（如后结构主义、后现代主义）即第二世界的拍摄者的拍摄地点进行比照，我们可以对二者的差距做出粗略的估计。十余年来，在与吉恩·莫尔（Jean Mohr）合作的作品中，伯格一直试图将照片与原初背景关联起来。在一系列著作中——《第七人》（*A Seventh Man*）、《猪猡的大地》（*Pig*

163

1　参见 Roland Barthes, *The Pleasure of the Text*, Jonathan Cape, 1976。对后结构主义的宗旨和目标的更为浓缩的、纲领性宣言，参见 R. Barthes, "Change the Object Itself" in S Heath (ed.), *Image-Music-Text*, Penguin, 1977。

Earth）、《另一种影像叙事》（*Another Way of Telling*）、《目击》（*On Looking*）、《作为照片的面孔》（*Their Faces Brief as Photographs*），伯格试图将照片与其他事物放置在一个叙述网格中，旨在验证它的实质内容（如那些被描绘的），以便使图像能够"讲述"真实的故事。

另一方面，在同一时期，"后现代主义者"一直在相反的方向上工作。他们并不试图恢复或找回图像中捕捉到的真相，而是试图将能指（signifier）从"表征"的理性主义神学约束中解放出来。

这一神学问题是许多读者都熟知的问题，概言之，它假定一个先于意义（signification）的真实存在。"意义"是通过"完满的"、完全自我中心化的人类主体（由众生男女充分的自我主宰来"勘破"[see through] 现象后的本质真理与理想形式）所进行的分析与透彻描述而实现的。因此，第二世界的评论家认为，第一世界成员通过保留一种"超越"和"膜拜"的信念，永远屈服于一种过时又失效的形而上学。

与第一世界的人（试图将图像恢复到"真实的"语境的做法）有所不同，"后现代主义者"（即第二世界的人）开始着手破坏那些区分（如好与坏、合法与非法、形式与实质）的有效性，他们借此来挑战所有区分的合法性，他们认为，这些区分对自身的偏见及临时性毫无警惕，同时也没有意识到自身的无常性。于是，"后现代主义者"决定用激进的"反体制"（anti-system，它促使差异的表达成为目的）来取代占统治地位的（柏拉图式的）意义体制——表征论。人们有时认为，这涉及那些过渡点（transitory points）的增殖，它们可以侵蚀并质疑神圣的权威。

"后"学的不同派系将这种压迫性力量的集中来源（如词语/启蒙计划/欧洲理性主义/党派/父权法则/菲勒斯等），

确定为想象一致性的（不在场的）保证。换句话说，这个计划是对权威 / 作者双重体（diad）的轮番痛击——这一"双重体"被视为父权的幽灵，在其背后，所有的第一世界话语都确保了真理、等级次序以及事物秩序。

在第二世界的势力中，有一群无政府主义者和神秘主义者，他们相信所有的地方政治目标应该囊括于这一更大更长远的计划之中。他们在"双重体"的毁灭中获得了重生，形成了一个"不可能的阶级"（impossible class）[1]，这个阶级拒绝所有的法律，并要求一个没有保证的主体性。

164

然而，对作家和图像制造者的表征论进行攻击，其整体的后果显得更为平淡无奇。首先，指示物（文本之外的世界）消失了。然后，所指意义也消失了。我们被遗留在一个彻底"空洞"的能指世界里。没有意义，没有阶级，没有历史，只有一个不断演进的拟像（simulacra）而已。[2]

（第二世界的）我们摆脱了旧资产阶级的义务——为真理和自由"代言"，或"代表"（就像议会议员"代表"他 / 她的选区）被压迫者、第三世界、"被践踏的群众"和边缘人。我们可以自由地选择自己信仰的任何神灵，可以为奇巧庆贺，可以在虚构和幻想中建构自我，可以在当下空白的无意义空间中游戏。

当前第二世界最具影响力的战略家之一——让·鲍德里

1 关于"不可能的阶级"这一短语，参见 Nietzsche, *The Dawn of the Day*, Gordon Press, 1974。"欧洲工人应该宣布，从今往后，作为一个阶级，他们是创造了人类的不可能，按照惯例，他们不仅是一个严酷和无意义的机构……（他们必须）反对这种机制，反对资本，反对他们现在所受到威胁的选择（要么成为国家的奴隶要么成为革命党的奴隶……"这个短语后来作为某些无政府主义团体、情境主义者、城市的印第安人、基金的自治主义者等的一种自我描述而被使用（参见无政府主义小册子《暴乱不工作》[*Riot not to Work*] 对 1981 年暴乱的评论）。

2 这是对鲍德里亚一篇文章标题的回应（参见下一条注释）："拟像的进动。"鲍德里亚假设"社会主体"正在被电视的"遗传密码"转变，通过这样的方式，漂泊和迷惑的精神平面状态，正在取代社会和心理空间（主体的空间）。由此，现实就被所谓的"超现实"（一个无活动的虚构）取代了。参见"The precession of simulacra"in *Art & Text* 11, Spring, 1983。

亚（Jean Baudrillard），在这条意义萎缩的道路上走得更远。他宣称，表象不再能够用来掩盖、隐瞒、扭曲或伪造现实。[1] 他认为，现实不过是所有表象的不可知的总和。对鲍德里亚来说，"现实"在闪烁。它不会恒定不变。我们就像兰波（Rimbaud）的"醉船"一样在汹涌澎湃的海面上颠簸，不再以理性的思维方式存在，而是根据我们的经验来做总结。

其言下之意在于："我们"从来都没有像这样存在过，从来没有一个"在其后"（behind）的东西，让我们可以站在那里并冷静地思考这一切的意义。因此，"我"不过是一个虚拟的实体，一个光影幻觉，一个悬挂在空中的全息图（在闪烁点上，产生了记忆与欲望的光束交接）。主体只是结束了……这就是后现代的状态，它发生在现在时态中。实际上，兰波的"醉船"是一个过于热烈和放荡不羁的隐喻，以至于还不能概括鲍德里亚情境[2]所包含的臆想（autism）：判断、价值、意义、政治、主客体对立的终结。

在"主体死亡"后，生活是什么样的？一个更恰当的类比可能会涉及新的再生技术的比较。鲍德里亚认为："星球二号"上的生活状况，就像录像机上的磁头（heads），我们只

---

1 为了对鲍德里亚的著作进行更好的介绍、总结和评论，请阅读 Andre Frankovits (ed.), *Seduced and Abandoned: The Baudrillard Scene*, Stonemoss Services, 1984. 要追溯鲍德里亚从消费的符号学分析，到地平科幻小说的轨迹（鉴于他的平面性，几乎不可能是一种下降），请阅读 *For a Critique of the Political Economy of the Sign*, Telos, 1981; *The Mirror of Production*, Telos, 1981; *In the Shadow of the Silent Majorities*, New York, Semiotext (e), Foreign Agents Series, 1984; "The Ecstasy of Communicaion", in Hal Foster (ed.), *Postmodern Culture*, Pluto Press, 1985. 这是鲍德里亚片段中"发生"的一种情境："在凝视中不再有任何超越性。不再有任何判断力的超越性。有一种信息和符号的参与、凝聚和扩散等……一个不再是判断的状态，一个不再有反映的潜力……这是令人着迷的。它是一种狂喜的形式。每一个事件都会立即让人欣喜若狂，并被媒体推到某种超级存在的程度。它可以侵入一切。"（Baudrillard，引自 Frankovits (ed.), *Seduced and Abandoned: The Baudrillard Scene*, Stonemoss Services, 1984。）

　　面对西方文化的终极状态，鲍德里亚放弃了外科医生式（激进的、解剖的分析家）的角色，转而尝试顺势疗法（逻辑倒错）……这比颓废派更为颓废……

2 参见 Frankovits (ed.), *Seduced and Abandoned: The Baudrillard Scene*, Stonemoss Services, 1984。

是将音频和视频信号从一个终端(磁带)转换到另一个终端(屏
幕)。虽然我们"处理"的信息每一刻都在发生变化——所
有人类生活都可以通过这些磁头——但是我们从来没有拥有
存储、"知道"或"看到"过我们处理的材料。如果我们生
活在第二世界,那么我们的生活就此耗尽。我们的生活为我
们耗尽,在我们身上耗尽,但是从来不会被(by)我们耗尽。
在鲍德里亚的反体制中,"by"是一个无法形容的介词,因
为它表明人类还有时间去积极行动,也仍有一些介入的空间,
有可介入的余地。但是在一个政治——可能性艺术——已经
不再具有意义的世界里,这是一种不可接受的可能性。

165

鲍德里亚走向了一个极端,宇宙音乐(the music of the
spheres)[1]已被磁带头的旋转所取代。鲍德里亚认为,我们所
有人,只是站在无穷无尽的能指旅程上:这是一个通往无地
之路的旅程……

我们生活在意义萎缩的世界,这一暗示听起来像科幻小
说或智力诡辩,但也有人认为,所有这些都与生产的实际变
化有关[2]——"扁平化世界"的理论(弗雷德里克·詹姆逊称
之为"深度模型的消失"[3])在战后工业社会向"后工业"、"好

---

1 宇宙音乐是一个古老的哲学概念,认为天体运动中的比例是音乐的一种形式。它把天
   体(太阳、月亮和行星)的运动的比例看作音乐的一种形式。这种"音乐"通常被认
   为是不可听的,是一种和谐的、数学的或宗教的概念。直到文艺复兴后期,这种思想
   一直吸引着音乐思想家,影响了包括人文主义者在内的各种学者。——译者注

2 例如,参见 Alain Touraine, *The Post-Industrial Society*, Wildwood House, 1974; A. Gorz,
   Farewell to the Working Class, Pluto Press, 1983; Daniel Bell, *The Coming Post Industrial
   Society*, New York, Basic Books, 1973; Alvin Toffler, *The Third Wave*, Bantam, 1981; 关于
   后现代主义,参见 Hal Foster (ed.), *Postmodern Culture*, Pluto Press, 1985; Jean-François
   Lyotard, "Answering the question: what is postmodernism?", in *The Postmodern
   Condition: A Report on Knowledge*, Manchester University Press, 1984; Fredric Jameson,
   "Post modernism or the Cultural Logic of fate Capitalism", in *New Left Review*, 14,
   1984。关于新左派和新马克思主义对后现代主义的批评,参见 Perry Anderson,
   Considerations on Western Marxism, New Left Books, 1976, 以及 "Modernity and Revo-
   lution", in *New Left Review*, 144, March to April, 1984; Dan Latimer, "Jameson and Post
   modernism", in *New Left Review*, November to December, 1984。

3 Jameson, 引自 Latimer, "Jameson and Post modernism", in *New Left Review*, November
   to December, 1984.

介"或"消费"社会的转型中找到了物质支撑。这些术语由不同的作家创造，用以表明从工业经济（基于无产阶级在市场上出卖劳动力所生产的立体商品）向一个全新的时代（基于跨国资本、媒体集团和计算机科学）的转变。在新时代里，旧的上层建筑被废止或结束，西方的生产逐渐变得去人工化和"空灵化"（etherealised）——聚焦于信息产品与图像产品，以及自动化的生产过程。

据一些"后现代主义者"说，产业升级和技术创新，程序化更迭和日新月异的进步趋势已在不断加剧。马克思早就预见了以资本主义生产方式为主导的社会特征，用他的话说，就是"所有的一切都烟消云散了"[1]——这在当代"超级资本主义"[2]下得到了进一步强化，以至于出现了一种掠夺心态，就是把生产"抽离"到一种超出马克思想象的程度。新的商品不经人类之手，在不涉及任何"基本需求"的情况下，进入一个纯粹交换的最高阶段。

有观点认为，在这样的世界，不仅能指是物质的，而且一个正派的唯物主义者（假设马克思本人今天仍活着）都会宣称——甚至庆祝[3]——能指的胜利。完全的唯物主义者应该会

1　这句话来自《共产党宣言》，后来被伯尔曼借用来作为他的一本书的标题。Marshall Berman, *All that's solid melts into air*, Simon & Schuster, 1983. 这本书论述了现代化的辩证法——伴随着资本主义和现代主义的兴起，社会、人口、经济和技术都发生了系列变化——这回答了艺术领域的创新问题。关于伯尔曼对"现代性体验"的讨论，参见 P. Anderson, "Modernity and Revolution", in *New Left Review* 144, March to April, 1984；M. Berman, "The Signs in the Street: A response to Perry Anderson", in *New Left Review* 144, March to April, 1984。

2　这个新词被用于 Jean-François Lyotard, "The Sublime and the Avant garde", in *Art Forum*, April, 1984.

3　参见 Baudrillard, also Latimer, "Jameson and Post modernism", in *New Left Review*, November to December, 1984。拉蒂默认为赫迪伯格在《低级趣味：关于波普艺术的笔记》中采用了庆贺的姿态。他写道："詹姆逊说：'我们不能承受关于后现代主义的绝对道德化评判的安慰。'我们就身在其中。不论我们喜欢与否，我们都是它的一部分。否认就意味着反动。另一方面，要毫不含糊地志得意满地庆贺它，这就是赫迪伯格。"虽然赞同詹姆逊关于后现代状况某些方面的真实性，但作者在这里将自己与"赫迪伯格"区分了开来。

欢迎扁平的、非资产阶级的世界的到来：一个没有差别和

等级制度的世界，在这个社会，尽管越来越多的人没有固定

的就业机会，但是越来越多的人（不一定相同）有权去选择

机械复制生产的技术方式（电视、广播、立体声、高保真音

响、录音机、录像机、便宜且易操作的相机、复印机 [如果

不是便携式"盗版"收音机和电视机发射器、录音设备、合

成器和鼓式机] 等）。在这个世界，尽管许多人受过很好的"训

166 练"，但没受过太多教育——用本雅明的话说——每个人都

可以是一个关于电影、电视、广播、唱片、时尚和摄影的业

余评论家。

与此同时，随着以语言学和控制论为基础的知识模型的

变化，人文学科的认识论基础被颠覆了。教育知识与教育功

能的关系也发生了转变，大学面临危机，因为它不再能够传

输适当的文化资本给新兴的技术专家和官僚精英。商业实验

室、私人资助的研究基地不断扩散，隶属于跨国公司和政府

机构的数据库与信息存储系统也在激增，这导致高校不再被

认为是（如果说它曾经是）研究的专属以及"高级"知识的

唯一智库。[1]

另外，最近在远程信息处理、卫星和有线电视方面的改进

有可能侵蚀国家文化和意识形态的底线。因为地方性法律对

什么能播或什么不能播的管控变得越来越难以实施。过去作

为社会的和审美乌托邦主义的相关流派，激进的政治主张与

艺术激进主义[2] 被认为是站不住脚且已过时的，过去充斥着先

锋内容的地方完全被广告占据，后现代的图像也已经终结。

---

1 参见 Jean-François Lyotard, *The Postmodern Condition: A Report on Knowledge*, Manchester University Press, 1984; Edward W. Said, "Opponents, Audiences, Constituencies and Community", in Foster (ed.), *Postmodern Culture*, Pluto Press, 1985; Herbert Schiller, *Communication and Cultural Domination*, Pantheon, 1978, 以及 *Who Knows: Information the Age of the Fortune 400*, Ablex, 1981。

2 参见 Herbert Marcuse, *One Dimensional Man*, Beacon Press, 1966; Jean-François Lyotard, "The Sublime and the Avant garde", in *Art Forum*, April, 1984。

　　根据这种情境, 绝对没有什么东西跟四十年前是一样的——生产、消费、主体、知识、艺术以及时空体验, 都已截然不同。具有某一专门知识和操作能力的"专家"取代了具有普遍知识和高尚道德品格的总体知识分子。艺术中的"弱势思想"(weak thought)[1]、悖论和中庸的建议, 取代了马克思主义关于全球预测的内在一致性以及现代主义的浪漫姿态或宏伟(建筑)计划("……我们不再相信政治或历史目的论, 或历史上伟大的'行动者'和'主体'——所谓民族国家、无产阶级、党派、西方等……"[2])。消费者(用阿尔文·托夫勒[Alvin Toffler]的话说, 是产消合一者[prosumer][3])取代了公民。寻求乐趣的小人物取代了寻求真理与正义、启蒙的理性主体。当下取代了历史。到处都变得截然不同(多元化的学说与标准化的独裁统治)。从阿布扎比(Abu Dhabi)到阿伯丁(Aberdeen), 所有的地方都变得差不多一样(地球上的第一定律: 缺乏重力 = 区别性特征的终结; 整个世界在观看《达拉斯》, 因此达拉斯是整个世界。)。

　　这就是《面孔》杂志应运而生的地方。在这个世界, 《面孔》杂志的理想读者——风格运营商、风格设计师、福利政治论者(doleocrat)、水牛男孩(Buffalo Boys)或衣着时髦的上流女子——他们受过教育, 有街头智慧, 但没有被体制化, 他们正在学习如何在黑暗中跳舞, 如何生存, 如何站在物的(表面上)顶端。毕竟, 1985 年的公共部门、教育、福利国家——

167

1　在1985年第四频道的 Voices 系列的开幕式中, 安伯托·艾柯援引意大利的"弱势思想"学派与斯图亚特·霍尔展开对话。弱势思想是新的、更具尝试性和灵魂性的一种推理与论证的风格, 它是为避免"经典"(社会)科学理论中的威权主义和恐怖主义倾向发展而来的。

2　Fredric Jameson, *Foreword to Lyotard*, 1984.

3　Alvin Toffler, *The Third Wave*, Bantam, 1981. 托夫勒认为, 信息技术和家庭计算机正在使得"第二波"(如工业的)工作、休闲和家庭结构等模式变得过时。从她的/他的"电子化住宅"中进行电子化交流, 产消合一者(prosumer)是一个新的社会主体, 她/他通过电脑来工作、玩耍和购物, 从而通过终端机结束过去生产和消费的独立功能, 并将其合成一体。

所有大型的、"安全的"机构，它们毗邻而居，但是面对破产（going under），它们却没有什么好的、聪明的或英勇的表现。当所有的一切都已说完和做尽，你的深思也得不到任何回报，又何苦去"深刻地"思考？

在"表面"

表面（sur-face）：

1. 一个物体的外部，物质的或非物质之物的坚实的外在性（任一）界面，以一种非正式的观点或看法，对某物所做出的理解。

2.（几何学的）具有长度和宽度，但没有厚度。

——《简明英语词典》

一个短发的年轻人，其发型明显地体现出"摩登"的味道（如1940年代或1950年代那样的短发），他在薄雾笼罩的门口遭遇了构陷。他提着一个破旧的行李箱，外套衣领竖着，用来抵挡夜间的严寒冷气。他走向摄像头，进入一座有着高穹顶的建筑。这时，一位身着俄式军装的海关官员拦住他，要搜查这个年轻人的箱包。摄像头在两个人之间移动，当他们的眼光对视时，营构出一种紧张的、扣人心弦的气氛。这个时髦的男孩面对身着制服的长者，眼里充满了恐惧和蔑视，海关官员的眼里则满是专横和暴虐。男孩的箱包被粗暴地打开，随着摄像机的推进，箱子里的东西被公之于众：只有一些衣服和一份《面孔》杂志。官员将杂志扔在一旁，表现出或厌恶或愤怒，或者是一副铁石心肠的神情。这意味着他最初的怀疑被这本"颓废"的杂志所证实。

就在这一关键时刻，海关官员的注意力转移到一位贵宾身上，后者是一位年纪较大的高级官员，他身着更为威严的制服，行走在一队森严的卫兵之间。海关官员吓得瞪大了眼睛，他充满恐惧，面部痉挛，做出敬礼的姿态，他的头部轻微一撇，意味着年轻人被放行了。镜头又切换到年轻人那里，他还穿着外套，站在一个狭窄的、家具简陋的房间里。他打开箱子，急忙把东西倾倒在桌子和床上。当他颤抖的手靠近那个违禁品（《面孔》杂志）时，摄像机一扫而过，他内心渴望的东西是一条李维牌牛仔裤。

这场对峙为（最新款李维牌牛仔裤的电视和电影广告的）微观叙事提供了戏剧性的结构，具体来说是两方面的对峙：一方面代表着自由、青春、美丽，另一方面代表着冷酷、古老、丑陋、灰暗和不自由。为了对箱包进行促销，这则广告引用了间谍惊悚片的视觉和主题元素：叛逆青年通过反抗来战胜所有困难的观念、年轻的齐格弗里德（Siegfried）[1]杀死束缚之龙的神话、《面孔》杂志、李维牌牛仔裤、通过消费来建构"自我成就"的形象，以此体现出西方的文化精神。商业消费、个体身份以及欲望的表达，使得超级资本主义（hypercapitalism）下的生活在此被普遍化。除了商场之外，别无去处。因为在一个扁平化世界，这就是归宿，意识形态也会因此终结。剩下唯一有意义的政治斗争是在个人身体与非个人的、否定生命的国家力量之间（无论名义上是资本主义的还是共产主义的）。

然而，这不仅仅是另一种资产阶级神话，它之所以被罗兰·巴特早年提出的方法所颠覆和去神秘化（因此而失效），是因为以商业为基础的虚拟情节反过来也有一些现实基础。有传闻说，李维牌牛仔裤在俄罗斯黑市上的价格很高。据《面孔》第61期的消息，"在莫斯科，二手的《面孔》杂志可以转卖到80英镑"。在一个扁平化世界，商业广告成为社会的（如

168

1　齐格弗里德是德国叙事诗《尼伯龙根之歌》中的屠龙英雄。——译者注

果不是社会主义的）现实主义文本。它记录了东方欲望的真实状况，并且它对"真理"的主张并未受到任何挑战，因为在某种意义上说，广告中的《面孔》杂志也不是"真实"的。根据《面孔》第61期的内容，它只是一个模拟、一个封面、一个物的幽灵、一个没有肉体的外在表皮。因此，在第二世界中，一个封面就可以代表整个杂志（如《面孔》杂志的封面代表着整个《面孔》）。一个杂志可以代替一条牛仔裤，整个箱包可以代表一种"整体生活方式"的匮乏。这种"整体生活方式"在扁平化地球上的任何地方、在任何制度（资本主义或任何其他制度）之下都是不可能实现的。

但是，即使是一个阴影的影子，也有其价值和价格：

> 《面孔》杂志最罕见的一期仅有一个页面，它是根据李维的要求而设计的封面，用于新的电视和电影广告。现存只有四份。
>
> ——《面孔》杂志，1985年5月第61期

稀缺性保证了它的可收藏性，并产生了期望，从而保证了原始投资的回报率。终有一天，我们许多年前在电视屏幕上看到的三份副本中的一份，可能会在苏富比拍卖行被拍卖，并最终出现在维多利亚与阿尔伯特博物馆、伦敦泰特美术馆或是盖蒂博物馆……

169　　你还记得约翰·伯格1974年在电视版《观看之道》中从第一世界中心发表的讲话吗？当他快速翻阅《星期日泰晤士报》的彩版增刊，从饥饿的孟加拉难民图像，一直看到布特来斯公司的浴盐广告。"在这些图像之间，"他这样说道，并通过电影和录像带在全国各地的辅学课程（Complementary Studies）中指出，"存在这样的差距和裂痕，我们只能说，产生这些图像的文化是十分愚蠢的。"《面孔》杂志恰好是由这个裂痕构成，它是疯狂接合的地方。

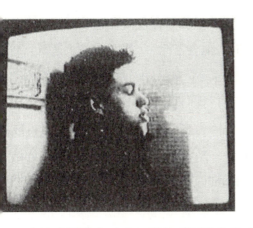

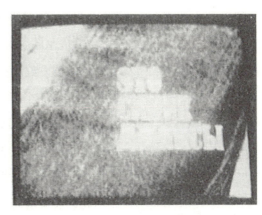

没有地方

　　在这个展览中，有一组从《面孔》杂志中精选的特征，大
概显示出其创造性的布局和多样化的内容。在一次名为"乍得
的复活"的踏板车集会上，一位十几岁的摩登派复兴主义者的
摄影被放在苏丹南部的努巴人照片旁，下面紧接着的是马尔科
姆·麦克拉伦的肖像——麦克拉伦是性手枪乐队的创立者，也
是唱片《鸭子摇滚》（Duck Rock）的作者（这张唱片是对黑人
乐和第三世界 [布隆迪、祖鲁、纽约饶舌音乐] 的翻版）。还
有一篇关于日本时尚的文章，以及一篇对安迪·沃霍尔的访谈。

可以去

　　更为滑稽的（第一世界的批评者可能会认为这是"无理的"
或"冒犯性的"）并置现象（juxtapositions）在其他地方也有
发生。如：德雷克·瑞杰斯（Derek Ridgers）在教堂外拍了一
张关于永生上帝的首生教会（First Born Church）五旬节唱诗
班的照片，这张照片呈现出一种梦幻色彩，然而它却被放置于
捷恩斯·P. 奥林治（Genesis P. Orridge）和神秘的 / 先锋派的
组织——通灵电视（Psychic TV）[1] 的一张阴森的黑白肖像旁（他
们刚刚签署了一份价值 100 万英镑的合同）。这个恶意的组合
被摆在一堆金属假阳具面前，前边还附上一行字幕："这张照
片中哪两个阴茎最大？"当然，傲慢的笑声与高尚的道德口吻
是格格不入的。当一切都有意义或一切都没有意义时，所有的

除非去商店

170

1　通灵电视是英国实验视频艺术和音乐团体。——译者注

一切都可能变成一种笑声，就像有人在看电视剧《年轻人》（*The Young Ones*）[1]时，他会告诉你，那种笑声永远不会是公正的或友好的……

在一个扁平化世界，我们很难确立一个论点或直接从一个观点转换到另一个，因为表面可能会很不稳定。滑行或滑动是优选的传输方式——从电视广告滑到意识形态的终结，从比尔·布兰德（Bill Brandt）的房间滑向后现代的图片，从《面孔》展览滑向《面孔》自身……

所有发表在《面孔》杂志中的声明，尽管都必须很简短，但从来都不是直截了当的。反讽和歧义性总是占主导地位，这构成了所有报道的话语方式，无论那些话语被图片式地报道还是被散文式地报道。一种语言是在没有任何人参与（提问、交谈或争辩）的时候被建构的。意见总是以夸张的方式被表达，因此，这就提出了一个问题，即它的严重程度究竟如何。由此，当你浏览杂志时，你获得的印象就是这样：这不是一个"意见机构"（organ of opinion），而是一个装满了衣服的衣柜（wardrobe full of clothes，它包含了服装、观念、价值观、任意性的爱好——这些都是能指）。

因此，《面孔》杂志有时可以是一片沙漠，目之所见，尽是无声的躯壳；耳之所听，是没有内容的声音。这都是因为命名的恐怖。

随着亚文化、爱好小组、时尚与反时尚队伍在平坦的高原蜿蜒前行，人们创造了新的词汇来描绘他们：疯狂摇滚乐、雅皮士、临时工、斯库利、年轻的守旧者（Young Fogies）、衣着时髦的传统女子、福利政治论者（the Doleocracy）、充当男性角色的女同性恋者（the Butcheoise）——在一个扁平的地球上，所有这些描述性的术语都是切入肯綮的。一旦这些

1　《年轻人》是一部英国情景喜剧，于1982—1984年在英国广播公司第2频道播出，它以无政府主义、另类幽默为特色。——译者注

群体"发展"成一个摄影图像，并作为一个社会学的和营销学的概念，它们就渐渐淡出（不复存在）人们的视线。

这个过程是恒常不变的：标题／捕捉／消失（即归化）（"……根据定义，信息是一种瞬时要素。一旦它被传输和共享，它就不再是信息，而变成了既定的环境……"[1]）。一旦被命名，每一群体就从崇高的（绝对的现在）转移到荒谬的（古怪的、显见的、熟悉的）。它变成了一种特别的笑话。每一张图片都是墓志铭，每一篇文章都成了讣告。在摄像机和打字机的两侧，讽刺和含混性作为保护穿戴者（作家／摄影师；人物／写作对象／拍摄对象）的一种盔甲，可免受提名意志的腐蚀性影响。被命名（被识别；被分类）是无意义的；在"星球二号"，它就是一种活受罪的形式。一个可怕的判决被强加给它（对纨绔子弟来说十分可怕）：流放，立即执行。

用波德莱尔的话说，他在第二世界早于戈达尔，就如基督早于穆罕默德，就如黑格尔在第一世界早于马克思，他还说：

> 纨绔子弟的优点首先在于他那矜持的神态，这反过来
> 又源于他那不可动摇的决心，他不会受到任何感情的纠缠。[2]

171

荒谬地活着就是没有情感支撑地活着；难得糊涂就是要拒绝从（现在的）生活"走出来"。这是为了保持一个脆弱的和无力的准备……

……对直接引语的厌恶，在视觉和口头模仿的趋向中也是明显的。在这次展览会上，罗伯特·梅普尔索普（Robert Mapplethorpe）贡献了一幅自画像，他把自己伪装为一个1950年代患有精神病的少年犯。凝视的眼睛、膨起的额发、竖立的衣领，贴在脸上的弹簧刀，所有这些都暗示着一种针对"自我"

1　Lyotard, "The Sublime and the Avant garde", in *Art Forum*, April, 1984.

2　Charles Baudelaire, "The Painter of Modern Life" in *The Painter of Modern Life and other essays*, (ed.), J. Mayne, Phaidon Press, 1964.

伸长

这个

面孔
（图说并非来自《面孔》杂志）

的模仿英雄的虐待狂幻想。在这里，镜头没有透露出任何个人细节，因为身体成为一个空白点或屏幕，用以召集纯粹的指涉符号：《西区故事》（West Side Story）；杜沃普摇滚乐，作为普遍的危险居所的"纽约"，"波多黎各式"：同性恋媚俗的平庸与扁平的形式……歌手安娜贝拉（Annabella）与鲍哇哇乐队（Bow Wow Wow）裸坐在草地上，被一群其他（穿着衣服的）男性成员围绕，在摄像头下，他们显出一副忧思的模样，这情景就像在重构莫奈的经典画作《草地上的午餐》（Déjeuner sur l'Herbe）。玛丽莲（Marilyn）和乔治男孩（Boy George）站在他们曾生活过的卡步顿街道（Carburton Street），世俗的背景和牛奶瓶与他们的异国情调和野营（好莱坞和《日本天皇》[The Mikado] 出现在《加冕街》[Coronation Street] 里）造成一种讽刺性效果……亮色调的灯光、吊带裤、西装、图案领带、艾灵顿公爵（Duke Ellington）的胡子，以及在烟雾缭绕的黑白工作室里的山猫（lynx），这些镜头都直接引自黑色电影（film noir）、20 世纪三四十年代美国黑人爵士乐艺术家的宣传图片。

过去（the past）作为一系列可以任意组合和重组的风格、流派和表意实践，被不断播放和重放。彼时（和彼地）都可以被归入现在。这里唯一存在的历史是能指的历史，或者根本就没有历史……

……我翻开一本《面孔》杂志。该杂志有它自己的微型拟像：由瑞士钟表公司斯沃琪（Swatch，该公司面向年轻的、专业的、时尚的、注重设计理念的客户群体）赞助的一份五页的彩版增刊。它就像一个俄罗斯套娃，打开中空的《面孔》，里面露出一个更小的，甚至更空的版本：《国际免费杂志》第 2 期。黑红相间的《面孔》标志被放到左上角，和白色无衬线的"斯沃琪手表"字样在一起。"主杂志"（指《面孔》

被"客杂志"（指《国际免费杂志》）所模仿和仿制，颇有喧宾夺主之意味。一张戴着手表耳环的模特照片——毡尖笔的寥寥几笔，将模特的脸画成了"狂野风格"的卡通画——上面写着一行说明性文字："艺术时刻，看起来别致但是很罕见。"另一个双页版面上，画的则是一个穿着皮革的"魁伟性感的"男子，他背着木制的弓和箭，标题写着："男装斯沃琪。户外的，你的身体，你的斯沃琪。"斯沃琪的模拟社论（mock-editorial）这样解说道：

172

> 你们在谈论斯沃琪吗？看还是不看？这是一个问题。要的抓紧。夏令时 85：一起去吧，夏天就到斯沃琪来看看，今天的时尚已经深入我们的观念……

这是对戏仿的再模仿。由于在"星球二号"上，对广告的主要反对意见是审美的，而非意识形态的——这是能指的问题，而非所指的问题——潜在的广告商可以接受教育，进而做出兼容编辑喜好的设计……

　　广告——消费市场的本质——被楔入《面孔》杂志的每一个毛孔。广告对《面孔》杂志而言，就像修辞对诡辩家和律师一样重要。修辞包括：吸引别人的注意力，技术的精益求精，产品（理念、风格；对律师而言，无罪或有罪取决于谁为此付钱）的设计、推广和营销。《面孔》杂志习惯性地使用广告修辞——诙谐的俏皮话、关键词、格言、可萃取的（即可引用的）图像，这比那些持久的、连续的意义生成模式要更受青睐。每一行文字或每一个图像在另一个出版语境中被引用，这就像公司徽标在提醒我们注意它的来源——公司，并承认这个公司的实力。

　　对精简和凝练的要求——创造形式和意义的绝对同源性，它们不能被同化，而只能被复制——在奈维尔·布罗迪（Neville Brody）那有时难以辨认的字体设计中是最明显的。我们在见证他设计的各种商标与符号时，拼音字母呈现出一个更具标志性的特征，这描绘了权力从欧洲转移到日本的过程。日文或中文是西方文字的等效对象，它们可以在《面孔》杂志的符号图中被找到。符号图是一个自我闭合的语义单元——一个单词、图画形象、照片、页面布局，它不能指涉自身之外的任何事物。在符号图中，《面孔》杂志象征性地向日本这个（符号的、机器人的、计算机的、微型化的和汽车的）巨大帝国妥协。在第二世界一长串的东方主义学者们（包括罗兰·巴特、诺埃尔·伯奇 [Noel Birch]、克利斯·马克 [Chris Marker]、大卫·鲍伊 [David Bowie]，当然也有日本方面的团体）看来，日本是第一个扁平化的国度。《面孔》杂志的页面，就像西方能剧（Noh play）中的一系列面具，在大英帝国衰落时上演了一场滑稽戏。这个作品的名称就叫"（我想）我要去日本了"……

173

鲍德里亚宣布放弃挑战游戏的可能性，他制订了一系列他所谓的"堕落的"（decadent）或"致命的"（fatal）策略（堕落和宿命论被视为积极的美德）。其中的一个策略，他称之为"超因循主义"（hyperconformism）。《面孔》杂志就是超因循主义的：它比商业更商业化，比平庸更平庸化……

在《面孔》之后："星球一号"的底线

> 越南，首先也是最重要的，它代表着一场战争。
>
> ——让-吕克·戈达尔

> 智利、比夫拉、"船民"[1]、博洛尼亚或波兰，对我们来说意味着什么？
>
> ——让·鲍德里亚，《论虚无主义》

1　boat people，指的是乘船逃到他国寻求庇护的难民。——译者注

《闲谈者》[1]：其他船民的杂志。

——《闲谈者》的广告宣传语，旁边是游艇上一群
"漂亮富豪"的形象

我这一代和我父辈那一代的许多人对"流行"这一特定建构保持着一种情感上的依恋——这本身是可以理解的——这种建构在两次大战间及战后的特定时期具有特殊的年代意义。我们已发现了它的深刻意义，这在亨弗莱·詹宁斯（Humphrey Jennings）的电影和《图画邮报》的页面中都有最进步和最成熟的表达。我们几乎不需要再去提醒人们，那个年代已经过去了。

"社区"这一概念是由 1930 年代末和 1940 年代的全国性流行话语（这些话语集中在公平竞争、体面、平等主义和自然正义的观念）提出，并部分地由它所构成，不过现在，社区不再作为一个情感性和有效性的社会单元而存在。

四十年的相对富裕和区域性（如果不是全球性）和平，五年的撒切尔新现实主义和狂热进取，五年的内外交困，以及五年对财富和民主的憧憬，都已逐渐磨损并耗尽了早期建铸梦想所依赖的实质性和象征性的材料。

与此同时，普通大众不能再作为绝对的他者（"清白的"、"自发的"、"未受教育的"）从高等教育中分离出来。因为在这四十年中，越来越多的普通人受到一些公认的限制（并且日益受到威胁），他们被限制去享受中等教育或更高层次的继续教育。将"群众"（masses）看成是裹在保鲜膜里的人，令他们隔绝一切（尤其是一些新思想），这既没有用处，也无法完全做到。

当然，还是有一些积极的物质上的进步。举个最重要的例

174

1 《闲谈者》是英国的一份文学与社会期刊，它专注于当代礼仪，代表着当时杂志内容的一种新走向。——译者注

子，那就是，女性主义者的关注点、习语和议题，已被嵌入流行文化的结构中，甚至在电视情景剧以及男性劳工俱乐部等地方也是如此。在这些地方，女性主义批评的意义一直都在做最积极和歇斯底里的抗争。很明显，大众媒体——不论它在社会再生产过程中扮演什么角色——都是有助于民主化的。至少，大众媒体以前所未有的规模、形式和种类来进行知识传播，知识再也不是特权精英阶层的专属财产了。

在这个充满变革的社会和意识形态领域，《面孔》杂志应该被认为是发挥了作用的。虽然我不认为《面孔》杂志就是 1980 年代的《图画邮报》，但我会赞同这个说法，即如本书"附言"部分所断言的，《面孔》展览"关注正在形成中的流行社会历史"。《面孔》杂志对全国各地许多杂志的外观和品味都产生了巨大影响，同时也催生了不可胜数的杂志（如《I-D》、《布利兹》、《明天》、《以及其他》等）对它进行模仿。在时尚与音乐出版中，摄影手法、设备、技巧与风格的名目及艺术得到了有效的扩展，工作室被重新发现，在某种意义上说，工作室作为一个神奇的空间被重新发明——在这个空间，每天都有一些不可思议的事情成为现实。但是《面孔》杂志的影响已远远超出了相对狭窄的流行和时尚新闻领域，它规定了一个通向视觉世界的方法，它在今天已成为时髦杂志的同义词——至少在视觉上如此。这种优化的版式已出现在《观察家》（Observer）杂志名为"生活"的副刊中，并且《星期日泰晤士报》也已追随《面孔》杂志采用了30.1 cm × 25.3 cm 的版面格式。

在其他方面，《面孔》杂志还提供了一套可供年轻人使用的物质文化资源，以便于他们在一个日益艰巨和复杂的环境中，在成长过程中获得一些意义和乐趣。它有助于塑造一种新兴的情感结构——一种 1980 年代的情感结构，它和 1960 年代后期的情感结构一样独特（虽然这种结构的复原性仍有待观察）。但无论如何，将《面孔》杂志的读者视为受害者、罪犯、受骗者或吸毒者，以及"三岁儿童"或"白纸一张"或潜在皈依者等，这都是毫无益处的。他们的世界已经成型，即使这一情感性是由《面孔》杂志支撑和培育的，它似乎与后现代失范的图像更为密切，也有更重要的关系，对此我在早些时候论及赫尔顿的经典摄影周刊中的"社会民主眼"时已有概括。

《面孔》杂志关注那些极少数有着风格和形象意识的人，¹⁷⁵并对他们关切的问题进行了反映、详述和聚焦，总体而言，这些人对政党政治、过去的权威，以及过时的社区观念都不感兴趣。自1950年代以来，大众和描绘大众的工作，已不可逆转地发生了改变。

我们还应该记住的是，尼克·洛根并非鲍德里亚，而且《面孔》杂志要比《闲谈者》更好、更受欢迎、更重要、更具影响力和更具社会渗透力，也许永远都是如此。很显然，《面孔》杂志的摄影、设计以及许多作品，无论以任何标准来衡量，都非常优秀，有些甚至达到卓越水平，这在英国的大众新闻业中还是罕见的。最后，我们还需记住的是，文本当然不是世界，没有人必须身在其中。它不是强制性买卖，没有人必须为此付费，甚至也没有人必须过问它。

我很清楚的是，只有一个八卦专栏作家、一个蠢货或一名学者，才会去抽时间对这种自认的（self-confessed）短暂现象进行细致分析，或者会留出足够的精力去钻营那些圈子，这也是乔治·艾略特（George Eliot）所说的，"严肃情感的缺乏，被认为是一种机智"。[1] 然而，尽管有这样的保留意见，我仍

1　George Eliot, *Daniel Deronda*, 1876, Penguin, 1967. 本注释为我提供了一个迟来的机会来指出，虽然这篇文章表面上是关于《面孔》和后现代主义的，但它也是对我自己作品（例如，《亚文化：风格的意义》[*Subculture: The Meaning of Style*, Methuen, 1979]）中的某些方面的间接批判，特别是那本书中对歧义和反讽作为亚文化和批判策略的坚持。这不是一种退缩，而是一种对先前立场的修正。这个注释也可以解释这篇文章的副标题"应对《面孔》"。通过调节解释学分析（集中于"文本"的世界，如摄影／文字／文化等）的循环逻辑，我试图寻找一条底线——（转下页）

然无法摆脱这样一种信念，即认为那些更深层次的东西可谓危如累卵，这不仅体现在关于能指、表面和后现代主义的讨论中，而且也体现于更广泛的社会生活与实践中，体现于所有的个人和政治斗争之中，无论其发生的地点在哪里，也无论我们怎样去定义这些术语和它们之间的关系。

在这场讨论中，真正重要的事情受到了威胁。冒着疏远读者的危险，打个不恰当的比方，也许，只有不同世界（指第一世界和第二世界）之间发生一场生死之战，才有可能澄清这个问题……

……我在打算离开《面孔》展览时，对我自身所深陷的矛盾状态感到忐忑不安，那时——不是第一次——正巧克丽茜·海因德（Chrissie Hynde）那美妙、透亮、深情的声音从房间一角的录音机里传到我的耳边。广告的声音正在循环播放，我徘徊于克罗拉（Crolla）和人体地图（Bodymap）等时装品牌的照片、版面和印刷版式之间，我听海因德唱同一首歌至少有三次之多。当我走向门口时，那种哀而不伤的歌声再次在耳边响起："爱与恨之间，是苦痛的分界线……"

"爱"与"恨"，"信仰"与"历史"，"痛苦"与"快乐"，"激情"与"同情"——这些深度词（depth words）就像不同维度的幽灵一样出现，总是在最后一刻来困扰第二世界和那些正试图居于其间的人。这不仅仅是虔诚的情感。很简单，在人类的本质上，那些词语和它们所代表的意志永远都不会消亡。当它们看似要迷失或被遗忘时，它们可以再次被发现——尤其是在最恶劣、最扁平化的环境中。约翰·考柏·波伊斯（John Cowper Powys）曾这样写道：

（接上页）一个出发点和归宿——从中借鉴一些后结构主义、后现代主义著作，与此同时，也避免落入一些与后现代立场相关的虚无主义、伊壁鸠鲁主义和荒诞计划的"逻辑"旋涡。在"酷"和"时髦的"反讽模式以及故意的自我贬损之后，一种来自内心的话语：比广场更广阔……

我们都可以爱，都可以恨，都可以占有，我们都可以同情自己，也可以谴责自己、钦佩自己，我们都可以自私，也可以无私。但在所有这些东西之外，还有别的东西。对我们来说，生命之谜和死亡之谜是一种深刻的、奇怪的、无法解释的反应：这种反应要远远胜过悲伤和痛苦，苦难和失望，以及一切忧虑的和所有无谓的东西。

当所有的喧嚣与喋喋不休的声音都消失之后，还有别的东西会存在。我的一个学生在一篇感人肺腑的文章里引用了这段话，他探讨了自己失去亲人的经历如何改变了他对家人照片的具体反应，这也许很重要。去年，他又在一组名为"噪音艺术"（The Art of Noise）的团体广告中发现了这一点。这组广告的设计者是保罗·莫利（Paul Morley），他是一名撰稿者和评论员，还是去年"弗兰基去好莱坞"（Frankie Goes To Hollywood）现象幕后的 ZTT 唱片公司的主创人员。

无论鲍德里亚、《闲谈者》、萨奇收藏馆以及斯沃琪对此有什么评论，我都会继续提醒自己，这个地球是圆的（round）而不是扁平的（flat），审判永远不会结束，幽灵会继续游荡在真理与谎言，正义与非正义，智利、比夫拉以及其他灾难之所与我们所有人的苦涩分界线之间。秩序正是建立在混乱的基础之上。而且我认为，这正是"星球一号"的底线。

第 4 部分

——

后现代主义和"另一面"

《历史的天使》（S.马斯特森）

对 "后" 学的审视

181

《新天使》（格雷哈姆·巴杰特）（合成照片）

"后现代主义"这一术语的成功——不论是学院派还是广义上"有见识的"文化评论，后现代主义都可谓大行其道，在一系列批判性和描述性话语中，这一术语呈现出多种不同用法——已引发出许多问题。随着1980年代的消逝，要精确地辨明"后现代主义"应该指的是什么变得越来越困难，因为这一术语已跨越了不同的讨论范围、不同的学科领域和不同的话语边界，每个不同的派别都试图将它变成自己的，用它来指称大量不可通约的对象、趋势以及突发状况。人们可以用"后现代"来描述下列现象：一个房间的装饰，一幢建筑的设计，一部电影的观感，一

182 张唱片或一个"刮擦的"（scratch）视频[1] 或一个电视广告

---

1 scratch video，刮擦视频，是英国的一种视频艺术运动，它发生于1980年代早期到中期，它的特点是使用旧片重制、快速剪辑以及多层节律。其意义在于，它作为一种界外艺术的形式，挑战了广播电视领域（以及那些美术馆）中的一些既定的假设。——译者注

或一部艺术纪录片的结构以及它们之间的"互文"关系，一个时尚杂志或重要期刊的页面设计，认识论中的一种反目的论倾向，对"在场形而上学"的攻击，一种感觉的总体弱化，战后婴儿潮一代遭遇幻想破灭的中年危机后所面临的集体失望和病态投射，自反性的"困境"，一组修辞性的比喻，浅表化的扩散，商品拜物教的新阶段，对图像、符码和风格的迷恋，文化、政治或存在的分裂和 / 或危机过程，主体的"去中心化"，"对元叙事的怀疑"，用多极化权力 / 话语形式来取代单极化权力秩序，"意义的内爆"，"文化等级的崩溃"，核战争毁灭性威胁所带来的恐惧，大学的衰落，新的微型技术的功能与效果，广泛的社会和经济进入"媒体"、"消费"或"跨国化"阶段，"无地方性"的感觉（取决于你读的是谁）或无地方性（"批判的区域主义"）的抛弃或（甚至于）对时间坐标进行广义的空间替换[1]。当上述这些被描述为"后现代"（或更简单地说，使用"后"[post] 或"非常后"[very post] 这样的流行缩写），这也就意味着"后现代"这一时髦术语已渗入我们的日常生活当中。

　　这并不是说因为"后现代"被用来指涉这么多现象，所以该术语就毫无意义——尽管它也存在着某种危险，即在某些类型的"后现代主义者的"写作中，这种（类别、对象与层次的）模糊性仍将继续存在，因此它被认为默许

1　例如，参见 Hal Foster (ed.), *Postmodern Culture*, Pluto, 1985, published originally in the USA as *The Anti-Aesthetic*, Bay Press, 1983; Lisa Appignanensi and Geoff Bennington (eds), *Postmodernism: ICA Documents* 4, Institute of Contemporary Arts, 1986; Jean-François Lyotard, *The Postmodern Condition. A Report on Knowledge*, University of Manchester Press, 1984; *New German Critique, Modernity and Postmodernism Debate*, No. 33, Fall, 1984; Fredric Jameson, "Postmodernism or the Cultural Logic of Late Capitalism", no. 146, July-August, 1984; Larry Grossberg, "Rocking with Reagan"; Hilary Lawson, *Reflexivity: The Post-Modern Predicament*, Hutchinson, 1985。

了大量懒汉思维的存在。在当代批评的某些分支中，关于后现代的许多（有争议的）倾向和主张，已经淹没在未经说明的理所当然的真相里。相反，就如雷蒙德·威廉斯在《关键词》中指出的那样，我更愿意相信，一个词越是复杂和充满矛盾的微妙性，它就越可能成为具有重大历史意义的争论焦点，同时也就越可能将一些珍贵的和重要的东西嵌入其中，占据语义学的基础。因此，我认为（可能是比较天真的看法），"后现代主义"这个词的语义复杂性和超荷性程度，表明有许多存在利益和意见冲突的人，他们认为其中有一些足够重要的东西值得去争取和讨论。

183

我想利用这个机会尝试做两件事。第一，我试图以一种概要的方式去总结一些与"后现代主义"这一术语相关的主题、疑问和议题。这种澄清问题的尝试，将涉及本书其他地方已描述过的跨领域的艰难跋涉。这也意味着我将违背后现代主义精神，因为后现代主义精神是要弃绝掌控的诉求和"支配性的反映"（dominant specularity），而这些恰恰隐含在术语"概述"当中。但是，我认为这是值得尝试的，毕竟，它可能有助于明确一个众所周知的但又令人晕眩的概念，也有助于为欧洲和美国关于马克思主义和后现代主义之间的争论——更具体一点说，就是为后现代主义与所谓英国文化研究中的"新葛兰西主义"（neo Gramscian）之间的争论——提供一个开场白。"新葛兰西主义"在斯图亚特·霍尔的著作中体现得最为明显。我没有说自己谈论的就一定是权威：这里的语气是武断的，但却至关重要。我只会按照自己的思路来穿越或绕开后现代主义。第二，我将诉诸我所希望的一种更具建设意义或至少是更积极的表达，试图去详细说明这些争论中涉及的内容，并就我从中学到的经验教训提出一些建议。

谈论"后现代"（post）也就是在谈论"过去"（past），因此，每当提到"后现代主义"术语时，我们就不可避免地要面临它的分期问题。然而，学者们对很多问题都没有达成一致的意见，比如：我们声称已经超越的是什么？那个过程应该在什么时候发生？以及它本应该产生怎样的影响？（例如，佩里·安德森 [Perry Anderson] 对马歇尔·伯曼 [Marshall Berman] 在《一切坚固的东西都烟消云散了》[1]中关于现代化 / 现代主义的分期就提出了异议。）迈克尔·纽曼（Michael Newman）进一步质疑了后现代主义中明显被替换的术语，他指出，至少有两种艺术的现代主义表达了不同的政治 - 美学愿景，二者是明显地不兼容和不同步的。第一种现代主义的终极来源是康德，它寻求建立绝对的艺术自律，克莱门特·格林伯格是这一理念的最极端和最绝对的捍卫者。格林伯格是美国批评家，他试图通过支持抽象表现主义的事业（绘画风格有最严格的限定，即对材料和画面二维性的探索），来寻求净化所有"非必需品"（non-essentials）的艺术。第二种现代主义的传统——纽曼将它追溯到黑格尔——渴望将艺术的他律分解到生活 / 政治实践中，并将超现实主义者、建构主义者和未来主义者等引入 1970 年代的表演艺术家和概念派艺术家当中。[2]

如果现代主义本身的统一、边界以及时间问题仍富有争议，那么后现代主义似乎就可以无视任何一种关键性的共识。不仅不同的作家对它做了不同定义，而且一个作家可以在不同阶段谈论不同的"后现代"。因此，让－弗

1　Perry Anderson, "Modernity and Revolution" and Marshall Berman's reply, "Signs in the Street", in *New Left Review,* 144, March-April, 1984.

2　Michael Newman, "Revising Modernism, Representing Postmodernism", in Appignanesi and Bennington (eds.), *Postmodernism: ICA Documents* 4, Institute of Contemporary Arts, 1986.

朗索瓦·利奥塔（Jean-François Lyotard）最近使用后现代主义这一术语来指明三种不同的倾向：（1）建筑学领域的一种趋势，即对现代运动（modern movement）中"整个人类空间的最后重建"计划的一种疏离[1]；（2）对进步和现代化理念的丧失信心（"时代精神中的一种悲观情绪"[利奥塔]）；以及（3）认识到使用"先锋的"隐喻的不合时宜，好比现代艺术家都是奋战在知识边界上的士兵，他们的艺术作品预示着某种共同的全球性未来。若斯·吉莱姆·梅吉奥（Jose Guilherme Merquior）对他所谓的"后现代意识形态"提出了一种敌对的批评，他提出一种与之不同的三联画式（triptych）见解：①在艺术和文学领域，出现了一种对现代主义的厌倦与不满情绪；②一种后结构主义哲学的走向；以及③西方的一个新的文化时代。[2]

此外，在不同的国家背景中，后现代也有不同的变化。例如，值得注意的是，《反美学》（*The Anti-Aesthetic*）这本书在美国发行时，其封面是一个适当简朴的、恶意的并且或多或少有些抽象的（现代主义？）淡紫色和黑色的封皮，其标题直接呼应着尼采那离经叛道的论调。然而，当这本书在英国出版时，它被改名为"后现代文化"（*Post Modern Culture*），以一个明亮的黄色封皮出现，上面有后现代主义者的"装置"（如相机、扬声器等）的照片，并且还配有漫画书上那些表现声音和光的线条。在美国，后现代主义被演绎成一套话语，它面向的是那些在人口学上分散的、以大学和美术馆为中心的民众。而在英国，它

1　Jean-François Lyotard, "Defining the Postmodern", in Appignanensi and Bennington (eds.), *Postmodernism: ICA Documents* 4, Institute of Contemporary Arts, 1986.

2　Jose Guilherme Merquior, "Spider and the Bee", in Appignanensi and Bennington (eds.), *Postmodernism: ICA Documents* 4, Institute of Contemporary Arts, 1986.

可能会略微多元化一些，而且面向的是地理分布更为集中的读者群体（在英国，文化多元主义、多元文化主义、"美式文化"的吸引力、审美和道德标准的扁平化等，仍然是"热门"话题，而且还有一个相当大的左派组织存在，尽管在过去二十多年里所有的派系始终存在着纷争和分裂），这里就涉及不同文化背景的各种期望之间的协商。

　　1985年，在伦敦当代艺术中心的周末专题研讨会上，各国文化之间的差异进一步凸显出来。当讲英语的学者提交论文时，就强调了新的"用户友好型"（user friendly）通信技术及逐步放松的信息管制所能产生的巨大潜力。与此同时，研讨会还宣告了（作为后现代修补术 [bricolage] 与游戏的）流行文化所面对的来自利奥塔的典型法国式反民粹主义（Gallic antipopulism）。利奥塔宣称他对美术、唯心主义美学和欧洲先锋派传统有着明显偏爱，并且在"流行文化与后现代主义"的会议上提交文章来对此进行论证，他对"大众文化"（mass culture）的哄骗性和商业化特征展开了一种深刻的、持久的怀疑。

　　为进一步说明各种区分（distinctions）之间的联系，哈尔·福斯特（Hal Foster）在《反美学》的绪言中，对新保守派、反现代主义者与批判的后现代主义者之间的关系作了区分，并指出，尽管一些批评家和实践者试图扩大并振兴现代主义计划，但另一些人则谴责现代主义者的目标，并着手补救现代主义对家庭生活和道德价值观等方面的影响。还有一些人，秉持着一种嬉戏的和批判的多元主义精神，致力于在既定的实践、艺术市场和现代主义的正统观念的范围之外，开辟出新的话语空间和主体立场。在后一种"批判的"替代方案（这也是福斯特所支持的）中，后现代主义被定义为积极的关键性进步，它通过否定

185

（negation）最终瓦解了：（1）早期"激进美学的"策略和禁令所存在的僵化霸权，和 / 或（2）弗洛伊德以前（pre-Freudian）的一元主体（它形成了现代化"进步的"中心主题，并在现代时期作为一系列科学、文学、法律、医学和官方话语的规范焦点起着重要作用）。在这种积极的"反美学"中，批判的后现代主义者被认为是在挑战现代主义术语所暗示的（艺术与经济‑技术的发展的）全球化和线性化模式的有效性，同时聚焦于那些被排除的、边缘化的、压抑的或埋藏在现代主义术语之下的东西。在这里，选择性传统（selective tradition）被视为一种排除和暴力。作为一个最初的反击，现代主义被一些批判的后现代主义者所抛弃，现代主义被认为是欧洲中心主义的和菲勒斯中心主义的，体现出对某些特定形式与声音的系统性偏好，因此压制了其他内容。这里推崇的是对现代主义等级秩序的颠覆——这种等级秩序自 18 世纪、19 世纪或 20 世纪早期（取决于你对它的分期）以来[1]就一直存在，比如：大都市中心对"不发达的"边缘，西方艺术形式对第三世界的艺术形式，男性艺术对女性艺术，或者——用一些被较少分析的术语——"男性化"或"大男子主义者"的形式、机构与实践对"女性化"、"女权主义者"或"女性主义者"的形式、机构与实践。[2]在这里，"后现代主

1　关于分期问题，参见 Foster (ed.), *Postmodern Culture*, Pluto Press, 1985，尤其是 Foster, "Postmodernism: A Preface"；J. Habermas, "Modernity-An Incomplete Project"；F. Jameson, "Postmodernism and Consumer Society"。也可参见 P. Anderson, "Modernity and Revolution", in *New Left Review*, 144, March-April, 1984; M. Newman, "Revising Modernism, Representing Postmodernism", in Appignanensi and Bennington (eds.), *Postmodernism: ICA Documents* 4, Institute of Contemporary Arts, 1986。

2　关于这些术语的讨论，参见 Annette Kuhn, *Women's Pictures: Feminism and Cinema*, Routledge & Kegan Paul, 1982。也可参见 Shirley Ardener, *Perceiving Women*, Malabay Press, 1975。

义"一词被用来涵盖旨在废除将白人男性作家作为意义和
价值的特权来源的所有策略。

三个方面的否定

稍后我将回到"批判的后现代主义"提出的一些实质
性问题上，不过，现在我想详细说明的是，整个后现代主
义通过否定所发挥的构成性作用。事实上，"否定"是后
现代主义作为一种话语（或混合性话语）的关键，它就像
索绪尔的语言范式一样，是一个没有正向意义（positive
terms）的系统。可以说，后现代主义的系统，正如索绪
尔的语言系统一样，是基于对正向实体本身可能性的明确
否定。（例如，1984 年，利奥塔针对蓬皮杜艺术中心举
办的非物质 [Les Immatériaux] 文化展览，就其目录中的"事
态"[matter] 观念进行了悬置、解构和拆解。最近，利奥
塔又反对"庸俗的唯物主义"路线，后者认为事态可以作
为物质 [substance] 而被把握。利奥塔却认为，事态可以被
理解为"由抽象结构组织的一系列不可理解的元素"。[1]）
然而，围绕着"后现代反对什么"的问题，一种初步的一
致性开始出现。我认为，有三种紧密相关的"否定"内容，
把混合的后现代主义结合在一起，对它们进行揭示，从而
以一种近似方法将后现代主义与其他相邻的"主义"区分
开来（尽管后结构主义和后现代主义的联系非常密切，以
至于绝对的区分变得很困难 [如果不是不可能的话]）。
这些确立的否定内容（它们基本上——附带地或其他——

186

1　Jean-François Lyotard, "Complexity and the Sublime", in Appignanensi and
　　Bennington (eds), *Postmodernism: ICA Documents* 4, Institute of Contemporary Arts,
　　1986. 也可参见 "Les Immateriaux" in *Art & Text: Expositionism*, 17, 1984。

都涉及对作为全面解释系统的马克思主义的一种攻击），可以追溯到两个源头：一方面，从历史上讲，是1960年代后期被阻断的希望、被挫败的言辞，以及学生的反抗（一个朋友曾将其描述为"1968年被压制的创伤"）；另一方面，则是一直延续着的尼采的哲学传统。

（1）反对总体化（totalisation）

与"后现代"之前的话语相关联的，要么是启蒙运动，要么是西方哲学传统——那些话语均旨在解决超验主体问题、定义一种基本的人性、规定全球人类命运或摒弃集体性的人类目标。后现代的出现可以说是对"普遍主义"主张（承认西方所有以前的［合法的］权威形式）的一种放弃。更具体地讲，它涉及对黑格尔主义、马克思主义和任何历史哲学（比如说，比尼采的"永恒轮回"学说更"发达"或"直接"的哲学）的拒绝，并且（附带地）倾向于放弃所有"社会学的"概念、类别、探究模式和方法等。社会学之所以受到谴责，是因为在实证主义的面具下（在阿多诺、马尔库塞等之后），它表现为一种工具的－官僚主义的理性，或者是完全地（在福柯之后）作为一种监视／控制形式，几乎总是与现存权力关系相勾结。在后一种情况下，实证主义者／非实证主义者、定性／定量、马克思主义者／多元主义者、解释性的／功能主义的等，它们之间并没有真正的区别。在社会学中，所有一切都被视为嵌入制度内部的策略，它无可避免地牵涉权力和知识的特定生产。福柯为我们提供了两种知识分子类型来取代总体的知识分子：一种是作为党派的知识分子（intellectual-as-partisan），他们是"社会－虚构"（socio-fictions）的

187 生产者，尽管他们处于模棱两可的地位，但仍可能具有

"现实效果"（reality-effects）；另一种是作为推进者和具有自我意识的战略家（福柯关于囚犯"权利"团体的著作常作为范例而被引用）。所有宏大的有效性声明都被怀疑。例如，在"无私的理性"、"科学的马克思主义"、"客观的"统计、"中立的"描述、"带有同情心的"民族志或"反身的"民族志方法论等一系列委婉的面具下，后现代的重心很可能是分辨同样重要的"权力寓言"（特别参见鲍德里亚和保罗·维利里奥对"社会学"的明确谴责[1]）。有一种特别明显的反感，是针对社会学中的抽象概念，如"社会"、"阶级"等。随着现象学的发展，反对普遍主义或价值中立（value-free）知识的运动，在 1960 年代可谓蓄势待发，但在外部需求（由社会与政治运动所引发的，而非由于学术界在狭义上的认识论辩论）调节的压力下，它在 1960 年后期和 1970 年代随即达到鼎盛，也就是说，在 1960 年代后期，其挑战来自毒品文化的透视主义、1968 年后的主体性政治和话语政治（精神分析、后结构主义）以及女性主义中个人与政治的融合等。

　　在欧洲，第一人称复数"我们"（We）的退出（在伟大的资产阶级革命的英雄时代，"我们"是表达解放之声的特定模式），可以与 1968 年后"中心"（centre）的彻底分裂联系在一起（祛魅的过程真正始于第二次世界大战以后）。然而，1950 年代就已有过相关尝试，最值得一提的是萨特，他试图去拯救一个可行的马克思主义，并尝试纠正普遍的划时代变革（以黑格尔的历史哲学为标志）

1　Jean Baudrillard, *In the Shadow of the Silent Majorities*, Semiotext(e), Foreign Agents Series, (eds) Jim Fleming and Sylvere Lotringer (trans.) Paul Paul Patton and John Johnston, New York, 1983. 尽管布迪厄是巴黎大学社会学系的教授，但是他在该书中暗示了社会学已经死了（连同意义、艺术、政治、社会等）。Paul Virilio and Sylvere Lotringer, *Pure War*, Semiotext(e), (trans.) Mark Polizotti, New York, 1983.

观念。就如彼特·杜斯（Peter Dews）最近指出的，萨特和梅洛–庞蒂寻求将辩证唯物主义与"它最小的、最具现象学的透明成分，即人类个体的实践"联系起来。[1] 然而，这些反通才的趋势在 1960 年代后期才被清楚地阐明，它源自以下几方面的背景：法国共产党学生在政治上的普遍不满、1968 年风暴之后笼罩于党内的背叛情绪[2]；卡斯托里亚迪斯（Castoriadis）的《作为创造的历史》这类出版物的出现；以及对尼采著作的兴趣——假设 1970 年代和 1980 年代初期狂热信徒的比例——的完全复兴。这次复兴可以追溯到 1950 年代尼采被重新发现，它有赖于福柯和德勒兹等在内的一代知识分子[3]，但直到 1968 年后的祛魅时期才真正成功。自 1968 年起，我们可以断定人们普遍抛弃了那些受教育的、"激进的"思想派系，这不仅包括马克思列宁主义，也包括官僚机构管理的所有权力结构，而且，人们对于由精英制定并通过等级结构链形成的所有类型的政治纲领也持一种怀疑态度。这种分化的过程和对微观权力日益增长的敏感性，既有利于新的激进或革命的要求，同时又被它促进。新的集体主义和新的主体性的形成，不能被包含进旧的范式中，不能在旧的批判性、描述性和表达性的语言中被讨论和"言说"。女性主义、分子的（molecular）和微观的政治、自治运动、反主流文化、性政治、话语政治（谁说了什么、对谁说、代表谁的利益：

188

1　Peter Dews, "From Post-Structuralism to Postmodernity", in Appignanensi and Bennington (eds), *Postmodernism: ICA Documents* 4, Institute of Contemporary Arts, 1986.

2　关于 1968 年巴黎风暴事件中的思想论争，最好的报道可参见英语版本的 Sylvia Harvey, *May '68 and Film Culture*, British Film Institute, 1978。

3　参见 P. Dews, "From Post-Structuralism to Postmodernity", in Appignanensi and Bennington (eds), *Postmodernism: ICA Documents* 4, Institute of Contemporary Arts, 1986。德勒兹于 1962 年出版《尼采与哲学》（*Nietzsche and Philosophy*）。

这都是权力和话语政治的问题，话语"空间"的问题）——
所有这些"运动"和"趋势"，都源于旧的激进表达中的
裂缝、空白以及沉默之处。鉴于它们的出处在"另一面"，
正如其所说，新政治或多或少地集中关注主体性本身的问
题，就一点也不令人奇怪了。

　　所有这些在内部生成的断裂（fractures）和新形式，
都能在这种背景下被理解为一种对"表征性危机"（crisis
of representation）的回应。"表征"这一术语可从两个方
面来理解：一是作为日常意义上的"政治的表征"，二是
作为结构性意义上的、对先在事实的一种扭曲的"意识形
态的"表征——被认为是有问题的。从这一点开始，"表
征"的所有形式和过程都值得怀疑。正如让－吕克·戈达
尔在电影中要展示的那样，从政治演说到叙事电影，从新
闻广播到广告，以及情色电影中毫无生气的、物化的女性
形象，没有哪一个形象或话语被认为是无辜的（"在每一
个形象中，我们都必须询问是谁要表达。"［戈达尔］）。
所有这些表征，都或多或少地与"主流意识形态"有着或
同谋或对抗的关系。与此同时，作为个人和集体自由的担
保者（通过有序例程和议会民主制度来进行管理），政治
代表那自鸣得意的言论被视为一种伪装而遭到拒绝。当然，
这并不是什么新鲜事：这种取向构成了一个旧的对立共识
的基础。但更重要的是，对愤愤不平的派系来说，他们经
历过 1968 年的五月风暴，个人的或党派的观念（总是代
表着某一社会团体、阶级、性别、社团和集体）都是站不
住脚的，更不要说代表某一阶段的历史或进步的一般观念。
（如"他"[he] 能否为"她"[her] 充分代言？能否懂得"她
的"[her] 需要？能否代表"她的"利益？）1968 年以后，
最容易发生的是"表征"的两种意义相伴而行，它们借助

于社会关系、社会和性别的不平等及其衍生的话语与语言概念，以及通过鉴别、区分和主体定位的操作来一并运行。在对（一元化）主体观念进行诘难和攻击时，也存在类似的歧义：在古典修辞和语法中的主体；句子中的主体，"我按照自己的方式行事"、"我改变了世界"中的"我"；神秘的"我"暗示着它的自我意识、自我存在的笛卡尔式的主体，它体现着有意图的能力、有明显交往的能力以及对世界采取直接行动的能力。另外，还有"被动的主体"（subjected subject）："主体"被一些更高的权力所加冕、征服和占有。在这两个意义之间的豁口上，我们成为意识形态的主体，分别受阿尔都塞和拉康意义上的父权法则（Law of the Father）的制约：表面上是自由的行动者，但同时又受到权威机构的约束，这种权威既是象征性的，也是虚幻的——它不是"真的"在场，但其效果却是完全真实的。将主体（subject）从与大写主体（Subject）的隶属关系中解放出来，这一计划在 1968 年后被那些声誉日隆的知识分子解读。他们通过远离抽象性概念（如国家作为所有压迫力量的源头和存储库，针对的是特定的、局部的斗争），聚焦于实际权力的运作，尤其是话语形态，据此转向批判的和激活的能量，由此来有效地完成该计划。

但是，巴黎仅仅代表一种 1968，还有其他的 1968，如伍德斯托克（Woodstock）和西海岸的、海特 - 黑什伯里区的（Haight-Ashbury）、恶作剧者的、嬉皮士的、雅皮士的、气象员派成员的（the Weathermen）、美洲黑豹队和反越南战争的等。曼森和安琪儿的月球荒漠景观及沙漠越野，营构出一个迷幻的空间，这里充满了自由的想象：社交与性交都不受限制，还有无限可能的生存风险。在这

189

里，快乐的权利、欲望的游戏以及沉默的"身体话语"，
都被用来反对清教徒主义和逻各斯中心主义，后者源自早
期"更为直接的"一套"激进的"需求与愿望。巴黎和旧
金山以不同的方式形成了两种截然不同的 1968。特殊反
对普遍、碎片反对（不可恢复的）整体，这一主张是为
了导向精神分裂症患者的神化（apotheosis），因为这差
不多同时出现于伦敦罗纳德·大卫·莱恩（Ronald David
Laing）和大卫·库珀（David Cooper）的著作中。[1] 在巴黎，
克里斯蒂瓦（Kristeva）、福柯、德勒兹和加塔利挖掘和
拯救了那些被埋葬、被压制和被禁绝的有关疯狂与边缘的
话语（巴塔耶 [Bataille]、阿尔托 [Artaud]、皮埃尔·里维
埃 [Pierre Riviere]），而远在洛杉矶和利物浦的年轻男女，
他们身着 T 恤衫在城市周边徘徊——T 恤上绘有一张打印
的查尔斯·曼森（Charles Manson）的照片，曼森的眼光
差不多在胸部位置，他疯狂地、目光灼热地看着这个世界。
1968年失败的天启的愿望，以及对精神病患者的狂热崇拜，
都深刻地烙印在后现代主义批评的修辞与风格中，并留下　190
了一系列关于优先权（priorities）和利益（interests）的遗
产，这些遗产作为一种隐藏的议程在后现代主义内部发生
作用（参见下文第 2 点）。

　　我们以一个注脚来结束本节内容：既然反 – 通才
（anti-generalist）的偏见引导着后现代主义的多个面向，
那么，像让·鲍德里亚、利奥塔这样的思想家在著作中保

1　例如，参见 R. D. Laing, *The Divided Self*, Quadrangle Books, 1960; *The Politics
of Experience and The Bird of Paradise*, Pantheon, 1967; *Self and Others*, Tavistock,
1961; David Cooper, *Reason and Violence*, Tavistock, 1964; David Cooper, *Psychiatry
and Anti-Psychiatry*, Paladin, 1967; *The Grammar of Living*, Penguin, 1976; *The
Language of Madness*, Allen Lane, 1978。诺曼·O. 布朗在美国代表着一种类似
的具有前瞻性的趋势。参见 *Life against Death: The Psychoanalytical Meaning of
History*, Vintage, 1964, 以及 *Love's Body*, Vintage, 1966。

留一种全景焦点（panoptic focus），以一种极高的水准对"后现代状况"或"困境"、"主流的文化规范"等进行抽象化和普遍化来进行写作，这也许是令人惊讶的。

（2）反对目的论

对决定性（decidable）起因 / 原因的观念持一种怀疑主义态度，这种反目的论倾向有时被明确地用于反对历史唯物主义戒律，如"生产方式"、"决定论"等。生产方式的因果律学说，被较灵活的、更多向性的关于过程和转变的说明性解释（如"突变理论"提供的认识论框架内的那些解释）所取代。在 1950 年代系统理论的发展过程中，来自"硬"科学[1]，即来自后牛顿时代的物理学、相对论、生物化学、遗传学等的一些论证和范例，都被转移到广泛的"通信"领域，在那里作为隐喻而发生作用（也许，它们主要是作为现代性本身的隐喻，作为一种新的符号在发生作用，就像科学术语在现代主义 [如未来主义和立体主义] 中发生转换作用一样）。索绪尔坚持的符号任意性理论可能存在反目的论的趋势。在后结构主义那里，它明确"宣布"了能指的上升 / 所指的枯萎，这在鲍德里亚的拟像规则中体现得最明显。在历史唯物主义的一个戏仿的倒置中，模型先于并生成了真实的表相（在微型通信时代，"真实"只剩下这个了），其使用价值完全被纳入交换价值中（以符号交换价值的形式），旧的经济基础—上层建筑的类比已被颠倒过来。因此，价值源自非实质性东西

1　硬科学和软科学（Hard and soft science）是学者在科学领域较常用的学术口头语。硬表示更加科学、严格或准确。自然、物理和计算机科学领域常被称为硬科学，而社会科学和相关领域常被称为软科学。硬科学的特征是依赖于可计量的经验数据，依赖于科学方法，以及注意精确性和客观性。——译者注

（insubstantials，如信息、图像、"通信"，甚至对货币和商品未来市场的投机）的生产与交换，而不是来自对"剩余价值"的盘剥，后者通过直接剥削工人无产阶级，让工人在工厂里生产实在的商品才能实现。（此时，鲍德里亚描绘了一个不真实或"超真实的"拟像产品的世界，这个似是而非的拟经验基础来自那些"后工业主义者"[如阿兰·图海纳、丹尼尔·贝尔、安德烈·高兹、阿尔文·托夫勒] 的著作。他们专注于新通信技术下在过度发达的世界中对劳动力、阶级关系及其构成、工作的工业模式、消费、文化、主体性模型等的一系列影响。）

191

　　修辞性的手法主要有戏仿、模拟、混成和寓言等，它们构成了文学艺术批评的手段，用以消除目的论的痕迹。[1] 所有这些修辞，都倾向于否定"作者"作为唯一意义来源的首要或原初性力量；取消对（浪漫的）艺术家的禁令，让他可以凭空创造内容（如"发明"、"原创"）；取消对评论家／艺术家的拘限，让他可以进入一种无休止的对"前因的改写"之中。于是，文本的纯洁性让位于文本间的混杂性，原件与副本、寄主与寄生、"创造性"文本与"批判性"文本的区别也随着元小说（meta-fiction）和超批评（paracriticism）的发展而被侵蚀。在戏仿、混成、寓言与模拟中，值得庆贺的是文本与意义的增加，来源和阅读数的激增，而非单个文本或话语的孤立和解构。这些受欢迎的修辞（戏仿等），都没有给艺术家提供一种纯粹存在（浪漫主义）的"真正的"（也就是 [在巴特、德里达、

1　参见 M. Newman, "Revising Modernism, Representing Postmodernism", in Appignanensi and Bennington (eds.), *Postmodernism: ICA Documents* 4, Institute of Contemporary Arts, 1986; Gregory L. Ulmer, "The Object of Post Criticism", in Foster(ed.), *Postmodern Culture*, Pluto Press, 1985。

福柯以后 [1] 想象）言说方式。它们也没有为评论家提供一种方法，让他们去揭示一个文本或一种现象的"真实界"、意图或价值（阐释学）。

在詹姆逊的剖视中，无深度性（depthlessness）观念作为后现代主义的一个标志，实际上伴随着一种对知识分子"渗透"（penetration）概念和后苏格拉底思想中二元结构（如真实对表象、真实关系对表象形式、科学对虚假意识、有意识对无意识、里面对外面、主体对客体等）的拒绝。在这种情况下，无深度性可以理解为远离旧的阐释模型和确定性的另一步。德里达的解构和文字学（grammatology），通过破坏优先次序的错觉，来进一步破坏这种二元结构的稳定性。所谓优先次序，指的是在二元对立关系中，它总是倾向于围绕某一单项，通过介词将二律背反的关系联系起来。（例如，在意识背后，是初始无意识；在虚幻的现象形式之下，是真实的关系；在主观的曲解之外，是一个稳定的客观世界等。）如果"深度模式"（depth model）消失的话，那么，作为先知者（seer）的知识分子将消失，作为见多识广的、在某个"探究性领域"具有"深刻见解"和"权威概述"能力的冷静观察者 / 监护人的知识分子，及作为诡辩、欺骗和肤浅细节的敌人的知识分子也将一同消失。一旦这种对立性消失，许多其他事情也会随之消失，因此也就没有对常识的纠正，没有对隐藏真相的搜罗，也没有更多的背后真相，或者对可见或明显事物的"打破常规"。（换句话说，反实证主义和反

192

1　Roland Barthes, "The Death of the Author", in S. Heath (ed. and trans.), *Image, Music, Text*, Michel Foucault, "What is an author?" in *Language, Counter-Memory, Practice*, Ithaca, New York, Cornell University Press, 1977. Reprinted in John Caughie (ed.), *Theories of Authorship*, Routledge & Kegan Paul, 1981; Jacques Derrida, *Writing and Difference*, Routledge & Kegan Paul, and University of Chicago, 1978.

经验主义，作为激发批判的 [而非格林伯格式的] 现代主义的动力，它们不再是一个可行的选择。）简言之，不再有《圣经》启示录（Book of Revelations）。相反，剩下的就是（用另一个后现代主义关键词来说）"迷恋"——迷恋镜子、象征物和表面。在那些关于后现代主义的叙述中，作家们仍保留了对马克思主义参照系的信奉。临界距离和深度模式的终结，似乎关系到（尽管大概不是取决于）资本主义向后工业、消费者、媒介、跨国或垄断阶段的一个更大的历史性转折。在生产经济禁令、工具理性和目的性（以及现代主义的互补性对立和中断）之后，我们得到的（或者论证如此）是许可的混杂性、不受约束的想象、主体和客体的混合、主流和边缘的融合，以及入睡过程（drift）和做梦过程（dreamwork）的混合。这些都是后现代主义消费经济的生活特征。据称，在一个被欲望主导（且不断加剧）的经济环境下，消费本身就自带一种欣喜若狂或多元化的（无）秩序（詹姆逊所谓的"无规范的异质性"）。偶像崇拜以及对巴力神（商品拜物教）的崇拜，取代了实证主义及相关理论、取代了马克思主义及在现代时期占主导地位的认识论信仰。阿多诺和霍克海默的《启蒙辩证法》崩塌了，因为对现代主义的斗争策略——否定、疏离、"非同一性思维"，旨在揭示符号–社会秩序的任意性/可变性，并建筑起未来王国的"真实性"和"自主性"价值的最后防线——要么被宣布无效（已过时：不再对当代状况有效），要么仅仅作为意义和价值的水平面上的另一套选项（在这里，一切即意味着其他一切 [后结构主义的多义性]，或者也可以说，一切意味着什么也没有 [此即鲍德里亚所谓的"意义内爆"]）。最终，这两个选项达到了同样的效果，即在话语之外的权力关系的撤离——"意识形态"

（马克思主义批判实践的最前沿）的终结……

在这样一系列前提下，我们不再可能从一些想象的（迷惑的或理想的）"物种存在"中去谈论集体性"异化"。在知觉、经验、表达，以及现代主义的主导范畴（意识形态与异化）所开启的现实界之间，并不存在任何的缝隙，没有空间可以挣扎，没有挣扎的原因（或如我们将在下面看到的，没有挣扎的目标）。笛卡尔式主体兼具道德的与审美判断的能力，以及从谎言中辨析真理、从虚构中辨析真实的能力；启蒙的主体，则是伟大现代主义的自由、平等、进步、博爱精神的孩子。这两种生物消失在（他们变幻不定的本质终于暴露）利奥塔所谓的后现代"感觉机制"中。这是一种在世界中生存的新模式，它在某种程度上是通过接触新技术而直接构成，它通过对精神、语言和身体操作的计算机模拟来消除心灵与物质、主体和客体之间的边界（"精神活动"发生在两个计算机系统 [一个是热血的，另一个是电子的] 之间的"界面上"，并且不再被充分概念化为一种纯粹的内部过程）。

以一种不同的方式——尽管与后现代的拉康式变格（declension）相关——欲望（取代了理性或作为历史常态和历史发展动力的阶级斗争）强化了法律，推动了主体（由一系列部分构成的主体）完成一项注定要完成、并在极度匮乏中获得圆满的任务。通过俄狄浦斯情结，首先就标示出主体的主体性"起源"（因为俄狄浦斯情结标志着进入语言/象征界，而且象征界已经"拥有"了主体现在占据的话语位置）。在拉康的语境中，追求完满是因为欲望是由匮乏导致的贪得无厌的另一面，而匮乏本身又回到了法律的反面。主体是被命定了的，因为探求中的主体，如果不是未完成（incomplete）的话，它本身什么也没有（"我思之处我不在，我在之处我不思"[拉康]）。主体是被命定了的，因为这个支离破碎的主体只有在语言和象征界（这是法律的范畴）"发现"（即定位）自身的时候才是一个本体论的"事实"。要完成这一回环，欲望的运动只能够确认和追踪法律的范畴，而不是否定或推翻它。一旦融入詹姆逊的消费文化批判（其中"主体死亡"被视为一个历史性"事件"而非 [站在后结构主义的视角上] 在任何地方都可以在哲学上被证明的有效案例），拉康主义的主体性和欲望模式倾向于巩固"反乌托邦主义"（anti-utopianism），尽管拉康式女性主义者和批判的后现代主义者都强调新的政治阵线在话语（意味着实践）中敞开的程度，但是反乌托邦主义构成了后现代主义最后的一个主要否定（参见下文第3点）。此时，通过一系列后结构主义者的滑移（slippages）和双关语（puns），一种完全的"话语的终结"（马尔库塞）得以发生，因此，我们被剥夺了任何一种"别处"（elsewhere）及"可替代性"（alternative）的前景，更不要说通过斗争来超越，或通过合理部署全球资源来消除"匮乏"的前景。在某一层面上，在马克思主义话语中呈现的历史的（因此最终是可以解决的）"矛盾"，被转化到后现代话语中，而变成了永恒的（因此又是不可解决的）悖论。如此，"欲望"取代了"需要"，"匮乏"对"稀缺性"提出了疑问，等等。这意味着在无尽的（无意识的）欲望螺旋之外无处可去，在主体部分与那些约束条件（形成并塑造 [规定] 他们成为社会主体）的张力之外，没有明显的冲突。赛会（Agon）（在这个亘古不变的 [古希腊] 比赛中，双方对手都是势均力敌的，因此没有最后的胜利，也不会有不可逆转的结果）取代了历史（伟大的 [希伯来文化的] 叙事讲述了关于正义反对邪恶势力的斗

194

争——一个由一系列独特的、不可重复的时刻构成的叙事，它以线性顺序展开，一直通向审判的末日 [世界末日，天启，社会主义——阶级斗争的终结] ）。

根据后现代主义者叙述的一种线索，这里暗示的是，如果不存在（这样一种"[即将到来的、正当的和合适的] 结局的感觉"暗中对我们所有人施加的）有意义的持续性和主观性、没有期待和趋向，精神病就会开始取代神经衰弱，构成晚期资本主义主导的心理症状。对鲍德里亚来说，有一种自闭症的"交流的迷狂"（ecstasy of communication），在其中，判断、意义和行动是不可能的，精神的"情境"（表现精神的"戏剧"主题 / 舞台的一个空间，其"角色"具备有意识的和无意识的意图、动力、动机以及"冲突"等）被一个"令人憎恶的"、任意拼贴的不同"屏幕"与"终端"所取代；少量信息、图像以及没什么特别的电视特写镜头，在图像膨胀的模拟"超现实"空间中传播，这是一个类似于利维坦的由程序、电路、脉冲构成的格栅结构，其功能仅仅是处理和回收在其自身内部产生的（分泌的）"事件"。[1] 对詹姆逊来说，精神分裂症的消费者正在分裂成一系列不可同化的瞬间，由于商品化图像和信息的普遍性与瞬时性，他们永远活在柯罗诺斯（Chronos）中，而没能进入凯洛斯（Kairos）（周期性的、神话般的、有意义的时间）[2] 的集中避难所。对德勒兹和加塔利来说，流浪者穿过"千高原"（milles plateaux），"像一个精神分裂者一样走路"，由于狂热和反复无常的

1　Jean Baudrillard, *In the Shadow of the Silent Majorities*, Semiotext(e), Foreign Agents Series, New York, 1983; *Simulations*, Semiotext(e). "The Precession of Simulacra" is also available in *Art & Text II*, Spring, 1983.

2　Fredric Jameson, op. cit., 1984, 1985. 关于柯罗诺斯和凯洛斯之别的讨论，参见 Frank Kennode, *Sense of an Ending*, Oxford University Press, 1969.

欲望节奏，从任意的一个强度点去往另外一个（在这种情况下——与拉康对照——作为对法律进行颠覆的他者，而非同谋者）。[1]在任一情况下，一个特殊的主体性（的完成），一种特殊的主观情态，一种独特的、普遍的感情结构，都是在对当代状况进行诊断性批判的基础上而被确定的。

　　就如马歇尔·伯曼指出的那样，现代化（城市化、工业化、机械化）和现代主义（后来对艺术领域创新浪潮的回应）共同表达了第三个观念，即现代性本身的经验。所以，后现代的先知们似乎在暗示，后现代化（自动化、微观技术、体力劳动和传统工作形式的式微、消费主义、跨国媒体集团的崛起、电波管制的解除等）与后现代主义（修补术、仿制品、寓言、新建筑的"多维空间"）都是用来阐明后现代的经验。现代性的经验代表了一种由预期的自由和丧失了确定性所构成的无法判定的混合经验，它包含着两方面的内容：一是对时空视界的社会与道德纽带之解体的恐惧，二是对前所未有的征服自然并获得身心大解放之前景的希冀——换句话说，现代性始终是一个具有两面性（Janus-faced）的事情；而后现代性的经验是积极地裂殖生殖的（schizogenic）：我们的感受与反应能力出现了一种怪异的衰退。这可能是可怕的，但偶尔也是欢乐的。

　　后现代性是一种没有希望和梦想的现代性（希望和梦想才使得现代性得以维持）。这是一种多中心的、去中心的状态，在这种状态中，我们受到狂野的能指吸引，从枕头上被拖着走，穿过一连串的反射表面。它意味着当时间和进步停止时，在时钟慢下来的那一刻，我们变得很亢奋。在尼采的永恒轮回学说中，当世界停止转动（中午钟声、午夜钟声），我们才开始旋转。这至少是历史终结论的含

195

1　Gilles Deleuze and Felix Guattari, *Anti-Oedipus*, Viking Press, 1977.

义：查拉图斯特拉，就是后现代的先知。精神分裂是后现代主义危急时的心理症状，在反乌托邦的论断中，我们也许可以听到两个1968的苦涩回响（前后颠倒和上下颠倒），分别来自旧金山（詹姆逊）和巴黎（鲍德里亚）。精神分裂症患者不再被视为现代化进程中的受伤英雄 / 英雄受害者。（"谁对社会构成了更大威胁？是在广岛投下原子弹的战斗机飞行员，还是相信炸弹在自己体内爆炸的精神分裂症患者？"[罗纳德·大卫·莱恩]）精神分裂症患者不再被默认为（自由受到威胁和本体真实性处于危险的）痛苦的担保人，而被认为是失败（不仅是马克思主义的失败，而且是两个1968中膨胀的自由主义主张、梦想和千禧年愿望的失败）的绝望见证者 / 无辜牺牲品。

196 （3）反对乌托邦

反乌托邦的动力与反目的论的动力并行——并且在很多方面，如上文指出的，是对反目的论的必然补充——关于任何总体的目标、全球的预言框架以及任何设想的主张（如"对自然的最终掌控"、"对社会形态的理性控制"、一个"存在的完美状态"、"所有 [压迫] 权力的终结"等），都存在着一种强烈的怀疑主义倾向。这种反乌托邦的主题，直接针对的是所有那些（依靠虚假科学性的）计划和解决方案（尤其是法西斯主义），它们非常注重集中规划 / 社会工程，并严重倚赖于严格的党纪、对意识形态的坚定信念等。据说，当人们试图将这些计划和解决方案付诸行动时，野蛮的过度行为（如奥斯维辛集中营）就会自动发生。这被认为是获得许可的，它直接与利奥塔所谓的西方的"宏大叙事"（grands recits）——也就是对进步、进化论、种族斗争、阶级斗争等（它们本身就是根植

于西方思想与文化深层的形而上学的残余产物）的盲目信
奉——相关联。换句话说（这与 1970 年代的"新哲学家"
有明确关联），所有圣战都要有人员伤亡和异教徒，所有
的乌托邦都被包围在铁丝网里。许多论者对这些结论的庸
常性和不可辩驳性已做过评述。

这一形象经常被用来隐喻乌托邦理想的失落、对"进
步"和"进步的"意识形态的拒绝——从某种意义上说，
这一形象包含了后现代思想的所有三重否定——这就是
瓦尔特·本雅明对保罗·克利（Paul Klee）的油画《新天
使》（*Angelus Novus*）的寓言性解读。本雅明认为，在这
幅画作中，历史的天使被描绘成惊恐地注视着"单一的灾
难"，由于风暴，"成堆的残骸"被猛掷到他的脚边，这
场风暴从天堂吹来，推着他不可抗拒地"进入他背向的未
来"。[1]"这个风暴，"本雅明写道，"就是我们所说的
进步。"在一些精妙和精心论证的论点中（其中一部分是
在他和哈贝马斯针对理性与现代性本质的长期辩论中形成
的），利奥塔曾建议我们放弃所有"现代的"科学，他试
图剪掉天使的翅膀。"现代的"科学通过参照一个元话语
（metadiscourse）来证明自己的合法性，这些元话语明确
呼应"一些宏大叙事，如精神的辩证法、意义的诠释学、
理性的或劳动的主体的解放，以及财富的创造等"。[2]

实际上，利奥塔明确放弃了马克思主义（利奥塔是
1950 年代"社会主义或野蛮组织"[Socialisme ou Barbarie]
的创始成员），他回到了康德——尤其是《判断力批判》，
从而去反思现代社会思想和美学的起源及二者的关系。他   197
着手研究启蒙运动的哲学基础，启蒙运动被定义为一种推

---

1 Walter Benjamin, *Illuminations*, Fontana, 1973.

2 Jean-François Lyotard, *The Postmodern Condition. A Report on Knowledge*,
   University of Manchester Press, 1984.

动普遍化（理性）和社会工程（革命）的双重动力，这两种动力在相关的进步学说、社会规划以及历史"必然性"中，都找到了理论支撑与合法性。利奥塔的大部分论点都涉及康德（在柏克 [Burke] 之后）的两种审美经验，即优美和崇高的区别。康德的"优美"，存在于所有我们获得审美愉悦的观点、对象和声音中，但审美愉悦是可以被构架、被容纳、被和谐地同化的；崇高则是为那些超出逻辑控制的现象所保留的，它在观者内心引发了愉悦和恐惧的一种混合性体验（例如，柏克提到狂暴之海与火山喷发的奇观）。[1]

利奥塔认为，就各种现代主义文学和艺术先锋派而言，只要它们试图（通过抽象化、异化、陌生化等方式）"呈现一些不可呈现之物"，它们就仍然坚定地致力于一种崇高的美学而非优美的美学。对利奥塔来说，一首完全先锋的诗歌或一块画布，将我们带到这样一个崇高点上，即意识与存在猛然突破其自身局限，进入一个绝对他者（上帝或无限）的景象，在这一景象中，它们在死亡和寂静中消散了。这种遭遇迫使观众、读者和艺术家的主观性（只要它持续着）在一个不可名状的（unlivable）状态下得到阐释，这一状态就是后现代的状态。在这里，后现代性被定义为一种条件，这也是一种确定的矛盾。利奥塔把这种不受时间影响的时态称为先将来时（the future anterior）。"后"（post）意为"以后的"（after），"方式"（modo）意为"现在"（now）。（利奥塔所谓的"后现代性"，类似于保罗·德曼 [Paul de Man] 对现代性的 [反] 历史的定

---

1 我曾试着去探讨崇高范畴与审美经验的更社会化 / 社会学定义之间的关系问题，参见 "The Impossible Object: Towards a Sociology of the Sublime" published in New Formations 1 (Methuen, March, 1987)。这篇文章包含了"反对乌托邦"这一部分在其他地方所提出的观点。

义，它是一种永恒的现在时态，人们在所有时间和地点都身居其间，永远被束缚在一个分裂的、不可恢复的、印象模糊的过去与一个总是不太确定的未来之间。）利奥塔一直坚持关于崇高的先锋计划的有效性和可行性，并力图促进那些艺术实践，这提出了一个不可呈现的问题，以至于必须不断被遗忘和重复。利奥塔借用了精神分析理论中的一个术语，称这个过程为"既往症"（anamnesis），即通过一个回忆、言语和召唤的过程（这与其说是对原始经验的恢复，不如说是对原始经验的重述），重新遭遇一种创伤和之前的紧张体验。

这种对18世纪德国唯心主义美学的迂回，乍一看似乎相当武断，并且是故作深奥和另类的，但实际上这为利奥塔提供了一个机会，充实了他对哈贝马斯（试图捍卫和巩固启蒙主义遗产的做法）的反对意见，让他有信心去重振哈贝马斯所认为的被过早抑制的现代性计划。

198

利奥塔将"崇高"概念作为对那些限制（置于可说的、可看的、可展示的、可呈现的、可演示的、可发挥作用的、可付诸实践的事物上）的绝对性的一种隐喻。利奥塔认为，每一次在艺术中与崇高相遇，都为我们提供了一个有益的教训，即复杂性、难度和不透明度总是出现在同一个地方——它超出了我们的掌握范围。这里的推论（即坚持人类局限的可触知性 [palpability]），在利奥塔谈到灾难性后果（这些灾难性后果，如"过去两个世纪的血腥"，都是打着实现完美 [理性] 制度和创造完美社会的旗号）的时候就很有政治上的微妙性。[1]

哈贝马斯公开地与法兰克福传统保持一致，同时关注

1　Jean-François Lyotard, "Complexity and the Sublime", in Appignanensi and Bennington (eds), *Postmodernism: ICA Documents* 4, Institute of Contemporary Arts, 1986.

这一传统的修正和复兴，他强调艺术的解放和乌托邦维度，更偏重于优美的美学。从这一角度来看，艺术作品中形式因素的和谐统一给我们带来愉悦之感，这表明我们所有人都不可避免地被一些内部逻各斯（logos）吸引（理性通过对形式的冷静思考，反向地展开／折回其自身）。换言之，我们的注意力被完美的形式所吸引。在此，我们生产和欣赏优美的能力，都代表着对人类最终解放的一种期许。另外，利奥塔采取的行动，反映了德里达所代表的解构主义策略。在"现代"（即启蒙运动）美学基础上的二元关系中（优美—崇高，崇高的功能是美学的，但不是优美的），"崇高"是一个相对从属和残缺的术语。将崇高特权化，将让整个启蒙思想及其成就的大厦（可能）都受到威胁。优美的观念包含在对一个理想的、尚未实现的共同体的承诺之中（说"这是优美的"，就是断言审美判断的普遍性，因此共通感是可能的／理想的）。相比之下，崇高通过让每一个体直面未来的孤独死亡使得共同体原子化。用利奥塔的话说，以崇高的方式，"每个人在最终审判时都是孤独的"。[1]

在利奥塔的著作中，崇高作为一种侵蚀两种"唯物主义"信仰（实证主义和马克思主义）的手段在发生作用，这两种信仰代表的是被取代的现代特征。英国马克思主义者特里·伊格尔顿（Terry Eagleton）[2]最近对后现代主义进行了攻击。作为回应，利奥塔提出了富有挑衅的（或滑稽的）主张，认为马克思在无产阶级概念中"涉及崇高的

199

---

1 Jean-François Lyotard, "Complexity and the Sublime", in Appignanensi and Bennington (eds), *Postmodernism: ICA Documents* 4, Institute of Contemporary Arts, 1986.

2 这些反对的实质，体现于 Terry Eagleton, "Capitalism and Postmodernism", *New Left Review* 152, 1985。

问题",用康德的话来说,"无产阶级"是一个理性的观念,这是一个必须被视作理性的观念,而不是经验性的存在(即工人阶级)。换句话说,根据利奥塔的说法,"无产阶级"不能被具体化为这个或那个群体或阶级。它不能被还原为"经验"(当然,鉴于这一区别,利奥塔拒绝详细说明马克思主义如何实现其作为实践哲学的主张……)。利奥塔用阿多诺的简略术语(shorthand term)来表示他所看到的现代时期的一连串灾难,他断言,"奥斯维辛"之所以发生,是因为人们从罗伯斯庇尔恐怖时代开始就犯了这一类错误,寻求识别(更常见的是让自己认同)这种理性的观念。一系列革命先锋队和法庭,已将自己定位为历史命运的主体和代理人:"我是正义、真理、革命……我们是无产阶级。我们是自由人性的化身。"[1]由此,他们试图对"一阶叙事"(first order narratives)提供的规范性框架不背负责任,在该框架中,大众的思想、道德和社会生活有着适当的基础。在男人和女人相信自己是本雅明的"历史的天使"(他们"愿意留下,唤醒死者,并修复那些被粉碎的东西"[2])的那些时刻,虚幻的浮士德式全知全能时刻,正是完全知识(full knowledge)的危险时刻,在这些时刻,人们完全能感受到自己和自身的"命运"(这也是阶级成为一个自为阶级 [a class for itself] 的时刻)。对利奥塔来说,这些时刻是历史灾难的时刻:他们开创了革命、处决和集中营的时代。在对康德的道德、科学和艺术的三分行为做出讽刺性保留后(利奥塔对启蒙遗产的判断具有讽刺意味),利奥塔试图将崇高标示为(后)现代

---

1 Jean-François Lyotard, "Complexity and the Sublime", in Appignanensi and Bennington (eds), *Postmodernism: ICA Documents* 4, Institute of Contemporary Arts, 1986.

2 Walter Benjamin, *Illuminations*, Fontana, 1973.

艺术和美学的合法领域，同时严格排除任何非法和"偏执狂的"妄想，如通过政治去"呈现不可呈现之物"（去改变世界），或者构建崇高的本体论（"不断革命论"，试图去创造一种新的道德和社会秩序等）。崇高仍然是不成形的（das Unform）[1]，它没有形式，因此是怪异的和不可想象的。利奥塔建议，与其去努力体现真理、正义和权利的普遍价值，或为这种伟大的元叙事（"追求自由或幸福"[2]）寻求特许，不如从"将任务无限复杂化"[3]的角度来思考人类计划。（"也许我们的任务，就是将我们负责的复杂性复杂化。"[利奥塔]）这种"通向更加复杂的模糊欲望"，[4]在利奥塔最近的著作中，是作为一个泛全球、跨历史的必要性假设，有时几乎是在一个形而上学的地位上有效地发挥作用的（尽管他确实承认第三世界持续的匮乏，但他将人类模糊地分为两个[不对等的]部分，其中一个[我们的？]致力于复杂化的任务，另一个[他们的？]致力于"可怕的、古老的生存任务"[5]）。虽然利奥塔可能已经抛弃了社会主义（这曾是他在1950年代面对世界的严峻形势时所作出的一种态度鲜明的选择["社会主义或野蛮组织"]），但是他仍然警惕野蛮主义的威胁，现

200

1　Jean-François Lyotard, "Complexity and the Sublime", in Appignanensi and Bennington (eds), *Postmodernism: ICA Documents* 4, Institute of Contemporary Arts, 1986.

2　Jean-François Lyotard, "Complexity and the Sublime", in Appignanensi and Bennington (eds), *Postmodernism: ICA Documents* 4, Institute of Contemporary Arts, 1986.

3　Jean-François Lyotard, "Complexity and the Sublime", in Appignanensi and Bennington (eds), *Postmodernism: ICA Documents* 4, Institute of Contemporary Arts, 1986.

4　Jean-François Lyotard, "Complexity and the Sublime", in Appignanensi and Bennington (eds), *Postmodernism: ICA Documents* 4, Institute of Contemporary Arts, 1986.

5　Jean-François Lyotard, "Complexity and the Sublime", in Appignanensi and Bennington (eds), *Postmodernism: ICA Documents* 4, Institute of Contemporary Arts, 1986.

在他拒绝承认和／或促成这种永恒的复杂性使命。（"总体来说，要求简化在今天就是在野蛮主义的名义之下。"[利奥塔]）

利奥塔对现代、启蒙和后启蒙思想的乌托邦动力提出了一种最直接、最精致的批评，但是，在法国式的后现代中，还有西方哲学传统终结（尼采）主题的其他变体（利奥塔通过将辩证法分解于悖论和语言游戏中来终结西方哲学传统）。在某些方面，从福柯到德里达，从《原样》阶段的罗兰·巴特到《拉康选集》阶段的拉康，那些在尼采之后的论述，都可以说被假定在无人地带（no man's land）（性别于此被标记出来），被用于界定前面提及的"主体"的两种意义。一种无人地带就是：在表述（enoncé）和表述行为（enonciation）之间的空间，一个无人占有的领地，在这里，机构、原因、意图、作者、历史等问题都变得无关紧要。所有那些问题都消失在一个崇高的、无社交性的（asocial）此刻之中，这个此刻在不同表述中有不同的维度：对德里达（文字学）来说，这个空间被称为困境（aporia），即不可通达之径——这是人类话语立场的自相矛盾性被暴露的时刻；对福柯来说，这是权力和知识的无止境的循环螺旋，这一总体性的、永恒的空间是福柯根据全景监狱的地狱般形象（监狱中心的观景塔——在知识 [savoir]/ 权力 [pouvoir] 中的注视 [voir]，在默会中的观看）所创造的；对《原样》来说，这是茱莉亚·克里斯蒂瓦所说的有意义的时刻，在文本的愉悦中拆解主体的时刻——主体的瓦解，超越了言语的实质性、增殖性和能指（对应于所指）的链条的滑动。对拉康来说，这就是真实界（仍然是无法言传的，因而是无法忍受的），是语言和法律之外无限的、不可思议的空间，它超出了想象界的二元性：真实界，是我们最终（不可想象的）分裂、溶于变化（flux）的承诺／威胁之地。在每一种情况下，"崇高"都是作为顿悟和恐怖的地方，这个不可言说之地延迟并反对一切人类努力，包括智力的总体化计划。拉康的真实界、福柯的权力—知识螺旋、克里斯蒂瓦的意义、德里达的困境、罗兰·巴特的极乐文本（text of bliss）等：它们都是等效的，在某种意义上可以被归结到利奥塔的崇高范畴。对崇高（在对精神分裂症的崇拜中［参见上文］有其更直截了当的［或更粗鲁的］拟经验的推论——对恐惧的崇拜、对世界上崇高的存在模式的崇拜）的拔高可以被解释为对不可言说的愿望的一种延伸，这推动了欧洲先锋派艺术——至少是自象征派（Symbolists）和颓废派（Decadents）以来的艺术，也可能是自 1840 年以来的都市文学和艺术现代主义（以及波德莱尔对"反资产阶级的"拒绝）——的发展。它通过将语言作为工具和语言作为交往媒介进行问题化，通过将意义、话语和去中心的主体性模式取代那些老旧的人文主义范式，并强调各种不可能性（如："沟通"、超越、辩证法、因果决定性、价值和意义的固定性或稳定性等的不可能）来暗示现有社会性基础的一种大撤退。享有特权的时刻，是与有限性、他者性、差异性等不可化约的事实的直接对抗，是与统治权的丧失、"生命中的死亡"（利奥塔），以及"时有发生的微小型衰亡"、无意识导致的意识的"微觉中断"（picknoleptic interruptions）（维利里奥）的直接对抗。

将去社会性（asociality）转化为一个绝对价值，可以容纳各种或多或少有些听天由命的姿态：怀疑主义（德里达）、斯多葛主义（利奥塔、拉康、福柯）、无政府自由主义／神秘主义（克里斯蒂瓦）、享乐主义（巴特）、犬

儒主义／虚无主义（鲍德里亚）。然而，将崇高作特权化
处理，往往会妨碍对更大的（集体的）利益的认同（现代
的主义，如自由主义等）。为此，它削弱了理查德·罗蒂
（Richard Rorty）所谓的"我们对社会团结的非理论感觉"
并将其斥为简单化／"粗野化"[1]，破坏了自由派深信不疑
的人类彼此能够共情、调和对立"观点"，以及寻求化干
戈为玉帛的能力。在后现代引发的主体分裂中，我们没有
空间去培育"共识"，去发展和维持一个"交往共同体"，
也没有可行的提升路径通往一个"理想的言语情境"（哈
贝马斯）。对去社会性的强调，进一步侵蚀了由"乐观意志"
（葛兰西）提供的有目的和目标的斗争，削弱了恢复（即
解放）一种"现实"的理论方法——这种"现实"，在"有
效性"（不是由权力创造）名义下被所谓的"意识形态"
（由权力创造）掩盖了[2]（哈贝马斯）。换句话说，这种对
"不可能性"的强调，会严重限制政治的范围和定义（政
治被定义为"可能的艺术"）。在此，一系列理论让我们 202
描绘出一条明确的路线（虽然这是一个由许多门徒而非主
人—女主人采取的路线）：首先，这是一些相对的结构、
范式和趋势的绝对融合，它包括工业军事综合体的出现，
解放人类的启蒙愿望，现代科学知识的兴起，资产阶级、
官僚主义民族国家以及"奥斯维辛"的出现等；其次，这
些离散的非同步的历史发展，可以被追溯到先验哲学中西
方思想和文化在起源中所隐含的主体模式；最后，宣告哲
学传统的终结，哲学的终结也意味着历史的终结。

正如罗蒂指出的——这些关于反乌托邦主义的总结性

1　Richard Rorty, "Habermas and Lyotard on Postmodernity", in Richard J. Bernstein (ed.), *Habermas and Modernity*, Polity Press, Basil Blackwell, 1985.

2　Richard Rorty, "Habermas and Lyotard on Postmodernity", in Richard J. Bernstein (ed.), *Habermas and Modernity*, Polity Press, Basil Blackwell, 1985.

评论是罗蒂观点的精华——这一轨迹高估了哲学传统的更广泛的历史重要性，尤其是高估了由"原初"主体性模式（在关于意识、感知、异化、自由、语言等性质的哲学辩论中）所要求承载的现代社会的、经济的和政治结构的程度。如此一来，后现代主义倾向于重现（reproduce）哈贝马斯的错误，将"后康德"哲学与理性主义的现代故事紧密联系到另一个现代故事：工业化民主社会的兴起。罗蒂认为，第二个故事更多地与学院之外的压力和社会运动有关，"交往共同体"的理念是通过"工会的组建、教育的精英化、特许经营和廉价报纸的扩张等"[1]而确立的，而不是通过对认识论的抽象讨论而确立的；并且他指出，宗教影响力的减弱并不是因为尼采、达尔文、实证主义或其他东西，而是因为"如果你把自己看成公共舆论的一部分，有能力为公共命运做一些改变的话，那种超出共同体的权力关系就变得不再重要"。[2]以这个视角来看，从笛卡尔到尼采的哲学史，被认为是一种"与造就当代北大西洋文化（及其荣耀和危险）的具体社会工程的历史的分离"。罗蒂通过描述另一种哲学经典来做总结，即"伟大心灵"的"伟大"，不是根据她／他对"伟大辩论"的贡献来衡量，也不是根据她／他提出论点的认识论复杂性来衡量，而是根据她／他对"社会、宗教和制度上新的可能性"的敏感度来衡量——这种预见性和战略导向，使"基础"和"合法化"的问题变得无关紧要。在这样一个转型的知识—实践领域中，分析的作用既不是去揭露意识形态的面纱，也不是去协助理性向前推进，更不是去探寻社会、

203

1　Richard Rorty, "Habermas and Lyotard on Postmodernity", in Richard J. Bernstein (ed.), *Habermas and Modernity*, Polity Press, Basil Blackwell, 1985.

2　Richard Rorty, "Habermas and Lyotard on Postmodernity", in Richard J. Bernstein (ed.), *Habermas and Modernity*, Polity Press, Basil Blackwell, 1985.

知识和可言说的永恒边界，而是追随福柯，去解释"谁目前正掌握权力，为了什么目的而使用权力，然后（不同于福柯地）去建议其他人如何得到权力，并将权力用于其他目的"。[1]

这样一种定位（orientation）似乎需要同样的品质（qualities）组合，以及趋势分析和战略干预的结合——这是典型的葛兰西式路径（特别是像斯图亚特·霍尔、恩斯特·拉克劳 [Ernesto Laclau]、尚塔尔·墨菲 [Chantal Mouffe] 等人开创的路径）。如霍尔指出的（参见霍尔接受美国爱荷华大学主办的《传播研究期刊》的采访，1986年夏季刊），他们各自沿着截然不同的路径，在各种不同范围内（它们本身是由多个复杂的因素和力量组成）发动了一场"统治"阶级与"下属"阶级之间的富有冲突性的"立场之战"。但是，使葛兰西式路径与众不同的是，它要求我们参与权力和民众的两轴运动，并认可这两轴通过一系列民粹主义话语（主要集中于那些前后颠倒的 [pre-Posterous] 现代范畴："民族"、"根源"、"民族的过去"、"遗产"、"生活和自由的个人权利"、"工作"、"拥有财产的个人权利"、"期待他或她的孩子拥有更美好未来的个人权利"、"作为个体的"权利——"选择权"）进行"相互铰接"的方式。为了融入"大众"这一被建构的和鲜活的群体，为了深入这一棘手的领域，我们被迫放弃了纯粹的理论分析、抛弃了"否定的辩证法"（阿多诺），转而去支持一种更为"感性的（和策略性的）逻辑"（葛兰西）——这种逻辑与大众文化的生活质感相协调，与大众辩论的盛衰消长相协调。

---

1 Richard Rorty, "Habermas and Lyotard on Postmodernity", in Richard J. Bernstein (ed.), *Habermas and Modernity*, Polity Press, Basil Blackwell, 1985.

在这一关键性焦点的转变中，"合法性危机"一词的意义从认识论问题直接转变为政治问题。我们注意的是这一过程，即特定权力集团将他们的道德领导力强加给群众，并通过建立（而不是实现）共识来使自身的权威合法化。葛兰西模式要求我们掌握这些过程，不是因为我们要揭露它们或抽象地理解它们，而是因为我们想有效地运用它们，通过提供观点与替代方案来质疑那些权威和领导力。这些观点与替代方案，不仅是"意识形态上正确的"（"好极了"），而且是令人信服且有说服力的，这些观点捕获了大众想象力，直接涉及现实（即实际存在的）男女的议题、疑问、焦虑、梦想和希望。换句话说，这些观点严肃地对待大众（以及民众），并以他们的术语、用他们的语言直接参与其中。

与此同时，至少在英国，葛兰西式路径被认为与柔性策略，与反应迅速且负责任的权力结构相一致，被认为致力于一种去中心化的权力与地方性的民主。与它有关的是：挑战旧工党左翼的工人主义（workerism）[1]和男权主义，摆脱仍困扰边缘党派的教条主义，对地方和宗教问题保持敏感，对作为重要权力维度的种族、性别及阶级问题的时刻警惕……与它相关的还有，"沿着多条阵线前进"的承诺，以及与地方政府在先进的飞地（enclaves）所实施的政策。在这种情况下，大伦敦市议会（GLC）对女性主义、同性恋权利、少数族裔、公民权利和替代性医疗保健团体的赞助，通常作为典范而被引用。再加上在肯·利文斯通（Ken Livingstone）领导下所提出的一系列倡议，如设立警察监察委员会，为小型、另类出版社提供支持，资助廉

---

[1] 工人主义是左翼政治话语中出现的一种不同趋向，尤其是无政府主义和马克思主义。从某种意义上讲，它描述了一种政治立场，即工人阶级的政治重要性和中心地位。——译者注

价公共交通、少数民族艺术项目、大众艺术节，扩大公共信息服务，以问题为导向的"提高意识"的宣传活动等。这些政策激怒了撒切尔政府，因此在 1985 年、1986 年的议会会议期间，中央政府废除了工党政府自 1980 年代以来实行的大城市中心的市政府制度（这使得伦敦成为西欧唯一一个没有选举产生议会的首都）。

　　一方面，是致力于地方激进主义，支持制定保障市中心区的大胆的实验性政策；另一方面，是对撒切尔"威权民粹主义"[1] 提出批评，决心参与传统右翼立场的"民族 – 人民"话语。这可能代表着两种主导的和潜在的对立趋向，它部分是源于英国左翼对最近译介的葛兰西著作的争论。[2]然而，第一个趋势显然与后现代（后 1968）的许多（更积极的）主题有共鸣，不过，强调民粹主义似乎又与后现代主旨背道而驰。因为大众仅仅存在于"我们"中，并通过"我们"而存在（"我们"是被贬损的言说模式，是即将过时的指示词。这个"我们"是一个想象的共同体，它在后现代语境中仍是不可言说的），鲍德里亚将群众的神话称为一个"黑洞"，把所有的意义描绘成子虚乌有的中心。[3]当然，在葛兰西那里，"我们"既不是鲍德里亚意义上"致命的"（fatal），也不是现存的、先在的、前后颠倒（pre-Post-erous）意义上的"在那里"。相反，它本身就是一个斗争场所。在葛兰西的意义上，"我们"必须被塑造和再造，需要在双重意义上被"接合"：既是被言说、被谈论，又是被连接、被结合（必须立即被定位，并形成）。

205

1　Stuart Hall and Martin Jacques (ed.), *The Politics of Thatcherism*, Lawrence & Wishart with *Marxism Today*, 1983 and "Authoritarian Populism", S. Hall in *New Left Review* 153, 1985.

2　Antonio Gramsci, *Selections from the Prison Notebooks*, Lawrence & Wishart, 1971.

3　Jean Baudrillard, *In the Shadow of the Silent Majorities*, Semiotext(e), Foreign Agents Series, New York, 1983.

因此，"接合"这个术语是连接两种截然不同的范式和问题的关键观念。它连接了结构主义与文化主义范式（斯图亚特·霍尔确定了这两种范式[1]，并自 1960 年代末以来，就试图对二者进行整合）。因为"接合"承认（意识形态）话语在（历史）主体性的形成中所起的构成性作用，与此同时，它坚持认为，在话语之外存在某个地方（一个因为利益、文化、目标与愿望相冲突而分立的群体与阶级世界；他们根据自己在等级秩序中的位置，而对动态的 [不断变化的] 权力结构产生作用）。反过来，这个世界被连接、被塑造、被影响、被争夺、被介入——并发生改变。换句话说，"接合"这一概念通过连接和表达"双重重点"（这是葛兰西文化研究的特点）据此"接合"了两种范式。"接合"一词在斯图亚特·霍尔那里也具同样的转喻功能，它与"延异"（differance）一样具有同源性和示范性——"延异"在德里达话语中，同时意味着空间上差异（differing）和时间上延迟（deferring）的双重过程，德里达认为这是语言的根本性运作方式。对"接合"概念的依赖，表明葛兰西的"社会化"既不是一个"美丽的"梦想，也不是一个危险的空想；既不是由"交往共同体"成员在"语境依赖"的面对面互动中制定或重造的合约（哈贝马斯），也不是在经验上不存在、与经验无关的"理性观念"（利奥塔）。相反，它是一种不断变化的中介关系：介于群体与阶级之间，介于一个结构化领域和一套生活关系之间，其中各种来源不同的复杂的意识形态，必须被积极地接合、拆解并拼砌，由此新的政治有效联盟才可以在不同分组之间得到保障，这些分组不再需要回到静态的、同质化的阶层。换句话说，我们不能将社交活动拆解为言语行为理论，或把它的矛盾动力学归入不太可能实现的普遍有效性的主张之下。同时，我们不是要将"简单性

1　Stuart Hall, "Two Paradigms of Cultural Studies", in *Culture, Ideology and Social Process*, T. Bennet et al. (eds), Open University, 1981.

主张"与野蛮主义相等同而抹杀它，而是开始分辨一个主张
（claim）和一个要求（demand），并承认存在着对简单性的
要求；这样一个要求必须是经过协商的；它既不是高贵的，也
不是野蛮的；然而，它将一系列竞争性民粹主义的形式，与不
同的意识形态和社会力量综合地"接合"起来。

　　在葛兰西式路径与（异质性的）后现代之间提出一种极
端的对立，这是愚蠢的。二者有着太多共享的历史和知识基
础。毕竟，他们同属马克思主义知识分子的一代，他们共同经
历过 1968 年，并认真对待巴黎和西海岸事件，他们都在 1970
年代转向了葛兰西。此外，虽然他们有着不同的关注点和侧重
点，但他们仍有着明确的跨界联系，如米歇尔·佩舒（Michel
Pêcheux）关于话语间性（interdiscourse）的著作就是代表。保
留旧的马克思主义术语的行为，不应该掩盖许多术语被改变的
程度——不应该曲解阿尔都塞时期就已构建好的"科学的"机
制。许多旧式的"理性主义"二元论（如"左派"和"右派"
等），旧式的"现代化"目的论（如"进步的"、"反动的"、
"新兴的"、"残留的"等），典型的"现代主义的"军事隐
喻（"统治的"和"下属阶级的"等），僵化守旧的"现代主
义"认识论（"意识形态"，而不是"话语"），这些表述现
在看起来有了新意义。从受葛兰西式路径影响的视角来看，没
有任何东西被锚定于宏大叙事、主导叙事、固定（正面的）身
份、不变和确定的含义。所有社会的和语义的关系都具有争议
性，因此也都是可变动的；一切都在变化之中：没有可以预知
的结果。尽管阶级依然存在，但是没有阶级斗争的动力，没有
"阶级归属"，没有固定家园可以回归，没有为正义预留的地
方。没有人"占有"一种"意识形态"，因为意识形态本身就
是一个过程——它处于不断形成和不断改革的状态。同样，领
导权的观念与法兰克福学派的"话语的终结"（马尔库塞）模
式截然不同，也与阶级统治的归属判然有别（在阿尔都塞模式

中，一个矛盾的社会形态，通过强制性国家机器和意识形态国家机器永远受到控制［直到它"最后的瓦解"］）。相反，领导权是不稳定的，"动态均衡"（葛兰西）是通过协调那些不稳定且暂时性的阶级冲突及对抗力量来实现的。

在这个模式中，没有"科学"可以与庞大的意识形态机器相对立，只有预见（prescience），即对可能性和新苗头的警惕——那总是不完美的、有风险的、不可判断的"科学"策略。只有相互竞争的意识形态，它们本身也是不稳定的，在任何时候都有可能崩塌得支离破碎。反过来，这些碎片又可以与来自其他意识形态的元素重新结合，形成新的脆弱统一体。这些统一体又可以联结成一个新的想象共同体，在不同的社会群体之间组成新的联盟（参见霍尔等人关于国家大众话语的论述[1]）。

但是，如果否认两组定位之间存在着关键性差异，这同样也是愚蠢的。无论何种马克思主义，都永远不可能从"现代性"中后退，也不可能超越"现代性"——这个词已在后现代语境中被定义（这并不是说马克思主义必然会受到技术"进步"的动态性和破坏性模式所约束［参见巴罗关于一种生态马克思主义可能性的论述，即"绿色"和"红色"的结合[2]］）。然而，应该说，斯图亚特·霍尔提出的那种马克思主义与马克思主义的讽刺漫画式、目的论式宗教几乎没有关系或根本没有关系。在我看来，后者在后现代派那里成了笑柄。没有承诺的马克思主义是一种发生了翻天覆地变化的马克思主义。这种马克思主义经历了一系列风暴，包括 1968 年的烟

1　Stuart Hall, op. cit., 1983. 尤其是参见 S. Hall, "The Great Moving Right Show"; M. Jacques, "Thatcherism - Breaking out of the impasse"; A. Gamble, "Thatcherism and Conservative Politics"。也可参见 T. Bennet et al. (eds), *Formations of Nation and People*, Routledge & Kegan Paul, 1984, especially Alan O' Shea's piece。关于分析照片如何被用于服务撒切尔的"英国性"与国家认同，参见 Colin Mercer, "Generating Consent", in the Consent and Control issue of *Ten.8*, no. 14, 1984。

2　Rudolf Bahro, From Red to Green, New Left Books, 1982.

雾与火焰，以及 1980 年代货币主义的"新现实主义"想象视野的萎缩。然而，它是一种劫后余生的马克思主义，也许它复苏的步伐稍微轻缓了些（起初是令人震惊的）。这种马克思主义更倾向于聆听、学习、适应和欣赏。例如：像"紧急"和"斗争"这样的词，不仅意味着战斗、冲突、战争和死亡，而且也意味着新生，意味着对美好生活的展望——奋力地走向光明……

附言 1：致命的策略

Impose：强加……于人（以各种用途）；施加影响，如具有欺骗性的意图或效果。

拉丁语 imponere：放置或放入，强行给予，置于……上，作为一种负担、欺骗、诡计，参见 POSE。

IMPOSING：苛求的、令人印象深刻的。

IMPOSITION：按手礼（威克利夫圣经译本）；强加（给冒名顶替者：一个强加他人的人）；强制给人惩罚。

——《牛津英语词源词典》

写作是一种奇妙的强加于人（imposition），一种负担和一个诡计，一种强加于冒名顶替者的惩罚。它是一种按手礼，是一种治愈伤口、弥合创伤、驱邪和赎罪的尝试。而且——请德里达原谅——这是永远不能奏效的；我们从来没有做正确过，我们所写的内容延迟并且迥异于我们的最初意图。这些附言内容（对读者和作者来说）是最后的强加；它们试图对二分的非此即彼（要么是葛兰西式的，要么是后现代的）做出描述，这种非此即彼提供了认知（"灌输、启发 [威克利夫]、提供了一些知识[1]），并破灭了（挫败了那些期待或成就[2]）那些被言说的事实真相。

在让·鲍德里亚提出的不切实际的"科幻的"宇宙论——这是一个建立在废物、犯罪和（源自乔治·巴塔耶著作中的）礼物的末世论基础上的系统，没有什么是值得期待的，因为没有任何地方（没有"我" / 眼睛）可以去看（没有主体），因此也没有外部，没有周边，没有其他地方可以去。在理性的消亡中，现代的新生儿让位于后现代的恋尸癖和死灵法。修辞学中有一个词——"倒装法"，描绘了这段过程及其产生的系统（"倒装法"，这是一种逻辑的或顺序的翻转，它来自古希腊，指的是"僭越的"[柏拉图和亚里士多德用它来指不可接受的事物] 词语转换，这也是诡辩派最常用的策略之一）。在鲍德里亚的倒装法中，只有否定。精神病、废物和死亡都受到积极的重视，"致命的策略"才能流行。一种"消极的"文化趋向不是在"抵抗"或"斗争"（辩证法的术语）中受到抵制，而是在"过度一致"或过度顺从的双重情况下遭遇抵制。作为外科手术疗法的批评者（critic-as-surgeon）（他们强调切除并分析患病或受损组织）被顺势疗法的批评者（critic-as-homeopath）所取代，后者开出天然毒物的药方，使之与疾病迹象相"尾随"和并行，致使患者体内产生一种模拟的原始症状。因此，鲍德里亚对死亡的模拟和过度行为——比消极更为负面——他对将天地万物变为废物的"死亡驱力"（death drive）大唱赞歌。鲍德里亚的过度病态是后现代的一个标志——一个路标（尽管说，对线性时空存在着

---

1 *The Oxford Dictionary of English Etymology.*

2 *The Oxford Dictionary of English Etymology.*

诸多富有争议的谴责，但它们都指向唯一的方向：沿着漫长的
黑暗之路一直走到夜的尽头。

指责鲍德里亚的"颓废"，意味着没有抓住重点（在鲍
德里亚的倒装法中，颓废变成了一个正面术语，就像它对莫里
斯·巴尔 [Maurice Barrès] 一样，就像它对波德莱尔那样。波
德莱尔的"恶之花"生长于一片肥沃的土壤中，即使在现代主
义冒险的开端，它也被诗人视为是由西方理性主义和道德的化
身所浇灌）。"颓废的"就是后现代主义的题中之义，无论颓
废是作为一个历史阶段出现在后现代主义批评中（在詹姆逊那
里，它与"晚期"资本主义 [永恒地？] 的长期衰落所造成的
经验上可辨识的"文化状况"相关联），还是等同于利奥塔意 210
义上的历史发展的终结（通过一个既往症的过程，我们间歇性
打盹，醒来却发现自己完全在同一个地方），或是像鲍德里亚
认为的那样，颓废本身是对一切事物终结的渴望。后现代主义
的话语是致命的和宿命论的：在每一个转折点上，"死亡"这
个词开始全面吞没我们："主体之死"、"作者之死"、"艺
术之死"、"理性之死"、"历史终结"。如果符号是物质的
（而且它们的确是物质的）；如果它们确实在"定位"并"推
动"我们，而不管我们自觉的意图和抵抗；如果我们被意义的
链条拖曳、煽动和驱使，那么，除了走向绝望的边缘、墓地的
门口，我们还能被引向何处？那么，谁在头脑清醒的情况下，
又想要去那里呢？

但是，我们当然不是必须去那里。如果出于某种原因，我
们确实被拽向那个方向，那么我们总是可以通过关口（gates）：
还有另一面，是在后现代多重死亡之外的另一个来世（after-
life）。在这个另一空间中，随着新的不同声音（voices）表达
出积极的临界能量，一种可能性正在产生。那些临界能量无法
适用于某些（主要是？唯独是？）男性知识分子所青睐的"致

命的"系统，并且，这些能量沿着大学、学院和美术馆（不
再作为重要的目的地，或者完全被绕开）的一些网络和线路
得以传送。这一点是很清楚的：在过去二十多年的时间里，
消费、大众的文化形式、仪式以及思维方式等，都发生了重
大转变；通信工业的集团化程度也有重大变化；渗透于美国
与西欧日常生活中的资本投资和技术发展的一般模式，同样
也发生了重大转变。后现代主义的多样性共同为这些转变提
供了一些最具启发性的描述与分析，至少是因为它们影响了
富庶西方的大都市文化。这些分析的元素可以在后现代的令
人晕眩的"基础"中被剥离出来，并加以转化，从而为制定
一套更有效、更有活力的战略奠定基础。

　　本篇"附言"试图探讨隐匿在后现代主义致命话语中的
一些可能性：

　　　詹姆逊提出一个最有力的论断，现代主义先锋派的"前
卫性"已经被抹去，因为现代主义文学与艺术正在变得"正
常化"（它们以"套装书"形式在大学课堂里被讲授、被视
为"现代传统"的例子向学生展示、被陈列在艺术馆、被改
编成电视节目等。并且，随着视听语言形式与类型 [纯粹的广
播形象与声音] 的饱和，消费者面临着一个完全"拼贴的"环
境）。詹姆逊指出，如今现代性和现代主义都是鲜活的，并且，
211　去中心的、流动的、零碎的主体都已成为广告投放的理想目标。
广告被构想为一个系统，不再需要从"真正的"关怀与需求
中提供"神奇的"庇护（正如威廉斯、帕卡德或伯格所说的
那样[1]），但却为"欲望机器"[2]（它们取代了早期那些处于性

1　Raymond Williams, "Advertising: The Magic System", in *Problems in Materialism and Culture*, Verso and NLB, 1980; Vance Packard, *The Hidden Persuaders*, Pelican, 1962; John Berger, *Ways of Seeing*, BBC, 1974.

2　欲望机器是法国哲学家德勒兹和加塔利在合著的《反俄狄浦斯》一书中提出的概念，它旨在反对弗洛伊德的"无意识"概念，认为欲望不是基于匮乏的一种想象力量，而是一种真正的生产性力量。他们把欲望的机械性质称为"欲望机器"。——译者注

压抑状态和受监管状态的工人）提供了一系列无休止的"空位"。然而，即使我们认真对待这种"被视为互文系统的广告"中的"新消费者"论断（其中存在很严重的问题），这也并不意味着先锋派的抢占或散播、"合并的"主流与"危险的"边缘的融合是坏事。

随着符号学越来越多被应用于广告业和市场营销业，相关信息和知识开始在常规性电路中进行传播——体现于家用视频机的快进、倒带和慢放功能中，在随身听的暂停按钮中。一旦"混成"（pastiche）与"拼贴"（collage）从最初路径的绝望气氛中被解救出来，它们就摆脱了固有的内涵，成为普通消费者的消费手段（不仅让消费者应用新技术、掌握新媒体技能，而且让他们学习一些新的组合原理、开辟新的意义和影响）。混成与拼贴可以作为一种有价值的形式，使消费者成为真正的或潜在的生产者、加工者和意义主体，而不是成为先在"信息"的被动接受者。在这里，"消费"具有消极的、浪费的、消解的、消失的内涵，它需要用一些其他术语来替代，这些术语必须能根据商品化物品及形式（当它们从一个中转点到下一个，从设计、生产、包装、中介以及分销 / 零售到最终使用，在这一系列环节中，它们被不同的个体、阶级、性别、族群的人进行分配、改造、调适和区别对待，并因此得到了不同程度和类型的投资 [1]）所处的不同文化—地理语境，传达出多重性与持续性的意义。

对"消费"和"大众"等术语的一种批判性关注，迫使相关分析将关注点转向了详情（particulars）和细节（details）。无论在哪里，当代流行文化的丰富肌理与多元结构都要求我们对一些可能性与矛盾性问题保持警惕。例如：形式符码的本土化和新一代廉价的"用户友好型"通信技术的普及（在英国，

---

[1]　详见本书第 4 章，它试图去重建意义随着时间推移发生的变异性，以及同样的形象商品在不同文化 / 国家背景下所发生的变异性。

212

录像机的人均占有量是全世界最高的），无疑有助于促进多样化的"消费"（亚）文化群体实现更大范围与更快速度的转换。随着一种新的文化和审美形式的出现，源自多个方面的韵律、图像与声音被拼贴到一起。它们彼此之间原本没有明显的"自然的"、历史的或地理的关系（如"刮擦"视频与音乐、饶舌 [最初基于谈话雷鬼乐、灵魂乐以及 1980 年代白色电子放克]¹、嘻哈、"鸭子摇滚" [祖鲁音乐、布隆迪音乐、西非嗨生活、阿巴拉契亚音乐和嘻哈]、歌剧 / 口技 [马尔科姆·麦克拉伦的专辑《粉丝》]、新的快速的英国风格的雷鬼乐等）。似乎不再适于将这些形式（它们具有多重的效果 / 影响）限制在离散的、小众化的亚文化贫民群体。因为它们有助于组织一个更广泛、更不受限制的领域，在其中，文化之间、主体之间、身份之间都相互产生影响。在拉里·格罗斯伯格（Larry Grossberg）² 提出的提示性术语中，这些音乐（事实上是所有的流行音乐），通过巩固不同领域不同元素之间的"情感联盟"（围绕着在社会 – 性本能、愿望、倾向、性情、动力的矛盾与冲突中），来表达新的"欲望结构"。人们仍在不断尝试（从音乐产业内部）通过确定或多或少赋能的（enabling）、或多或少禁止性（proscriptive）的社会 – 性别"身份"，来固定这种复杂的和不稳定的混合力量。接下来，人们试图使用这些复杂化的类别，将它们与葛兰西主义方法中的一些元素相结合，以便暂时性地提出一种我所希望的积极精神，在流行文化中揭示出一些"紧急情况"（emergencies）——它们不仅超越了"亚文化抵抗"，而且也超越了后现代的致命术语。

1　也可参见 *Cut 'n' Mix: Culture, Identity and Caribbean Music*, Comedia and Methuen, 1987。

2　Larry Grossberg, "The Politics of Youth Culture: some Observations on Rock and Roll in American Culture" in *Social Text III*, No.2, 1983.

从《英国的无政府状态》到《拯救世界》

朋克经常被认作一个分水岭，它是英国流行音乐与大众文化之关系（按时间顺序描述）的终点或起点。人们常说，朋克的影响和效果远超出了特定的亚文化范围。朋克于 1970 年代中期出现在英国，它对一系列音乐、服装及性规范的共识性定义做出了强烈否定，并且通常与一些有创造力的和 / 或制造麻烦的城市少数"异常者"或"革新者"联系在一起。（这种方法在我的著作中被重复使用。[1]）但是，朋克不能在这种狭义的框架内被限制或理解。惊人的否定总是会掩盖一些对抗性的动力。朋克音乐与时尚的歌词和外表，使"青年失业"和"城市危机"的主题成为话题。由于之后十年时间的经济衰退，到了 1981 年，青年骚乱在资金短缺的市中心爆发并不断恶化，有政府官方背景的人力服务委员会试图通过一系列青年培训计划，来控制和管理不断增长的失业失学者。另一方面，朋克在视觉上和音乐上的夸张手法，有助于推动英国时尚与设计工业的发展，促使独立唱片制作出现（短时性）繁荣，它也标志着流行音乐长期（重新）可视化的开端。这种可视化从海报和唱片套的设计，扩展到视频促销的巨额投资，为 1980 年代初出现的"第二次英国入侵"（second British invasion）[2] 铺平了道路。

但是朋克确实开始了长期的撤退：从"公鸡摇滚"（cock rock）[3] 的男性中心符码中撤退，（重新）发现其他（被边缘化的）

---

1 Dick Hebdige, *Subculture: The Meaning of Style*, Methuen, 1979.

2 第二次英国入侵是指从 1982 年中期到 1986 年底在美国流行的英国音乐表演。"英国入侵"（British Invasion）这一术语，最初来源于 1960 年代英国对美国的第一次入侵，其原因是有线音乐频道 MTV 的出现。虽然各种风格的表演是"入侵"的一部分，但主要是综合的波普艺术和新潮影响的表演占主导地位。在 1980 年代后期，华丽的金属和舞蹈音乐又取代了第二次入侵行为。——译者注

3 Angela McRobbie and Simon Frith, "Rock and Sexuality" in *Screen Education* 29, Winter, 1978/9. 在这篇文章中，麦克罗比和弗思区分了摇滚乐中的异性恋欲望的两个对立但互补的表述：（1）"公鸡摇滚"，积极地煽动施虐狂以及不分青红皂白地对女性进行侵入和惩罚。（2）"新潮波普"，目的是利用年轻少女的（转下页）

音乐（如比博普、酷爵士、摇摆、节奏布鲁斯、萨尔萨、雷鬼乐和放克），并创造了新的音乐形式（如电子合成器、MC雷鬼乐、饶舌、爵士放克等）。这些新的或变形了的音乐语言，已被表演者用来挑战更广义文化中的男性与女性的既定结构，并表达更少阴茎崇拜的和 / 或异性恋结构的欲望（如"缝隙乐队" [The Slits]、"在巴黎乐队" [the Au Pairs]、卡门 [Carmen]、莎黛 [Sade]、艾丽森·莫耶特 [Alyson Moyet]、"文化俱乐部"乐队 [Culture Club]、"布朗斯基打击乐"乐队 [Bronski Beat]、"公社社员组合" [The Communards]、"弗兰基去好莱坞"乐队、"史密斯"摇滚乐团 [The Smiths]）。

朋克还暂停了关于种族、民族、国家等问题。这不仅涉及歌曲《白色暴动》（撞击乐队）和《英国的无政府状态》（性手枪乐队）对"联合王国"（United Kingdom）观念的拒绝，而且也涉及对硬核（hardcore）摇滚和后期奥伊（Oi）朋克乐的"白色噪音"的否定。也有一些人试图削弱英国和朋克运动内部的种族 / 民族分歧，他们既有明确的干预措施，如"摇滚反对种族主义"（Rock against Racism）[1] 和"双声调"（Two Tone），也有进行混合音的创作，将黑白两种音乐的

（接上页）无性的、浪漫的幻想。也可参见 Jenny Taylor and Dave Laing, "Disco-Pleasure-Discourse: On Rock and Sexuality" in Screen Education 31, Summer, 1979。这两位后来的作者指出，麦克罗比和弗思实际上是最早将性、流行音乐和性别认同之间的关系作为话题的文化理论家（在 1978/1979 年），但是泰勒和莱恩提出了一种更为植根于话语理论的方法。他们认为"公鸡摇滚"和"新潮波普"不是

> 两种范式的音乐，但却是两种不同的关于（福柯意义上的）性态的论述。一个（即麦克罗比和弗思所谓的"公鸡摇滚"）大胆对抗性地"直言"——自作主张、自我关涉、重新定义或重新确认"正常"的性别边界。另一个（即他们所谓的"新潮波普"）是秘密的、私人的、"自白的"，它在歌者和听者之间建立一种关系，隐含着一种要揭示的性的"隐藏真相"。但这只是构成音乐产品的话语游戏的一个层次，这种区别在一个艺术家或流派的作品中都很明显，它就像不同演员之间的区别一样明显……

1　"摇滚反对种族主义"于 1976 年在英国出现，是为了反对日益增加的种族冲突和白人种族主义团体，如民族阵线。这场运动包括波普、摇滚、朋克和雷鬼乐人举办的以反种族主义为主题的音乐会。——译者注

形式整合或拼接到一起。"摇滚反对种族主义"和"双声调"尽管方式有很大不同，但它们都是旨在对大众发挥作用的致命的策略。"摇滚反对种族主义"（由音乐记者、设计师、表演者、记录业务人员建立）和反纳粹联盟（一个以政界和演艺界人士组成的广泛不结盟团体）在动员一个大众阵线来对抗1970年代后期的种族主义政党（英国运动、民族阵线党）的复苏方面取得了非凡的成功。"摇滚反对种族主义"使用流行习语和"民族阵线等于没有快乐"（NF=No Fun）的口号，通过音乐会、游行和朋克风格的杂志《临时围墙》（*Temporary Hoarding*），试图阐明朋克内部新出现的"情感结构"，据此抛离某些虚无主义和 / 或种族主义的元素，进而走向左翼自由主义的多元文化主义，这同时也是当时英国主流音乐报《新音乐快报》所提倡的。

尽管"摇滚反对种族主义"得到了社会工人党（Socialist Workers Party）的广泛认同，但它仍对旧的政治形态、旧的政治优先权和策略（游行，改变思想以改变世界，在《临时围墙》中揭露和解释种族主义的根源，识别敌人，"提高意识"）保持着一种基本认同。"双声调"完全不属于正式党派的政治范畴，它是由杰瑞·达摩斯（Jerry Dammers）和"特别乐队"（The Specials）创立、协调并部分领导的，它是一个松散的音乐团体联盟（特别乐队、动感节拍乐队 [The Beat]、挑选者乐队 [The Selecter]、"疯狂乐队" [Madness]）。它的构成团体有着不同的种族背景，通过开发1960年代牙买加斯卡（ska）的当代版本[1]，并融合白人（朋克）和黑人（雷鬼）的音乐传统。这种完全变形的斯卡——跟朋克相比，要更亲切、更易接近，也更

²¹⁴（页边标注）214

1　要更为全面地了解"双声调"，参见 D. Hebdige, "Ska Tissue: The Rise and Fall of Two Tone" in Stephen Davis and Peter Simon (eds), *Reggae international* (Rogner & Bernhard, U.S.A., 1982) reprinted in D. Hebdige, *Cut 'n' Mix: Culture, identity and Caribbean Music*, Comedia and Methuen, 1987.

适合跳舞；跟雷鬼相比，不那么具有排他性和分裂性，也不容易故步自封——它提供了一种精心设计的中介物去"感动"观众，通过舞蹈，可以进入一种全新的英国领地，一个新的多元文化空间，一个符号与身体的有机结合……"双声调"避开了"摇滚反对种族主义"和《临时围墙》的说教性或论辩性语调，以及朋克那刻意的"反体制"的攻击性，同时又保留了 1970 年代末 1980 年代初对"作品"的空前控制（从最后的唱片混音到"双声调"标志的设计）。"双声调"团体呈现了一套完整的声音和图像，如此完整地整合了多元种族的"信息"，这些信息（没有明显的渲染）可以通过一个深度共情的听众而被呈现。在这里，通过一系列形式上审美的、思想的与经验上的对应关系，建立一个有机的"情感联盟"为基础，使愤懑的黑人和白人青年之间能够实现有机的团结——它的团结的真实可靠性，是通过"双声调"音乐家在市中心"鬼城"的"扎根"来做出保证的。

　　这种通过一种特定符号和韵律的组合而建立情感联盟的行为，一直是黑人音乐创作中的一个重要战略。[1]正如保罗·吉尔罗伊（Paul Gilroy）极力主张的那样，一个黑人城市破产者的"离散"身份，可以被动员起来用于废除地理距离、特殊主义、地方主义和（一种共同历史与共同利益的）系统的神秘主义。[2]离散者被重新聚合，并作为福音音乐、灵魂乐、饶舌乐和雷鬼乐的"会众"（congregation），他们通过声音（voices）将 idren（"正义的"拉斯特法里派信徒的兄弟姐妹）连接起来，共同见证当地社区所陷入的斗争。与此同时，这些声音采用常见的形式和熟悉的变形，意味着这种见证可以被分享、概括，并适用于其他背景下的其他斗争。近些年来，国际交流系统已被明确地用来表达黑人离散者的泛全球的亲缘关系。

215

1　Paul Gilroy, *There ain't no Black in the Union Jack*, Hutchinson, 1987.

2　Paul Gilroy, *There ain't no Black in the Union Jack*, Hutchinson, 1987.

包勃·马利（Bob Marley）高调宣布的拉斯特法里世界观就是一个例子。从早期亚文化主义的角度来看，马利的脏辫——大麻形象由环岛唱片（Island Records）来进行营销，它采用了高品质、包装好的专辑音效，并包含了摇滚吉他的即兴演奏，这被视为一种对原始（愤怒）本质的负面"稀释"，是一种偏离"抵抗"和"抗拒"主题的能量转向。强调致命的策略，需要更积极的方向（orientations）。马利致力于泛全球化的"非洲"利益，这跨越了第一世界和第三世界。在津巴布韦独立庆典上，如果没有对马利的"商业化"和"包装"，他那具有历史意义的形象是不可能成功的。马利率先成为一个国际形象，这为他"回到非洲"铺平了道路。同样，作为一个致命的策略，拉斯特法里派语的"我和我"（I and I），替代了加勒比语言的被动语态 mi，它预示的不是分裂，而是双重人格——超越自我到他者（即神性），抵达 idren 的共同体。正如保罗·吉尔罗伊指出的[1]，这是一个中心化策略，它提醒说话者，社会性和意义都建立在主体间性的基础之上。同时，在牙买加和英国，自 1960 年代起，雷鬼音乐深入黑人社区的渠道进行传播，为抵抗"巴比伦压力"提供了强有力的基调。音响系统——雷鬼迪斯科有他们自己的音乐主持、"特刊"唱片和"配音盘"（dub plates，系统拥有的特别记录下的节奏），他们自己的本地追道者——是带电线、扬声器、声音和感情的网络。他们同时服务特定的"社区"，并为他们鼓劲，不论他们在哪里被激活（被聚合、跟上潮流和被人操控）。

最近，纽约饶舌歌手亚菲里卡·班巴塔（Afrika Bamaata）在嘻哈文化爱好者中创立了一个国际性的"祖鲁国度"（Zulu Nation）[2]，这是一种将流行乐、霹雳舞、搓碟乐、涂鸦、

Paul Gilroy, *There ain't no Black in the Union Jack*, Hutchinson, 1987.

亚菲里卡·班巴塔试着打破黑 / 白人音乐的界限，他创立的"祖鲁国度"是一个黑人中心主义的团体，试图在处于弱势的情况下同美国主流文化竞争。——译者注

舞蹈剧、足球口哨、祖鲁拉廷斯和放克等杂糅而成的"狂野
风格"[1]——这种风格最早于 1970 年代在南布朗克斯的迪斯科
舞厅形成，后发展成为一种统一的亚文化风格。这一情感联
盟的创立，乍听起来像一个典型后现代主义者（精神分裂症
患者）的破碎、口吃和结巴的声音所作的拼贴，它将那些在
历史上和地理上因"现代"西方帝国涌入城市中心而被分散、
被剥夺且相互分裂的黑人与白人青年连接了起来。据班巴塔
和詹姆斯·布朗[2]的说法，祖鲁族有着重视口语传承和身体灵
活的传统，他们公开承诺将斗争升华为舞蹈，将冲突升华为
竞赛，将绝望升华为一种风格和自尊感。舞蹈队在舞台上光
芒无限，其背后却要为动作上的技术难度付出大量艰辛的努

216

---

1 "祖鲁国度"是由亚菲里卡·班巴塔在布朗克斯创立的，他是纽约最大的黑帮"黑桃"
（The Black Spades）的前成员，他们旨在促进"和平与生存"。班巴塔的名字取自
19 世纪祖鲁酋长的名字，这个主意也是来自 1960 年代早期的英国电影《祖鲁》：

> （在罗克渡口的）英国人认为他们会取得胜利，但看到的却是漫山遍野的数
> 以千计的祖鲁人，英国人认为他们可能会死。但祖鲁人高呼——把他们称赞为勇
> 士，并且让他们活着。所以从那时起，我决定，我希望也有一个祖鲁国度。

引自 David Toop, *African Jive to New York Hip Hop*, Pluto, 1984。这是一本关于饶舌和
嘻哈乐的信息介绍。放克符号——两根手指（最短和最长的手指），随着舞台、点
歌台或舞池的节奏及时摇摆。与"祖鲁圣歌"一起，它标志着对舞蹈动作或节奏的
认可。（据我交谈过的一位伦敦黑人男孩所说，祖鲁圣歌源自 1970 年代末的托特
纳姆足球赛。当一个黑人运动员抢到球时，人群中的白人种族主义者就开始制造"狮
子噪声"。根据这一说法，黑人放克群体利用嘲讽，并去除了它的嘲弄或"最初"
的内涵，把它变成了一种表扬的标志。）

2 詹姆斯·布朗被公认为饶舌和放克的创始人，他也曾承诺支持班巴塔的项目。在布
朗的家长作风式的饶舌中，"努力工作"和"良好意识"主题作为犯罪和自我毁灭
性毒品的一种替代品，经常被用于帮助贫民窟的黑人青年振作。班巴塔反过来承认
布朗的开创性影响，强调像国家这样的组织机构的教育作用，它对黑人街头帮派有
着松散的模范型作用（但没有后者对暴力的重视）。

> 对我来说，帮派是有教育意义的——它让我了解了街道和"黑桃"，他们有
> 一个我在其他地方找不到的组织……首先让我激动的是，詹姆斯·布朗站出来告
> 诉我们："大声说，我是黑人，我很骄傲。"也正是这个时候，我们从黑鬼变为
> 黑人。黑鬼对我们来说，是需要成长为一个自我认知的人。没有一块土地叫作"黑
> 鬼家园"。

"祖鲁国度"通过对舞蹈的节奏、风格和配合的追求，来"改造"潜在的违法犯罪
者，引导攻击和暴怒行为进入自我建设，培养社区意识，培养一种"积极的人生态
度"。参见 Toop, *African Jive to New York Hip Hop*, Pluto, 1984。也可参见 D. Hebdige
Cut 'n' Mix: Culture, Identity and Caribbean Culture, Comedia and Methuen, 1987。

力。要达到高难度的健美身姿并实现较好的身体控制，舞者必须具备较高的专注度和努力程度。正如保罗·弗瑞尔（Paolo Friere）所指出的，舞蹈作为一种自我赋能（self-empowerment）的策略，不仅为舞者提供了自豪与自尊的合法性来源，而且在这种情况下，还将（舞者）个体与他 / 她自己的生命力量联系起来。

在国际金融资本的阴谋之下，面对跨国企业集团和同业联盟对全球市场的统治，那些扎根于电波的相互吸引又充满矛盾的网络（在现有最先进的通信技术中，技术的发展多半是为了服务于工业军事综合体，并延续其力量）正从"另一面"（the other side）着手，努力废除种族和民族的边界，以实现一种不同的国际主义，也许，"乐队援助"（Band Aid）[1] 现象是最壮观、最公众化的（对某些评论家来说也是最可疑的）例子，它试图建立一个重要网络，去调动物质的和"非物质的"资源（这些方式和愿望，是为了即刻"供养世界"并超越狭隘的自我的和民族的] 利益）。我在本文试图提出的许多问题都与"乐队援助辩论"有关，并且，一些对鲍勃·格尔多夫（Bob Geldof）倡议所做的更轻蔑和敌对的批判性回应，我认为可以被用来强调那些"致命的错误"。（这些"致命的错误"往往源自制度化批评的形式——我们已经 [也许是背信弃义地] 习惯于这种批评形式。）

如果我们通过鲍德里亚的倒装法来处理援助现象（aid phenomenon）（毫无疑问，援助 [aid] 和艾滋 [AIDS] 将被置换），那么这一现象可能会成为一个"体系"，进而通过一系列毫无意义的奇观事件（"乐队援助"、"生命援助"、"体育援助"、

---

[1] "乐队援助"是一个以英国和爱尔兰音乐家和唱片艺术家为主的慈善团体，它由鲍勃·格尔多夫和米奇·尤尔于 1984 年创立，旨在通过发行歌曲《他们知道今天是圣诞节吗？》为那一年埃塞俄比亚的反饥荒运动筹集资金。1984 年 11 月 25 日，这首歌在伦敦诺丁山的沙姆西部工作室录制，并于 12 月 3 日在英国发行。——译者注

"农业援助"、"时尚援助")所产生的反馈,将"整个世界封印在自己身上。在这个体系中,信息(娱乐、新闻、新闻发布传记、"明星"和濒死儿童的形象)和其他符号(支票、现金和信用卡、硬通货——金钱)——它们在各自的循环螺旋中相互强化并相互生成。这个体系产生了它自己的"事件"——一部关于埃塞俄比亚饥荒的电视纪录片,这推动了摇滚明星(鲍勃·格尔多夫)去召集其他摇滚明星,一起制作唱片、募集资金,一起去"拯救圣诞节时的世界"。在 1985 年 7 月的"生命援助"[1] 音乐会("史上最大的音乐会")上,另一位摇滚明星菲尔·柯林斯(Phil Collins)专门乘坐协和式飞机从英国飞往美国,这样他就可以在同一天表演两次(一次是在英国的温布利球场,一次是在美国费城的肯尼迪体育场),为 150 个国家(包括苏联和中国)的近十亿观众演出。在飞行途中,现场主持人一直通过卫星与柯林斯保持联系,由此,柯林斯就可以透过飞机窗口(云层)描述"现场"(live)的空中实况。在"供养世界"的运动中,第三世界被第一和第二世界所吞噬,这一过程既颠倒又"鬼魅"(即呈现出消极的和非物质性的)。通过交流,三个世界紧密联系在(对第一和第二世界的)权力关系与从属关系中:廉价食品和原料由南方向北方流动,换来的是图像(images)和摇滚明星(如格尔多夫)由北方流向南方。

这种读解很大程度上相当于流行音乐家和文化批评家(事先)对流行音乐所做的分析,他们聚集在蒙特利尔(Montreal)——在"生命援助"音乐会之前——举行了关于流行音乐的国际会议。我挑出蒙特利尔的回应,不是因为它们特别恶毒或冲动(事实上,跟以前所发表的大部分言论相比,

217

---

1 "生命援助"是 1985 年 7 月 13 日在英国伦敦和美国费城同时举行的大型跨地区演唱会,旨在为埃塞俄比亚大饥荒筹集资金。由于连年内战和干旱,1984—1985 年,埃塞俄比亚发生大饥荒,造成近 40 万人死亡。——译者注

它们已经经过更审慎的考虑和更严密的论证），而是因为它们清晰、简明，典型性地提出了反对意见。更重要的是，这些反对意见是在"生命援助"音乐会之前就被预先提出来的。在会议的公开记录中 [1]，"乐队援助车"（Band Aid Wagon）受到指责，因为它创作了带有"感伤"或"幼稚"情调的自我陶醉的抒情音乐；因为它忽视了黑人音乐天赋；因为它削弱并淡化了美国黑人加勒比海地区的音乐形式及传统；因为它忽视了第三世界饥荒的深层结构与历史原因（如将饥荒归咎于气候），未能指出深层的"政治化"问题（"援助是一个安全政治问题"……"为什么 [发生饥荒的] 不是南非或尼加拉瓜"？）；因为它利用了世界半数者被剥削的困境，去给另一半超级特权者做"免费宣传"，目的只是"复兴老摇滚明星的颓废生涯"；因为它助推了"捐赠主义"和19世纪"慈善"的无礼又无效的模式，从而再现了西方政府所沉迷的不充分的和两面派做法的外援政策。

这样的分析，其实质内容在接下来几个月里，在英国激进左派和非传统媒体中得到了多次回应，其影响范围是很有效的。然而，它并没有与这一现象所蕴含的积极潜力相结合。它未能抓住良好理智和良好意愿这一核心，而这正是格尔多夫和其他"乐队援助"成员在竞争过程中的明确定位。无论后现代主义者认为"乐队援助"是一个超现实事件，还是对捐赠主义持怀疑态度，都不能削弱这一项目在概念、规划和执行中的影响，它所表现出来的想象力、纯粹的胆识、组织动员与介入现实的意愿。如果我们沉溺于"悠久的历史观"的话，那么，"乐队援助"这个旨在重新分配全球资源的项目，看起来似乎还处于一种微不足道的规模，它把西方国家之外的人的悲痛和苦难带到我们身边，让普通人去为此做些什么——无论做什么事

218

1　*Rock for Ethiopia*, S. Rijven et al., International Association of Popular Music, University of Montreal, 1985.

情——来减轻这种悲痛和苦难。如果我们认真抓住"乐队援助"中的重要实质，那么直接呼请"普通人"是至关重要的。

在这一背景下，值得注意的是，英国媒体所说的"格尔多夫现象"的影响可能超出一般人的想象，即在1985年末和1986年初，撒切尔夫人的声望出现了暂时性下跌。1986年新年荣誉榜单（New Year Honours list）中没有出现格尔多夫的名字；财政部拒绝免征"乐队援助"唱片销售的增值税；尽管"体育援助"空前高涨，外交大臣杰弗里·豪（Geoffrey Howe）先生仍然（在电视采访中公开）拒绝了格尔多夫"重新考虑"对外援助预算的"天真的"请求；在青年成就奖颁奖典礼的电视直播中，格尔多夫没有在此问题上向首相让步，仍表现出坚韧不拔的精神（"但是，撒切尔夫人，你打算怎么处理黄油山？"[1]）。所有这些被高度公开的事件，都在明确反对公众支持并参与"乐队援助"、"生命援助"、"体育援助"等活动，这又在一定程度上对首相的威望和她曾虔诚承诺过的相关政策产生了负面影响。

关于撒切尔主义，正如斯图亚特·霍尔和其他人指出的[2]，它一直主张为"真正的"英格兰"发声"，声称要"直奔问题的核心"，且拥有培育和维护"常识"基础的唯一权利。在此过程中，出现了一系列对立：我们与他们；人民与权力集团；"自我成就的人"与国家雇用的文书工作者；我们（自由但坚定的英国人民）与外部敌人（阿根廷、利比亚、苏联）；我们（正派的、守法的英国人民）与撒切尔曾称谓的"内部敌人"（罢工的矿工/印刷工人、学校教师、爱尔兰共和军、暴乱者、嬉皮士车队、移民、"无法同化的"[黑人和亚裔]文化、

1　"黄油山"是指欧洲经济共同体自1970年代开始由于政府干预而生产的黄油供应过剩。这种过剩规模随着时间推移而发生显著变化，直到2017年才大体消失。——译者注

2　Stuart Hall and Martin Jacques, *The Politics of Thatcherism*, Lawrence & Wishart with *Marxism Today*, 1983.

颠覆分子和内奸、"空想社会改良家"、核裁军运动、格林汉康蒙妇女 [Greenham Common Women]；大伦敦议会）。通过这些二元结构，撒切尔主义开始界定"民族"和"英国风格"（Englishness）的界限与价值，旨在跨越传统的阶级—政党忠诚。 219

有人认为，撒切尔主义作为能够代表一个国家的民粹主义话语，其成功源自它有能力去干预"普通（家庭）人"，并利用草根阶层对现状所积郁的不满。这些"不满"包括：1945 年后公司制国家（corporate State）的折中方案和不便利的基础设施、四面楚歌的福利服务、"从不露面的"官僚机构、国民医疗服务制度（National Health）的救助与运转的漫长、低效以及人浮于事的民族工业。撒切尔主义曾在 1979 年承诺并在 1983 年再次承诺要"撒退国家界线"，要裁剪不必要的官方机构和繁文缛节，要打开不景气的英国工业走廊，迎来自由竞争的市场春风。这些简单的解决方案是用"人民"的平实语言来表达的。撒切尔夫人打了一个比方：一个"家庭妇女"每周要预算家用日用开支，就好像首相和内阁要尽量兼顾收支平衡、抑制通货膨胀等。她"解释"道，如果"我们"国家没有钱花，那么很简单的，我们就不能花钱。这一简单的"解释"貌似合理，并使得整个撒切尔政权对民众具有吸引力，但到了 1985 年，由于失业率的上升，（来自迪斯雷利 [Disraeli] 的）"两个国家"（繁荣的南方和被摧毁的北方）的幽灵开始重现，加上由于矿工罢工所加剧的社会服务、教育及重工业危机（这是英国历史上持续时间最长、分歧最为尖锐的劳资纠纷），人们普遍感到惊慌并充满社会危机感，撒切尔政权也因此变得风雨飘摇。

然而，格尔多夫的到来给撒切尔民粹主义提出了一种新的、不同类型的威胁：它借鉴了合作与相互支持的传统，表达出另一种版本的"常识"，这个"常识"植根于良好的团契和睦邻友好的人类价值，有能力感受跨民族、跨种族和跨文化差异的亲密关系，并构想了一个超越已知界限的共同体。这些传统既是古典的，又是新发明的（被创造的），它们深深地扎根于日常实践，如同撒切尔主义"常识"中的那些传统一样，牢牢地铭刻在人们的记忆中。格尔多夫是一名真正的"道德企业家"，他具有撒切尔主义的勇气和进取心。他尝试将"乐队援助"融入一些普遍的和持久的"保守"意识形态，如志愿主义（voluntarism）、家长主义和殖民慈善事业之中，却未能认识到撒切尔主义与旧保守主义（19世纪家长式风格的守旧上流残余，以哈罗德·麦克米伦 [Harold Macmillan] 为首的旧卫队、希思 [Heath] 和"鲍集团" [Bow Group] 的管理主义 / 企业无阶级心态为代表）[1] 的分歧程度。这些古老的保守主义融合了更广泛和更天主教化的共同体和民族的定义；连接着一个更长久、更广泛的"民族遗产"和（自然的和社会的）传承观念。随着撒切尔政权的崛起，这些定义和连接被突然抛弃，取而代之的是一种"新现实主义"（new realism）：它被货币主义者粗暴地点燃，作为威权手段用来解决撒切尔主义所谓的"国家危机"。新撒切尔主义组织的本质，就是霍布斯的利己主义、原子化的社会观。"乐队援助"则威胁了新撒切尔主义组织的合法性与吸引力，挑战了其根本，如平民主义的演说方式，编造出一个大写"我们"（We），旨在使国家成为一个整体（以此反对原子化的个体），团结那些天然的北约盟友以对抗世界其他国家（包括内外的敌人）。鉴于撒切尔主义把原子化家庭视为所有社会、道德、法律秩序（"家庭价值观"，"小家族企业"，私人"家庭"的"财产所有权的民主制"）的基石，"乐队援助"却援引了一个更大、更原始的关系结构：公共的"四海一家"（Family of Man）。当撒切尔面向全国发表演说时，格尔多夫却在电视上向全世

220

1　参见 Stuart Hall's chapter in J. Young (ed.), *Permissiveness and Control*, Routledge & Kegan Paul, 1980。

界宣布要"破除繁文缛节"。他向欧洲经济共同体议会发表演讲，游说政治家、外交官、联合国教科文组织、"公众人物"、实业家，他用镜头对准"街头普通男女"，对着摄像机用威吓的口吻说："嘿，你们这些人，把手放进口袋里去。这里的生命岌岌可危"……当格尔多夫在青年成就奖颁奖仪式上与撒切尔夫人简短会面，我们突然见证了两种对立的民粹主义者的较量、两个版本的"常识"，即两个极端简单的冲突：拯救国家（我们反对他们）还是拯救世界（我们和他们）？

　　"乐队援助"恢复了"老式"标准，即一个"被取代"的优先顺序（英国国教在 1984 年发表关于政府对市中心问题不作为的批评报告，重新提到优先事项和标准的恢复，根据民间左翼的说法，它们应该永远与保守党结为一体）。"乐队援助"也许未能"养活全世界"，但它成功地恢复了合作、互助传统，以及对人类能动性和集体行动的信念。例如，这种信念激励了早期的工团主义者（trade unionists）和工会运动——将他们从"新现实主义"的废墟下挖了出来，并以 1980 年代的形式对他们做重新的表达（这并不是说"乐队援助"是正统意义上的"社会主义者"）……

　　只要"公众"和"公众利益"不再受党政关系的约束（未被玷污），不再是撒切尔主义和里根主义视域中关于人类动机和人类价值的欲望与偏执的版本，而是以另一种更多可能、更为开放的形式出现，那么我们就可以说，"乐队援助"的最终受益者只可能是我们（不是他们 / 也不是我们和他们）。在货币主义意识形态和后现代主义所界定的"新现实主义"中，没有可想象的替代品，也没有"其他方面"。在这种情况下，（撒切尔主义）视域的狭小带来了同质的、平庸的后果：除了去逛街，你没有别的地方可去。而"乐队援助"却恢复了别处的、另一面的愿景。

221

　　"援助现象"的成功，最终源自后现代主义分析中可能出现的对"普通"人的迷信的或情感的信念。这种信念就是，饥饿的埃塞俄比亚人形象和"外面的"现实有一定的联系，一些真实和可怕的事情（这两个观念是相关的）正在其他地方发生，"我们"（所有人）与这个可怕但遥远的现实直接联系在一起，并在某种程度上是负有责任的。这里似乎没有证据证明詹姆逊所谓的一般性的"情感的消逝"（waning of affect）：一种由过度泛滥的形象引发的情感免疫，这些形象包括（尤其是）"老生常谈的"苦难形象，晚间新闻报道中的灾区民众——在世界"另一边"遭遇不幸的其他人。

　　不管我们对"乐队援助"现象有什么看法，也不论我们对演艺界周边发生的事情有什么感觉，我想没有人会否认那些信念——普通人有能力去认同、团结，并建设性地采取一致行动使事情变得更好；普通人有能力去区分真假，知道什么才是重要的，并决定什么是真正的优先事项——的力量和重要性。从某种意义上说，我认为一切都取决于它。我认为，任何心智正常的人，都不会拒绝格尔多夫及其同事将真正的、极其重要的道德资源，重新有效地部署到一个更大规模的国际范围中。我们在"乐队援助"现象中看到的，可能确实是一套新的道德准则，一种全新的生态政治。在撒切尔主义话语中，其关键词"决心"（resolve）和"信念"（conviction）被赋予了一种明确的威权色彩，它们被用来抵制各方要求放弃货币主义政策的呼吁。不过，这最终以一种全新的、完全不同的方式被"圣鲍勃"（Saint Bob）及其同事改变了。在格尔多夫——这个头发蓬乱的，有时甚至不那么文雅的爱尔兰人，他始终遵从自己的良知说话，他是真正的"内部的敌人"（Enemy Within），在货币主义话语中处于被压抑地位——之后，撒切尔夫人再也不能声称，只有她才代表着"决心"或"信

念"。新兴的生态观（eco-perspectives）通过全球网络发展，

并融入全球通信网络之中，这是很重要的，但也还存在问题。
这种"生态观"将在不同的国家政治语境中以不同方式被表达，
因为它们与现有的政治话语形式相互结合并相互影响。这也没
有任何保证，没有任何目的（telos）能促使"人类"在麦克卢
汉的"地球村"中实现更大程度的合作和相互理解。但是，从
"乐队援助"和格尔多夫对情感（affect）调动的干预措施中，
我们可以学到一些重要的经验。迄今为止，我们尚未探索出在
跨国交流形式与系统中通过情感网络来组织和重新定向物质与
"非物质"资源的潜力。

从本文概述的分析来看，蒙特利尔集团的集体反应可能令
人失望。对恶意和天真（naïveté）的尖刻指责、无情的否定、
对"深度模式"分析（饥荒的真正原因）的崇尚，所有这些反
应似乎既不明智也不能吸引人，它们本质上都是不具建设性的
（unconstructive）。他们对这个议题（issue 意为：流出物、
产物、后果，源自动词"公开分发"[public giving-out]）作出
预先判断。这种反应似乎如此致命地固执于其自身路线的正确
性和适当性，以至于它无法提供任何现实手段来有效利用这些
积极的、诚意的和善意的资源：这些资源正是通过斗争获得的。
它无法参与或融入象征性的共同体——超验的"我们"，我们
所有人中的"更好的一半"——格尔多夫和其他人在"援助运
动"中设法对此做了重新安置。"乐队援助"团体正是通过"开
发"（exploitation）和"控制"（manipulation）——通过专
门开发自己作为公众人物的地位，通过对在媒体职业生涯中学
到的超级宣传技巧、营销策略的激情及富有说服力的控制，为
许多人恢复了一种可能性和共同利益。采取行动的意愿——不
管多么笨拙或无效地干预，都只是为了让世界更美好——既不
愚蠢，也无恶意。我们没有必要对它嗤之以鼻。但是，它必须

被表达出来：作为一种变革的力量，在具体情况中需要有所承担，这个明确表达的过程需要想象力和承担风险的准备（格尔多夫的所作所为，承担了嘲讽、失败以及丧失"街头信誉"的风险，而"街头信誉"恰恰是摇滚事业"卖座的"文化资本）。[1]

223 左派自身已被困于"深渊大酒店"（卢卡奇）[2]——这种否定的辩证法（为我们许多根深蒂固的"批判性"立场提供了保证），并不会比波普尔（Popper）所说的"长时间哀号"（prolonged wailing）更为深刻。一种政治，它完全基于批判的完善性、对痛苦和剥削的认同，对"艰难的"和"不受欢迎的"真相的定期揭露（这些真相在其他地方一直被警惕性较低、知情度较低或"政治立场"不够坚定的个人所隐瞒），如果它只是提供"异议"和"抵抗"作为积极的条件，这是远远不够的，也是行不通的。一种内在一致的批判——无论它是多么受重视的、坚定的或纯粹解构性的——根据定义，它要求批判者必须结束过去和现在的矛盾，从必须面对、想象和渴望的"另一面"（如果所有冲突性力量都在同一瞬间发生），转向一个富有成效的结果（即如果"另一面"要成为现实）。如果用鲍德里亚的惯用术语（死亡和晕眩）去反对布迪厄的"致命漂流"，去复活世俗意义上的历史，那么我们可以说，这种情况确实是"庄重的"（grave）——它总是如此，但在这一刻尤为庄重，尤其是现在。我们需要制订出致命的策略，如果我们要走出并超越这种压倒性的庄重性（gravity）。

在更实际的层面上，对优先事项的修订要求我们重新定

---

1 巧合的是，斯图亚特·霍尔和马丁·雅克对围绕着相似论点构建的"援助现象"进行了分析，并寻求一种与这里所提出的非常接近的路线（这并不令人惊讶，因为我的分析部分，试图去了解斯图亚特·霍尔著作中关于民粹主义和清晰表达的含义）。参见 Stuart Hall and Martin Jacques, "People Aid: A new politics sweeps the land", in *Marxism Today*, July, 1986。

2 "深渊大酒店"是卢卡奇在其作品《小说理论》中为批判西奥多·阿多诺等人而创造出来的。卢卡奇认为阿多诺等人的理论规避政治实践，悖离了卡尔·马克思对美好未来的许诺。——译者注

义批判的功能。聚焦于影响的问题，涉及突破那些被束缚于意义问题之中的（阐释学的、功能主义的、[后] 结构主义的）文化批判形式。它涉及从符号学向语用学的转变，从对假定关系的分析（文化实践与社会形态、"文本"与"读者"之间的关系）转向对过程（组织"力比多"和"信息"之流的网络，"意义"和"情感"在这一网络中传播，形成集群，在一个通量组合中将表意和非表意元素区分开来）的批判性参与。它要求更多样化、更灵活和更加"易信的"方法，而不是严格地捍卫既有的批判立场（这并不意味着我们必须放弃对权力关系的批判性分析，或对特定意识形态形式的争论等）。接下来的附言内容，将试图跟踪由后现代所开启的一些可能的发展路线。

10

附言 2：言语之后

在第二篇附言中，我想回到后现代主义发展的基础：学院、大学和艺术馆——以便思考它可能被称为一种症状，并表达一种痼疾的方式。因为知识的去中心化和智识掌握的丧失，这意味着制度性危机与主体性或认识论的总危机一样重要。国家资助的高等教育——至少在欧洲如此——正在被强制进行重新定义，因为政府的资助突然被撤回，或者对高等教育提出了一种完全不同于传统行业标准作为条件。高等教育的角色（再次）作为一系列力量和因素，成为令人痛苦的辩论焦点。"新职业主义"，从纯科学向应用科学的转变，新计算机技术的兴起，商业研究实验室的发展，隶属于跨国公司和政府机构的数据库的发展，学术界线的消融，以及旧人文主义知识模式被用来证明学界的特权地位——所有这些都汇集到一起，动摇了关于大学教育的价值、目的和理性的传统智慧。[1] 所有这些压力都体现在后现代主义批评的结构和论调中（尽管这些压力都未必得到明确的承认）。随着大学（尤其是受过自由教育的批判理论家）的生存受到质疑，背水一战的心态（bunker mentality）也就会逐步形成。在这种情况下，后现代的更为"致命的"预测，可以被看作对迫在眉睫的制度崩溃和／或变革的一种防御性或无可奈何的回应。这种制度崩溃或曰变革，可能会使得（留在）学院内的社会理论家进一步被边缘化。（"身后之事于我何干！"）

对高等教育危机的潜在性问题进行一种更积极的评估，也许可以从强调职业标准（vocational criteria）开始。职业标准现在可以被用于证明成人和继续教育的扩张性地位；被用于修订现有的对有效与有用知识的定义，并使其变得多元化；被用于给没有正式学历的人提供准入与再培训课程。

在后现代主义自身的术语和趋向中，正如哈尔·福斯特所指出的[2]，尽管对旧的权威、权威的旧基调出现了信任危机，但仍然存在一些正向的维度。因为在父权衰朽之日，必有许多美好的事物要生长出来。旧的阐释系统已经崩溃，老套的概述与总体化愿望业已瓦解，但许多美好事物可以在废墟中被找到。过去的僵化姿态（英雄、批评家、发言人的姿态）被解冻，这可能仅仅标志着我们这个世界上一些强权力量的消逝。它可能允许意义以波澜不惊的方式，顺着更迂回和曲折的路径流动。在此背景之下，可能值得一提的是，文学与

---

1 对大学危机的分析，参见 Jean-François Lyotard, *The Postmodern Condition: A Report on Knowledge*, University of Manchester Press, 1984。这项研究最初是受魁北克大学委托而提交的一份报告，参见 Edward Said, "Opponents, Audiences, Constituencies and Community" in Foster (ed.), *Postmodern Culture*, Pluto, 1985。

2 Hal Foster, "Postmodernism: A Preface", in Foster, op. cit., 1985.

传播学研究领域开始对修辞学有了新的兴趣。[1] 修辞学作为一门学科，旨在将内容与真理问题（作为实质的意义）暂时悬置，其目的在于给只有（潜在的）专业基础的人提供一套参与意义生产的话语策略，它可能是镣铐（bonds）正在松动的一个迹象。我们不再被绑定于单一的和单线的轨迹，也不再对确定性、固定性和单一目的抱持一种偏执的痴迷状态。

同样地，超批评（paracriticism）和寓言的增长可能预示着一种更好玩，更少权威，也不受权威束缚的基调的开始：小说与批评的界限模糊不清，起源和角色也模糊不清，以这样的方式，没有哪位作者可以对文本世界（更遑论世界文本）进行主宰。它可能预示着个人身份、公共声音，以及（个体和群体能够相互契合的）关系的一种更为多变的观念。在此，我们可以举出一个例子，在意大利知识分子群体中[2]，成立了一个"弱思想"（weak thought）[3]学派，该学派并不致力于追求严格意义上的主项目（可能是没有集权的权限），而是尝试着去建构有待检验、修正、放弃、回归的假设，以便将一种随机的、即兴的元素引入知识生产中。以同情的角度来看，"弱思想"与其说是对透视主义和颓废主义（有或没有贬义的内涵）的妥协，不如说是对当前的认识论僵局进行创造性思考的一种尝试。本着同样的精神，利奥塔对科学知识与"叙事知识"的区别提出了质疑，他试图恢复以日常生活为基础的一阶叙事（first order

226

1　在教育中（尤其是在美国）的后结构主义与语法学，其更令人吃惊的后果之一，似乎是对古典修辞学兴趣的复兴（参见 Christopher Norris, *Deconstruction*, Methuen, 1982）。伊格尔顿最近提出了修辞作为取代文本批评的一种激进性策略。例如，参见 Terry Eagleton, *Literary Theory: An Introduction*, Basil Blackwell, 1983。

2　安伯托·艾柯与斯图亚特·霍尔在第 4 频道的对谈节目 *Voices* 中提到了这一问题。

3　"弱思想"是吉安尼·瓦蒂莫（Gianni Vattimo）在 1980 年代提出的一种特殊的阐释学版本。其核心观点认为，阐释哲学（汉斯-格奥尔格·伽达默尔、保罗·里考尔、路易吉·帕雷森所提出的）不能正确地发展为"弱思想"，而会发展为"弱者思想"，即社会中部分不幸者的声音，为维护自身而发表的话语。这一点将"弱思想"与基督教联系起来，并创造了一个"虚无主义耶稣"的矛盾但看似合理的观点。——译者注

narratives）的合法性，并用语言游戏、对"复杂性"和不确定性的探寻，去取代对理性的大量攫取，只要是无害的就可以（只要哲学像利奥塔建议的那样，放弃它的主宰地位）。无论我们如何看待利奥塔的"后现代状况作为一种全球性状况"的适当性（利奥塔坚持认为，它只适用于过度发达的国家[1]）；无论我们多么赞成他的呼喊——"告诉南非的'非洲国民大会'和'同志'，告诉那些在智利或萨尔瓦多苦苦挣扎的人们，他们不应该相信复仇和解放的宏大叙事"，对我而言，我都为此感到耳目一新，因为我听到一位像利奥塔这样杰出的巴黎知识分子，用"可能"、"也许"、"如果"这样的词，而不是试图在所有方面来寻求建造起一条"防线"，或者重新回到专业学者或（社会）科学家的自信但空洞的论调中去。

如果后现代主义意味着将言语（Word）以这种方式放在原地；如果它意味着开启一种批判性话语（调查以前被禁止的、采纳以前可接受的证据），由此提出新的和不同的问题，并发出新的和其他的声音；如果它意味着开放的制度和话语空间，在这个空间中能够发展出更多流动性和多元性的社会与性别身份；如果它意味着削弱权力和知识（分为顶层专家和底层"群众"两种知识）的三角阵型；总之，如果它增强了我们集体的（和民主的）可能性，那么，我就是一个后现代主义者。

---

1 Jean-François Lyotard, "Complexity and the Sublime", in L. Appignanesi and G. Bennington(eds), *Postmodernism: ICA Documents* 4, Institute of Contemporary Arts, 1986.

11

附言 3：空间与边界

227

5 时 50 分，天已经很亮了。我们跟丢了先导飞机，但领航员戈弗雷中尉告诉我，他已为这一紧急情况做好了预案。我们在日本九州东南部的屋久岛上空有一个集合点，时间是 9 时 10 分。我们正准备飞去那里盘旋，等待队列的其他成员。

利维中尉是一位和蔼可亲的炮兵。他邀请我坐到飞机前排，那里紧靠着透明的玻璃窗，视线毫无遮挡，我急不可耐地接受了他的邀请。在太平洋上空 17 000 英尺的空间，可以看到四面八方纵横几百英里的景色。在那个高度，飞机下方是一片无垠的海洋，上方是浩瀚无边的天空，海与天似乎围拢而形成一个大球体。

我就在那片苍穹里，掠过群山之巅，穿越云层万里，

228

就这样，我无所羁绊地悬浮在无限的空间里。有时耳边会响起发动机的轰鸣，但很快，这变得无足轻重，因为环绕四周的是无限的广大，不久就将轰鸣声给淹没了。在这样一个位置，空间吞噬了时间，就好比存在于永恒的时刻，让人充满一种无比压抑的孤独之感，就好像所有的生命都从地球上消失了，而你是唯一剩下的那个孤独幸存者，无休无止地穿越于星际空间。

我的思绪很快就回到了我正在执行的任务上。在我面前，在这些成片的白云之外的某个地方，就是日本，是敌人的领土……博克上尉告诉我，我们即将爬升到投弹的高度……我们将很快与先导飞机会合，并进入此次航程的最后阶段。9 时 12 分，我们抵达了屋久岛，就在我们前方大约 4 000 英尺处，是绰号为"伟大艺人"的轰炸机，它装载有昂贵的原子弹……我看到戈弗雷中尉和库里中士都穿着降落伞，我也决定这样做……我们开始盘旋……继续盘旋……12 时 01 分，我们已顺利抵达目的地。

收音机里传出了预先安排好的指令，我们都戴上了弧焊机眼镜，紧张地看着前方仅有半英里之遥的轰炸机所进行的一系列操作。

"点火！"有人喊道。

在"伟大艺人"的机身下面，一个看起来像黑色物体的东西在往下坠落。

——威廉·劳伦斯，

《飞行员讲述长崎的原子弹轰炸》，

《纽约时报》1945 年 9 月 9 日

边界不是某物停止的地方，相反，正如希腊人所认识到的那样，边界是某物开始出现的地方。

——马丁·海德格尔，《建筑、居住、思考》，

引自 K. 弗兰普敦，《走向一种批判性地域主义》

马歇尔·伯曼在《一切坚固的东西都烟消云散了》的结尾部分，强调了今天我们面临的各种可能和选择的限制性因素。伯曼承认了国际风格（International Style）建筑批评的合法性，这种批评是由那些喜欢有机隐喻（organic metaphors）而不喜欢高度现代主义的机械类比（"建筑是生活的机器。"[勒·柯布西耶]）的设计者和城市规划师发起的，他们认为，建筑师应该在社区内部工作，而不是与社区作对，他们应该扮演一种更谦虚、更具协商性的角色，应该使用当地（local）和本地区（regional）的建材，并酌情使用传统的建筑方法，而不是"理性的"或"现代的"方法，而且应该寻求保护并建立民族的邻里传统。这是对前现代主义（关注维持"社区"建立所需的时间连续性）的一种回归，它同时也需承认，空间有一个在本质上用于居住的面向（根据弗兰普敦的说法，海德格尔所谓的 Raum[空间]，不是指抽象的空间 [spatium]——由塔楼和新 [现代] 城市所暗示的"从头开始"的建筑）。伯曼认为，现代性的挑战必须在现代主义极限（limits of modernism）意识的框架下被重新定义（尽管伯曼反对"后现代主义"一词，但他坚持认为，现代冒险可以随着历史、进步、人的可能性一起被拯救，这是被普遍赞成的）。

对伯曼来说，最简明、最具戏剧性地体现现代经验的矛盾本质的人物，是歌德笔下的浮士德。浮士德通过与摩菲斯特订立协议而获得了知识赋予他的巨大能量，他在释放巨大的知识力量的同时，也受到恶魔契约中消极虚无主义的威胁、困扰，并最终走向了毁灭。浮士德对世界了如指掌——他对自然奥秘的"非自然的"（unnatural）掌控，威胁着他自己和这个世界。他把一切都击垮了：使地荒废，就这样消耗他

229

自己。从此，在现代性的原型城市空间中，我们生活在一个没有感觉、意义和价值的世界中。在这个世界，一切都必须在交换价值的统摄之下，正当的人类价值必须在新领地上被重新创造——被再领土化，被重新定向。对伯曼来说，浮士德代表着现代的状况——按照马克思《共产党宣言》中的格言，"一切坚固的东西都烟消云散了"，这是一种与过去决裂的状况，它使人类摆脱了宗教、无知和恐惧的蒙昧主义枷锁，第一次使男人和女人共同创造的历史变为现实。

　　这里的含义（虽然伯曼本人不一定会赞同）是说，旧的目的论、现代化和动态的发展范式是基于对无限的、可利用的"物质的"资源的信心，并确保普遍实体即人类（mankind）的进步，最终消除贫匮、迷信、无知和战争。这些旧的发展范式必须被那些（以极限观念为基础）更为结构性、生态性和整体性的模式取而代之。现代性计划受到了一种限制性的约束——一个底线或多个底线。我们不应该去跨越这些门槛。230我们可以追溯这些底线（lines）中的一些，去确定一些参数，这些参数可被用于绘制出一个更有边界的，因而也更适合居住的后现代空间版本：

1. 现代化愿望的极限

　　我们认识到地球资源的有限性对"发展的"观念所设定的实际限制；同样也认识到核技术转变过程中潜在的集体自毁的可能性；（全球的、经济的、文化的和政治的发展）预测系统的局限性，提出了一个规定的、单线性的"阶段"序列，"落后的"国家必须通过这些"阶段"，才能"进化"或"进步"到一种"理性"、"现代性"或"高效性"阶段，如"发达的第一世界和第二世界"那样。

2. 总体化 / 集中化的极限

也许，正如本雅明所说，我们必须了解"碎片是通向整体的门户"，而不是试图将每一个案例都归结到某种预制的解释性元系统。这种从"摩尔"（molar）向"分子"（molecular）层次的转变，或从演绎推理向归纳推理的转变，需要在美学批判和实践中对特定事物的白炽化具有敏感性，在政治批判和实践中对地方（或地区）条件与要求具有敏感性，对建构更为有效、反应更快、更负责任和真正民主的结构具有敏感性；对让"集中"的权力走向解散 / 分散 / 下放具有敏感性。

3. 控制 / 掌控的极限

"失控"意味着承认所有那些去中心化话语的有效性，如女性主义、马克思主义、精神分析学、符号学、生态运动、替代疗法、后现代。它们强调了"人"的力量、意识和知识的局限性。这些多重的去中心化现象（decentrings）所需的谨慎、小心和慎重，可以从一位生态活动家的言论中进行总结，他反对跨国公司对热带雨林（以及热带雨林所支持的人类和非人类的生命形式）的破坏："他们不知道自己失去了什么，因为他们不知道自己在做什么。"强调"失控"的积极方面，意味着需要认识到"僭越"（overstepping）所涉及的危险，也意味着（尤其对与我性别相同的人而言）我们的谈话在一个有性别区分的、有内置时间的房子里进行，这个房子可以俯瞰一个具有历史偶然性和经验偶然性的地平线。

231

1　关于"摩尔"和"分子"的区别，参见 Felix Guattari, *Molecular Revolution: Psychiatry and Politics*, Penguin, 1984。

然而，极限性（liminality）不能仅仅从约束、停滞、禁止这些角度来考虑。一个切实可行的后现代空间，可以打开多重的功能性。正如海德格尔指出，边界也是一个开始，是对世界的一种敞开，是存在（being）的一个前提，也是生成（becoming）的先决条件。在上述三个视域中，有无限发展的空间。虽然这个空间（raum）对我们来说可能是"完工的"，但正如德勒兹和加塔利所言，"我们从不停止搬动家具"。[1]因为我们是界线上的生物，我们生活在这条线上。[2]在移动的边界线上，我们区分了或多或少"固定的"以及或多或少"流动的"分类：男人 / 女人；阳刚 / 阴柔；黑色 / 白色 / 棕色；权力 / 无力；工作 / 不工作；意识 / 无意识。这是"另一面"，即竞争、变革和发展的积极方面——德勒兹和加塔利称之为"再辖域化"（reterritorialisation），我们称之为一个后现代"发展理论"（Theory of Development）的开始。

众所周知，1945 年飞往广岛和长崎的飞机开辟出最为纵深的一条线——它标志着可能的边界，因为核技术是在可知可控的辐射边缘发展起来的，而且它对我们的处境施加了一种可怕的压力。在切尔诺贝利（Chernobyl）事故之后，可以确定无疑的是：没有安全核能这样的东西。我们世界的结构、物种的胚芽和组织都有濒临灭绝的风险。超级大国之间的军备竞赛在地球上形成一道弧线，一道看似不可能移动的"黑暗的边缘"（Edge of Darkness）。[3]我们注定要停滞不前，固

1　Gilles Deleuze and Felix Guattari, *On the Line*, Semiotext(e) (trans.) John Johnston, 1983.

2　Gilles Deleuze and Felix Guattari, *On the Line*, Semiotext(e) (trans.) John Johnston, 1983.

3　"黑暗的边缘"是特洛伊·肯尼迪 - 马丁（Troy Kennedy-Martin）为英国广播公司写的六集电视连续剧的标题。这部剧开创了一种新的电视流派——核能惊险片，并从侦探惊悚片和科幻小说中借鉴了形式惯例与思想主题，将它们与明显虚构的、女性主义和男女平等主义的倾向结合在一起，使其与电视剧的现实主义规范发生明显的背离（例如，主要人物之一是主演的女儿的幽灵，她在第一集就被谋杀，她还是一个神秘的生态女性主义组织的成员，名叫盖亚 [盖亚：这个"深胸的人"是古希腊的大地女神，她创造了宇宙，孕育了第一批神和人类]）。这一结合如此成功和及时，以至于英国广播公司做了前所未有的决定，在 1985 年首次播放的两个星期后，连续三个晚上重播这部电视剧。

定不动——扎根在原地。

在鲍德里亚的倒装法中，军备竞赛是一种没有目标或参照物（既没有对抗，也没有让步；他断言，只是一种无意义的、致命的"双倍"）的游戏。（不然还能是什么？）"临界质量"（critical mass）的概念通常与核裂变的动力学相关，它被鲍德里亚用在致命的内爆（implosion）过程中。这一过程通过重复调用（不存在的）"沉默大多数"（中立的大众），将所有事物都牵扯进来，"暴力只是初露端倪，一种摄入与迷恋的轨道和核暴力，一种虚空的暴力"。[1] 对鲍德里亚来说，世界"未能"爆炸的事实只意味着它在另一种死亡中完全崩溃了。生态都市主义者和战争理论家保罗·维利里奥提供了一个不同的场景，但有着类似的含义。他认为，凭借"震慑"（deterrence），我们终于抵达一种纯粹的战争状态——世界经济朝着终极的（神圣的）战争（从逻辑上来说"不可能发生"，但随时都可能发生）在做永久的准备。在维利里奥看来，主导超级大国军备政策的"所有要点"与"所有武器"，将导致去城市化（内部分裂及人口扩散，最终导致［目标］城市的消亡）和"内殖民"（"把战争状态变成一场针对自身人口的战争"）。[2] 随着越来越多的资金被用于开发日益复杂的（即昂贵的）军事装备，我们达到了"生态零增长"的状态，这导致平民人口出现系统性欠发达/贫乏状态。同时，英国社会主义历史学家和辩论家 E. P. 汤普森建议采取一种更为传统的彻底激进主义立场，他建议（与内政部的建议相反）我们"为了生存而进行抗议"。[3] 在美国格林汉康蒙导弹基地——这是F-111战机在1986年对利比亚进行轰炸任务的基地——之外，妇女们聚集在一起，她们被安置在临时避难所，紧靠着她们

1　Jean Baudrillard, *In the Shadow of the Silent Majorities*, Semiotext(e), 1983

2　Paul Virilio, *Pure War*, Semiotext(e), 1983.

3　Edward Thompson, *Protest and Survive*, Spokesman Books, 1983.

自己编织的铁丝网围墙，上面挂着鲜花、玩偶、标语和亲人的照片：这是一堵向往的围墙，一堵致命的围墙，一堵绕过周边黑暗的另一道围墙。

　　这种情况虽然看起来有时令人感到绝望，但是我们必须学会生活在其中（没有回头路可走）。在后现代语境当中，世界充满了碎片、小区域（small locations）以及微芯片，拯救也许已经被缩小，缩小到一定的规模。我们可以开始从未被怀疑的源头上吸取一些小教训。最后一句题外话，我希望以一种适当的嬉戏，但又不失审慎的后现代精神，用"传声头像"（Talking Heads）[1] 的视频《无地之路》（*Road To Nowhere*）去探索一些适宜居住的空间——一些更富有成效的反应路线，它也许是在我们自身所深陷的绝境之中展开的。

1　传声头像是一支美国新浪潮乐队，于 1975 年在纽约创立，1991 年解散，主创人员
　　包括大卫·拜恩（David Byrne）、基斯·法兰兹（Chris Frantz）、缇娜·韦茅斯（Tina
　　Weymouth）、谢利·哈里逊（Jerry Harrison），乐队以其复杂而多层次的音乐著称，
　　其中融合了朋克、放克、流行音乐、世界音乐、先锋音乐、艺术摇滚等各种元素，
　　促使后朋克慢慢演化成自成一格的新浪潮风格。作为主唱的大卫·拜恩为乐队填了
　　不少怪诞、讽刺又深奥难懂的歌词，并因其鲜明且创新的现场演出风格使乐队受到
　　各地乐迷的追捧。——译者注

12

附言 4：学会在通往无地之路
上生活

233

我们知道自己要去哪里
但是不知自己身居何处
我们知道自己所知的
但是不能言说自己所见的
我们不是无知的小孩子
我们知道自己想要什么
未来是确定的
给我们时间来实现它

我们正在去往无地
加入我们吧
一起去往这个无地
我们会赶上这趟行程

234

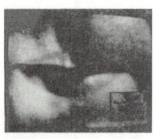

今天早晨感觉很好

你知道的

我们在通往天堂的路上

走吧走吧，一起走吧

词曲：大卫·拜恩

© Bleu Disque Music/Index Music

英国发行商：华纳兄弟音乐（Warner Bros Music）

特约许可

乌托邦（Utopia）：不存在的地方。希腊语：ou（没有）+
topos（地方）。

——《牛津英语词源词典》

美国乐队传声头像因其在流行音乐领域表现出高度的自
我意识和卓具成就的技术创新而闻名。他们综合运用各种视
觉与听觉资源，创造出一种拼贴或混合的"独特风格"（house
style）。该乐队自 1970 年代中期成立以来，就一直在有意运
用这种风格来扩展人们对摇滚 / 流行 / 视频 / 艺术 / 表演 / 观
众的（工业的）定义。所有这些术语都脱离或扭曲了它们在
高度现代主义的民间传说和广播 / 摇滚批评常识中的一些常规
性内涵。正如我们指出的，"流行"和"严肃"的文化形式
与关键问题之间，或多或少都保持着明确的界限。而传声头
像着手对这两种范畴提出质疑（严肃地取笑），由此组成
一个完全后现代主义的乐队。该组织的创立者和核心人物——
大卫·拜恩开始阐明一种特殊的后现代主义的感情结构，解
决巴特"第二等级"的情感问题——一种被意指脉冲及表征
符码和通用符码的游戏所迷惑的情感。在传声头像的作品中，
人们提出并反复强调的典型主题包括："现场"表演、模拟、
"投射的"意象、精神病、自我的可变性、复制品替换原作、

冒名顶替者替代真人等中介性质。[1]通过这一方式，我用传声头像来为本篇"附言"提供"原始文本"，这是经过深思熟虑的。这不是一个天真的选择。拜恩的作品或多或少涉及对模糊化（blurring）层次、类别、符号、身份等的一些明确思考，如我们所见，这些模糊化是后现代主义话语的表征。然而，与许多从批评家角度描述"后现代"的（命中注定地不同的）角度不同，拜恩生活在后现代主义空间之中，并为观众提供了进入这一空间的途径。虽然不太舒适，但还算是可行，并最终令人感到愉悦。

235

进入后现代空间最直接的路线，是由《无地之路》（*The Road to Nowhere*，1984）提供的。这首歌的视频，其剧情由拜恩创作并导演，它经常被认为是在技术上最复杂的、最原始的微观叙事之一，它被用于宣传的目的。该视频的剧情梗概如下：

随着歌曲的序幕拉开，观众看到的是一个看起来像在中西部小镇希维斯塔（Hi Vista）社区大厅的长镜头。随后，摄像机在大厅内进行跟踪拍摄，一群被标记为"普通的"或"典型的"（他们看起来不是专业人士）妇女、男人与儿童站在小舞台前，其他人坐在桌子旁聊天、阅读等。中间一群人正在唱一首听起来像赞美诗的开场白（拜恩的声音经常引导他们，但他并没有出现在人群里）："我们知道自己要去哪里 / 但是不知自己身居何处 / 我们知道自己所知的 / 但是不能言说自己所见的 / 我

1　比如，电影《别假正经》（1984）和《真事信不信》（1986）。在歌曲中，如《一生一次》、《她》、《烧毁房子》（和附带的视频），传声头像使用介导性形象、动画和模拟神经病去质疑自发性、独特性和现场表演的"现场性"等概念。例如，《烧毁房子》的视频明确地在荣格的框架内运作，在英国广播公司的电视采访中，拜恩这样解释说：

歌曲标题的象征意义是关于投射和呈现的影像，它象征着重生，毁灭自己或毁灭某种暂时的人格，并躲入一个外壳里，以一种新的样子再出现……所以，在一个层面上，视频就是关于这些，关乎一组表演者，我们正在被另一组人取代，被一群冒名顶替者取代。我被一个小孩取代了，其他人被其他人取代了……许多投射的使用，大量呈现的影像是关于一个人格或一个形象被层叠在另一个之上……这就是那个视频的潜意识的基础……

们不是无知的小孩子 / 我们知道自己想要什么。"当拜恩唱完歌曲的后半部分，镜头瞬间变成了一条延向沙漠地平线的开阔道路。当我们踏上无地之路的旅程时，"社区"消失不见了。我们的步调踩着一个重复的、有着强烈低音线的节拍。

视频的其余部分由一系列反复出现于图像和图像序列的快速切换（rapid cuts）组成：大卫·拜恩及时踩在歌曲的"慢摇"节奏上，一个男人和一个女人互相追赶着爬上阶梯，两个戴着面具、身穿西服的男人用箱子互相撞击，拜恩的脸在一个"立体"空间里"唱歌"（模仿唱歌），一系列旋转的空中镜头（一个身着礼服的年轻妇女伸展双臂，活像音乐盒里的玩具娃娃；一个空荡荡的古典柱基；一个裸男像古典雕塑那样摆着姿势；一个身穿燕尾服的男人和身穿晚礼服的女人贴得很近地跳舞，等等）。还有一些非连续的"序列"，一种压缩的"生活"，在一系列加速的切换中：一个男人和一个女人，他们相遇、拥抱、生孩子、步入中年，他们的女儿活蹦乱跳地瞬间长大，最后她（穿着皮夹克、戴着墨镜）轻蔑地回头看那突然变老的父母，他们相互亲吻，挥舞着双臂（就像新生的天使），一直到这段音乐出现："我们在通往天堂的路上 / 走吧走吧，一起走吧。"在路的起点，一个老人身上除了一块缠腰布之外，其他地方都是赤裸的，他进入一个盒子里。（"这是非常遥远的 / 但是它一天天靠近 / 一切都很好。宝贝，没事的。"）

快到尽头时，同一个盒子的盖子从里面推开，一个穿着纸尿裤的孩子笑着就出来了。一名男子面对镜头，头上戴着一个巨大的金色纸冠。后来这一场景重复出现，不过纸冠从他头部的侧面跌落下来。在整个视频中，画面空间被色度键插入而被中断和破坏。屏幕右下角的一个小立方体，在一组图像中"讲述自己的事"：梅尔布里奇风格（Meyerbridge-style）的小个子男人在一个小环上奔跑，一个拜恩说话的特写镜头，

等等。最后，还出现了一个"不可能的"场景：拜恩坐在一个宝座上正对镜头，（由于动画）他的头发一直在动，显得头发像有生命一样，他的夹克翻领上有一双眼睛在闪烁，衣襟上的花朵一枯一荣，两个苹果变成了苹果核而后又变成苹果，一排又一排洋娃娃般的人物和铬制的轮毂在他身后一个色彩鲜艳、梦幻的露天射击场里翩翩起舞。这个场景之后，紧接着的是一连串快速旋转的圆物：一个生日蛋糕、一个滴血的巨神阿特拉斯球仪（Atlas Globe）、一张笑容可掬的卡通脸、一个漩涡下的水洞。最后的镜头将我们带到了无地之路。我们穿过各式各样的不协调的人物（在荒漠景观中的不协调人物）：拜恩穿着一件过时的泳衣，腰上系着橡皮圈，一个戴着棒球帽的男人推着购物车，跳着华尔兹舞蹈的情侣，等等。当普通人的原初"社会性"进入视野中时，旅程、歌曲和视频都戛然停止了。镜头在他们面前停了下来，他们从路中间凝视着观众，拜恩唱起了片尾曲。

冰冷的叙事就像一个书面摘要，传声头像的磁带也许听起来平庸又夸张，好比艺术院校或电影学校的学生项目中每天都会遇到的各种陈词滥调。这在一定程度上是由于"转译"（translations）的乏味：《无地之路》是一个视频作品（看原内容的话可能比读摘要所需时间更短）。它被制作出来就是为了被观看（和倾听），然而，正如拜恩自己所说，它要"经得起反复观看"。它可以从功能、形式、使用语境等方面得到理解。有许多方法可将这一作品用于后现代主义阅读之中。专业摇滚评论家对视频宣传片总体看法是消极的——他们认为这是"现场"（live）语境长期衰退的一种表现。"现场"被认为是为保护流行音乐的活力、真实性，"原始表面"和吸引"天才"的能力，抵抗产品标准化的行业与制度压力提供了保障。从这个角度来看，摇滚视频将更多的注意力集中于（偶然的 /

237

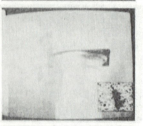

可疑的）视觉维度，并把注意力从纯粹存在之处（演说、歌唱和"现场"，以及"现场"音乐家的不可预测、不稳定语境中的话语）移开。因此，视频宣传片被视为将"真实的"文化做进一步的凝结 / 商品化，使其变成一种"不真实的"（包装的）产品，这一过程导致电视镜头成为首要选择，即拟像。流行音乐宣传片被认为是畸形的混合物——不可判定的对象，它既不是"纯粹的娱乐"，也不是"纯粹的促销"，在这种混合物中，图像和声音、视频和唱片以双螺旋结构相互促进（即互相促销），这使得其他可能性（如与"现实"、听众和"街道"等的关联）不起作用。

当然，一种流派或一系列流派的发展背后是大量资金的投入。这些流派越来越少地依赖 1960 年代至 1970 年代（代表着"现场"表演的）广播电视中演变的视觉符号（如《老克瑞汽笛试验》[*The Old Grey Whistle Test*] 这样的节目）。拼贴和刻意编排的互文性符号替代了视频宣传，并促成了电视（在艾柯所谓的"新"而非"古"电视的年代）"自戕"的（后现代主义）进程。这一点似乎是由流行音乐宣传片的定义特征——指称性密度替代叙述连贯性——来证实的。[1] 作为指代符号（那些推动叙事的目标性符号）屈服于指称性符号（那些调动气氛、建构场景，给"人物"和"情绪"提供线索的符号：服装、姿势、灯光、特效等），流行音乐宣传片变成了一种形式设计，其目的是"讲述一个形象"而不是"讲述一个故事"（即一个特定表演的故事）。在这个视频美学的最为"成熟"的结尾，像《无地之路》这样的视频建立了一个叙事，确切地说是非叙事空间——一个既不是"现实主义"

1　这一区分的想法最初由基兰·康伦（Kieran Conlon）提供给我，他以前是西米德兰高等教育学院的一名学生。在音乐视频的背景下，基兰在一篇名为"流行音乐广告片：一次螺旋形的概览"的文章中，援引了巴特指代（indexical）/ 指称（referential）的区分（《叙事作品的结构分析》）。

也不是"现代主义"（在非格林伯格式意义上的）、既不鼓励认同也不鼓励批评性反思的潜意识叙述空间。这在一定程度上是因为视频倚赖于绘图框（Paintbox，它通过将年表和因果关系转化为平面空间，由此形成并架构出一种叙述空间）技术来实现后期制作效果（如在《无地之路》中，色度键插入的同时也发生了错位）。[1]

在另一个层面上，《无地之路》可以被用来作为例证说明詹姆逊关于现代主义符码在整个"大众文化"中扩散（离散）的观点。这个视频里到处都是对现代艺术史文本的自觉引述。通过我随机发现的顺序，它有对"现场"表演的神话进行一些解构（在某一时刻，正好是手风琴独奏期间，戈达尔或布努埃尔／达利在图像与配乐之间嵌入了一个楔子，"音乐家"在斜坡［实际上是一个水平面？］上挣扎，他的背上绑着手风琴）。

238

这里提到了波普艺术（沃霍尔：平庸的重复；罗森奎斯特：特写镜头中的一盘意大利面）。空空的基座和立方体使人想起杜尚（Duchamp）和马格利特（Magrite）的讽刺姿势。花哨的动画序列中明确包含着"界外艺术"（Outsider Art）的传统：精神分裂症患者的绘画，维多利亚式弑父者的密集幻想，理查德·戴德（Richard Dadd），拜恩在基座上尖叫／歌唱的形象（可

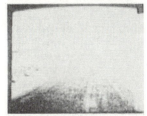

能是）参照了弗兰西斯·培根（Francis Bacon）创作的《尖叫教皇》（Screaming Pope）。甚至还有一个片段，拜恩在水下"用手势模仿"这首歌的歌词，以此向表演艺术家斯图亚特·布里斯利（Stuart Brisley）致敬。

对婚姻生活的断章取义，可以被理解为是对《公民凯

1　大卫·马歇尔（David Marshall）提出了一个令人信服的案例，大意是说视频极大加强了摇滚工业的集中控制趋势，加快了产品的同质化，以及摇滚和波普的文化形式的商品化。出于启发性的目的，在当前讨论的语境下，关于视频对电视与流行乐生产与消费的长远意义，这些更大的问题在此暂不考虑。P. David Marshall, *Video Music as Promotional Form: The Incorporation of Popular Music into Television*, unpublished M.A. thesis for the Department of Communications, Simon Fraser University, Canada, August, 1985.

恩》（*Citizen Kane*）中著名的祛魅场景的一种欢快戏仿。在威尔斯（Welles）的导演下，《公民凯恩》中二十年的婚姻关系，被浓缩成凯恩夫妇在早餐桌上的一系列简短插曲（从一个迷人的蜜月开始，到最后威尔斯从报纸后面皱着眉头怒视着妻子）。在美国艺术和文学领域，从惠特曼到哈特·克莱恩，从杰克·凯鲁亚克的小说到罗伯特·弗兰克的摄影，再到无穷无尽的同名公路电影，都有一个"阳关大道"（open road）的隐喻，它是伟大美国边疆（Great American Frontier，作为无限的能指，无限的视界）影像中的普通形象。还有一种平淡的、面无表情的（"无人情味的"）现代主义的表达方式。像其他地方一样，拜恩在面对别人从无地（nowhere）带来的消息时，脸上一片茫然。这种反表现主义作为一种模拟的精神错乱，一直是现代主义先锋派青睐的表达方式，至少自特里斯坦·查拉（Tristan Tzara）以来，也很可能是自"宴会年"（Banquet Years）和阿尔弗雷德·雅里（Alfred Jarry）的"乌布"（Ubu）以来，就是如此。[1]

最后，在动画段落中，我们遇到了关于崇高的流行视频版本，一种（通过视频特有效果使之成为可能）"呈现不可呈现之物"的尝试。一种更密切的"阅读"，一种后现代的阅读——它不是寻求"解释"或"揭示""文本"的意义，或者解开它的"文本过程"，而是倒回去重新运行文本，重述其寓言的潜力和效果——这也许有助于证明这些"附言"中所提出的一些论点。

就在视频宣传片的某处，在我们抵达"路的尽头"之前，拜恩的声音突然上升到一种更高、更绝望/更狂喜的音域，我们面对的是被洋娃娃和鲜花包围的"拜恩"的"精神分裂"

---

1 参见 Roger Shattuck, *The Banquet Years: Origins of the Avant Garde in France 1885-World War One*, Cape, 1969。

形象——在这个形象中，所有移动的一切都是（"不真实的"）帧内动画，我们从旋转的图像流（蛋糕、地球等）掠过，一直到最后……就在最后一帧图像中，在我们重新与家人团聚之前，歌曲和故事从录制带的开头跳了出来；就在我们融入家庭的怀抱之前，有一段时间，我们在起点与终点的短暂间歇中（这里有一个间隙——脉冲的停顿推动着声音和图像向前）"意识到"我们自己。当我们停在生命之路的正中间时，传声头像把我们带到了崇高的空间——精神错乱者的空间，在那里，我们跌入所见与所言之间的裂缝中，并认为自己正在言说。我们找个地方坐下，来到了愚人的基座（"我脑海里有一座城市／来吧，去那个地方吧／没关系的，宝贝，一切都很好"），我们在那里息，风吹过，轮毂在身后形成一个移动的弧线，玩偶在桌子上跳舞，显出谦恭又活泼的样子。我们坐在那里，玫瑰花在翻领上盛开又凋谢，我们看了一会儿物之表面。

但是，传声头像告诉我们，一切都很好。

在我们停下来的那一刻，我们被束缚于一串能指的缠绕链条，并被拖拽至此时此地。我们暂时被困于疯狂的旅途中，在露天广场的旅途中，我们沿着能指滑行，从一个圈到另一个圈。我们回顾我们走过的生命周期，从一个点着蜡烛的生日蛋糕和一个友谊使者（Mr Friendly）的笑脸开始，到达另一端，是一个流血的世界，水从排泄孔里流下来。

但是，一切都很好，传声头像告诉我们，一切都很好。

一切都在圆圈内循环。[1] 圆圈就是一个隐喻，它可以包含

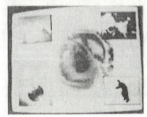

---

[1] 1986 年，在英国广播公司播出的一段视频采访中，大卫·拜恩被问及歌曲标题中所隐含的"虚无主义"。

问："《无地之路》这首歌，似乎特别虚无主义。您怎样看待视频中所表现的这一点？"（转下页）

239

一切（everything），也可以是空无一物（nothing），它可以代表一个黑洞和整个广阔世界。它可以是零的空无和等待受精的卵子：生命的细胞。一切都在圆圈内转动。一切就是欢乐与恐怖、带笑的泪、伤痛的泪。

但是没关系。真的，一切都很好。

我们在通往无地的路途上。我们所有人都是。没有别的地方了，只有这里才属于我们。没有其他时间了，只有现在才属于我们。这就是一切，它足以让你继续前行。一切也没有那么糟糕。事实上，它能让我们笑出来。[1]觉悟（realisation可以产生笑声，这不是狡猾的窃笑，不是在"超出边缘"或在先锋之间的空洞的、野蛮的笑声，而是一种更接近于捧腹大笑的笑：一种富有意义的笑，它可能有助于迎接一个新的秩序。

240

使传声头像的视频（与现代主义脱节）牢牢地归入后现代主义，是因为它具有一个轻快和欢笑的格调。解构主义和异化效应是玩笑（jokes）而非历史教训。拜恩的不动声色的表达方式，至少是和巴斯特·基顿[2]、杜尚、马格利特一样多的。后现代之所以为后现代，是因为你可以从中获得乐趣。正如拜恩自己所说的，它是"多层次的"：你可以随着它一起跳舞，享受轻松的节奏，思考它的"信息"，用寓言的方式阅读它，随心所欲地使用它。你可以观赏它、忘记它，或通过视频从电波中窃取它，然后按照你喜欢的频率随时回放。将它与（所

（接上页）大卫·拜恩："为了保持这首歌的意义，为了不去简化它，你必须扔进所有这些……你必须认为这包括了一切，它是包罗万象的……我们谈论的不是一个沮丧的人或一群人，或一群音乐家正在无地之路。我们在谈论的是你能想到的一切。并且我们试图用所有的那些东西来进行暗示。"

1　大卫·拜恩在同一个电视节目采访中说："我们正在把有趣的东西装入惊恐的东西中。"

2　巴斯特·基顿（Buster Keaton，1895—1966），美国默片时代演员及导演，以"冷面笑匠"著称。主要作品有《福尔摩斯二世》、《将军号》、《七次机会》等。1960年，他获得第32届奥斯卡金像奖终身成就奖。——译者注

有）高级现代主义文本确定地区分开来的，是它似乎真正地很受欢迎——它在任何层面上都"畅通无阻"。它吸引了（英国流行音乐）公众的想象力，这与它的关注者相互呼应。在英国广播公司 1985 年的跨年"音乐马拉松"中，它是最受欢迎的音乐视频。"音乐马拉松"的主要目的是展示和回放"生命援助"音乐会的镜头。尽管它面临"虚无主义"的指责和反对，但是《无地之路》以及对它的内在有限性的承认，与"乐队援助"的努力未必是不相容或有害的，因为它的基调（不能在纸上充分传达）基本上是肯定性的。《无地之路》肯定的内容包括：肯定普通人，肯定笑声要超越恐惧，肯定物种存在要大于个体生存，肯定现场流动的生命要大于任何一种"命运的随波逐流"。除此之外，《无地之路》还将自身（在其他事物之中）呈现为一个关于"脱离（男性）统治"的肯定性寓言。它意味着颠覆不应遭到抵制或憎恨，而应该被接受和欢迎。我们不只有主体之死和作者之死、伟大拒绝（the Great Refusal）的终结，以及尖锐批判和总体化的旧力量的衰落。相反，我们还有新生事物和一些更好事物的诞生——它们至少比我们自己更光明、更鲜活（新生活：盒子里的孩子）。我们获得了一些更轻松和更宜居的东西：一个成长的世界，一个不断成长的（"我们不是小孩子"）世界。在这个世界中，男人（再一次标示出性别）终于可以开始承担责任，而不必为整个象征秩序（Symbolic Order）负责。当纸冠落到男人的头上并掉到地上的那一刻，这是为了激发起一个微笑而非痛苦，是一种宽慰而非绝望。反正我是笑了。我感到如释重负。

拜恩是对的。（为什么一个流行歌手——一个电波中的有机知识分子——不可以替代一个教授呢？）伟大的元叙事不再被允许对我们的处境进行理智的评估，不再能作为我们的解释、叙述与行动的合法性依据。我们必须在没有任何保障的

241

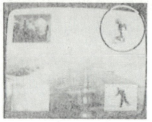

情况下学会生活，而这种保障有时似乎是为人类工程提供保障的。限制的意识（consciousness of limitation）控制了我们生活和工作的空间：对系统性批评的愿望的限制，如对全球代理机构的偏袒性和压迫性功能的承认。或许，我们可以援引一个相当平庸但却很有用的解构方式，即拆分单词本身：history——是时候废黜"主人之声"（His Master's Voice）那专横的嗓音了。

垂直（高层）美学在建筑领域和其他地方的崩溃，对专制、中央集权的权力结构的信仰的崩塌——这些肯定都是迟早要发生的。有一些观念（如知识分子艺术家、批评家或专家，作为英雄式"灵魂工程师"［斯大林语］或作为解决"群众"的"问题"的外科医生）不论它们是"错误的意识"（权力／财富轴的"神秘化"）还是人们继续执着地喜欢肥皂剧而不是歌剧，或者更喜欢迈克尔·杰克逊而不喜欢杰克逊·波洛克——最终都不得不被抛弃。这就好比是，随着替代疗法、整体医学、针灸、草药学等的增长，客户自助组织和疾病支持小组的不断发展以及生态学观点的逐步成熟，过去的医疗保健和科学的传递／转换范式（专业外科医生和工程师的实际操作）都受到了质疑。

最后，还有一条最深的线，这是由大灾难追溯而出的，或者更确切地说是源自两场浩劫：死亡集中营和核灾难的前景。从某种意义上说，我们生活在两场浩劫之间。在这个全球毁灭成为可能的世界，我们必须再思考、重新思考并且学会重新思考。我们——所有人——都在这条无地之路上挣扎着，希望我们能够永远在原地奔跑，永远挣扎在两个不可思议的时刻之间，挣扎在那时和浩劫后（Day After）之间。如果这是真正的后现代状态，那么我们必须学会放松。我们必须学会在黑暗中跳舞。我们必须学会意识到，我们可以一起前进，但不一定要在时间上同步，当然也不是走向历史的鼓点。我们向前，甚至可能在玩的时候，从整个运动中得到一些欢快和愉悦。我们一起前进，虽然是在不同的时间，走的也是不同的节奏。后现代的空间逐渐被占据，我们欢快地舞向未来——我们逐渐学会如何适应、调节，我们变得更加灵活，至少不再强迫去攫取、消耗、抛弃、占据；我们的身体上和发肤上所受的束缚变得更少，我们的性别也不再受到关注；我们学会严肃地，而不是轻巧地对待它，学会认真地，而不是个人化地对待它。

　　我们在通往无地之路上跳舞——一场需要放松旧的僵硬姿势的舞蹈——一场彻底转变的语言变化，一场对（不可能）请求的转变，以及对两个1968（不负责任的）渴望的转变。正如戈达尔所说，我们必须学会重新开始，不是"随时随地"[1]，而是此时此地。我们也许要以一种更冷静、更具反思性和自我批判的心情，学会如何质疑，不仅质疑外部的统治结构和形式，而且质疑内在于我们生活中、身体内的统治形式，这些都已记录在我们自己的声音里。

242

　　因此，最终我们必须学会（再次）放弃某些东西，并在这种辩证法中接受某些东西。这种交替性（alternation）一边是失去、遗忘、消失，另一边是新生、恢复、出现，它在历史进程中找到了它的"另一面"。

　　在知道（knowing）与意识到（realising）我们所知甚少之间，在记忆（re-membering）与梦想（dreaming）之间，总是进行着卓有成效的交流。所以，我最终回到了那些致命的策略：那些生活的策略。也许，我们现在可以具体说明一些：学会如

1　在戈达尔处理1968年五月事件的电影《一切安好》（1972）的末尾，有一个著名的跟踪镜头，是沿着一家巴黎大型超市里整齐堆放的货物通道。简·方达扮演一名记者，她因为观察／卷入工厂的工作而被政治化。她问道："我们在哪里开始反对我们生活的划分？"得到的回应是："随时随地。"在本文提出的论点的语境下，柯林·麦凯布评论说，这个"解决方案""在道德上是有力的，但在政治上是空洞的"。参见 Colin MacCabe, *Godard: Images, Sounds, Politics*, BFI and Macmillan, 1980。

何倾听和大笑，学会如何与"权威"讲话，学会如何判断和谴责；学会如何质疑自己的做法，学会如何观察自己的言行，以及学会如何说话和做事，而不会因为陷入口吃而自我消解；学会如何去提问，不只是为了审问、颠覆和理解，而是为了在自己周围创造一个空间（在这个空间里我们可以生活，并学会寻找一种声音，在不伤害那些我们身边的人和最亲密的人的情况下找到我们自己，也不压抑他们的声音）。

所以（女性主义的第一课）要从家里开始——还有别的什么地方？——家是你住的地方，一个有生活的、有性别存在的地方。但这并不一定让我们陷入困境中，不一定让我们永远受制于差异的不可还原的事实中——通过阴茎的欺骗性（和致命性）力量将我们彼此分开。它不必让我们仅仅作为身体（bodies），仿佛这就是地球上存在的一切：身体永远受困于欢乐和痛苦的竞争之中；一大群肉身执着于疯狂地消度时光，直到灯枯油尽；身体作为万物的全部和万物的终结。毕竟，身体不仅仅是"权力"和"欲望"的无意识"主体"与"客体"。它们是——我们就是它们——渴望的有机体。我们很有可能必须重新学习以前所知的（也许现在）已遗忘的现代性内容：存在的本位（seat）是腹部而非眼睛、嘴唇、舌头、耳朵；必要的过程是发自肺腑的；生存所必需的过程发生在语言的流动、"结构"和虚幻的（delusive）"固定性"（delude意为用虚假的观点欺骗，来自拉丁语 de-ludere[玩假的，愚弄]）之中。我们必须再次认识到：腹部是至关重要的器官，是世界之母，是体液的（humours，旧时认为存在于人体内，可影响健康和性格）中世纪居所，是食欲、消化系统与笑的器官。

243　　米哈伊尔·巴赫金（Mikhail Bakhtin）曾指出，笑声（laughter）在历史上常常扮演着一种未被认可的角色。[1] 这是

1　Mikhail Bakhtin, *Rabelais and his World*, MIT Press, 1968.

底牌（Joker in the pack）——百搭牌（the wild card）。它"没有节奏或理性"，是秩序的"另一面"，即规则的例外情况。它的出现总是一种打断。它扰乱了玩家的注意力。我们无须太认真地对待它。它使游戏再次成为游戏。笑声是时间的底牌。

巴赫金认为，笑声是社会更新的重要源泉。它通过狂欢化来生产和再生大众（狂欢化将"自然的"社会世界完全颠倒了过来），将所有的等级制度进行颠覆和相对化。它在身体抽搐（唤醒我们的未经修饰的团结意识）中使社群恢复到自身状态：认识到我们仅仅（just）是一个良好的身体，是能够"公正"（just）的身体——公平无私地、自反地、反思性地、人性化地对待彼此，能够理性地思考，也能够自嘲的身体。巴赫金认为，笑声在破坏封建秩序中起着重要作用。

他展示了生活在文艺复兴时期的拉伯雷（Rabelais）如何利用仪式化倒转、异端邪说和淫秽下流（这些在中世纪狂欢节都是被允许的），并将它们延伸到《巨人传》（Gargantua and Pantagruel）故事里的"怪诞的现实主义"（grotesque realism）之中。通过这一方式，拉伯雷把狂欢节的治愈性笑声转换成攻击神权秩序的武器。对巴赫金来说，"现代"是在嘲笑中变成现实的。尘土和蜘蛛网、天使和魔鬼、亡灵巫师和牧师、野蛮的审讯、僵化的等级制度、清醒的人，以及严重无知的中世纪权力，这些东西不是因为枪战或者大辩论，而是因为一阵捧腹大笑而烟消云散的。如果我们现在要找到一种前进的方式，那么很可能需要重新记住的一点是，重新回到当下（Now）——而不是利奥塔的崇高。当我们在通往无地之路上安顿下来时，我们可能要学会大笑。无论我们遭遇怎样的恐惧和危机，我们都要在我们备受折磨的悲惨时刻开怀大笑。这一次我们要学会笑，但不是以无忧无虑的方式（因为这一次，一切都岌岌可危），而是真的（即遵从内心）——非常小心翼翼地认真对待，因为我们盘旋，盘旋再盘旋……

我们开始盘旋……继续盘旋……12 时 01 分，我们已顺利抵达目的地。收音机里传出了预先安排好的指令……

"点火！"有人喊道。

在"伟大艺人"的机身下面，一个看起来像黑色物体的东西在往下坠落。[1]

现在已经没有时间了，我们正学习的笑声必须轻快而谨慎。在 12 时 01 分的当下（Now），我们必须明白：没有最终的结果，没有犯错的余地，也没有多余的"伟大艺人"盘旋在空中。我们必须认识到，那些第一批"黑色物体"在高空中诞生，它们从轰炸机的腹部坠落，也必须永远是最后一批……

我们以一个骤降的音符结束（在后现代内部也可能是唯一的闭合）——悄声地而不是巨响地——回到原来的样子，回到基础上，回到看似逃不掉的、不可避免的二元世界。那是我们生活的地方。如果我们生活在这个世界上，不是在它之上或之下，就不可避免地回到对立状态，回到二选一的状态，这是（某些版本的）后现代主义的基础。这种对立是特定的、鲜活的、具体的事物与概括的、抽象的、"不可预知的"事物的对立，晕眩（vertigo）和接地（ground）的对立（这让我们有一种无固定性与根深蒂固相交替的感觉，这正是现代性的节奏）。现代性内部的困境将永远无法解决。节奏不会停止。但是最终，正如葛兰西所说，我们所有人都会是哲学家。这意味着我们所有人都有"怀乡病"，都向往着回到最初的源头。

1　William Lawrence, "Atomic Bombing of Nagasaki Told by Flight Member", *New York Times*, 9 September, 1945.

（"哲学是乡愁。"［诺瓦利斯］[1]）我们都及时地回到现实，我们都会回到"家"，回到那个有限的空间，那个使我们与自己的生活和历史关联起来的空间。我们要及时地了解我们的位置，要学会在一种情境中生活，这要求我们立刻"划清界限"，认识到生活在我们身处的界限内的必要性，但同时去关注聚集在"界限之外"的事物，尽可能地对正聚集的事物做出反应，全心全意地渴望跨越它朝向"另一面"。

---

1 关于对家的观念的一个优雅而迷人的思考，参见 Patrick Wright, *On Living in an Old Country*, Verso,（1985）。怀特路径的特点，可以被部分地归因为他决心展示英国左翼（和英国文化研究），并讨论阿格妮丝·赫勒的著作。

索 引

译后记

迪克·赫伯迪格是当代著名的文化理论家。他于 1951 年出生于英国，早年在伯明翰大学当代文化研究中心（CCCS）攻读硕士学位，师从该学派的核心人物斯图亚特·霍尔。现为美国加州大学圣塔芭芭拉分校（UCSB）艺术与电影系的教授。

国内学界对赫伯迪格的研究和讨论，主要集中于《亚文化：风格的意义》一书。就当前的国内研究状况来看，学界通常将赫伯迪格置于伯明翰学派的思想脉络中进行读解，且篇幅相对有限，研究角度较为单一，缺乏系统而深入的讨论。

事实上，赫伯迪格的学术思想具有相当丰富的历史文化内涵，他始终与同时代的文化现象联系密切。具体而言，赫伯迪格早期的关注对象主要为青年亚文化，后来他不断把视野扩大到青年亚文化相关的政治有效性议题，将亚文化同消费、时尚、设计、品味等问题关联起来，在 1985 年以后，赫伯迪格的研究重心聚焦于后现代主义的理论和实践，并提出了自己对"后"学的具体审视。1992 年，赫伯迪格赴美国，开始关注美国当代的艺术与文化，写下了大量关于消费文化和通俗文化的论著。

本书初版于 1988 年，堪称是对赫伯迪格的学术思想转变并深化的忠实记录。如他自己所言："本书的写作就像是经历了一场有关形象与物的旅行；一场从亚文化穿越后现代主义并走到它的'另一面'的旅行；一场开始于 19 世纪早期亨利·梅休笔下的伦敦贫民窟的小贩文化，结束于在美国中西部'正午时分'搭车前往无地之路的旅行。本书就是关于旅行的一种记录。"这份关于赫伯迪格的学术"旅行"的记录，不仅充分反映出他的文化思想的生动性和丰富性，更为我们今天如何开展文化研究和批评实践提供了鲜活的学术范本。

本书的翻译工作最早始于 2016 年，那时我还在北京师范大学攻读博士学位，后来因为毕业的缘故，中途暂时搁置。2016 年 9 月，我来到南昌大学工作，因为要适应新环境下的教学科研工作，本书的翻译工作不得不断断续续地开展。好在拜德雅图书工作室的邹荣编辑给予了无限宽容和理解，让我能够在一个较为宽松的状态下完成本书的翻译和校对工作，特此致谢！

与此同时，在本书的翻译过程中，我也参考了大量引文节录，在此以表谢忱！

尽管如此，本书的翻译仍无法做到尽善尽美，由于学力有限，文中的一些表述和用语至今仍存在颇费踌躇之处，错漏和谬误在所难免，恳请方家不吝赐教。本人邮箱：zhiwuxi@163.com。

席志武

2020 年 7 月

图书在版编目（CIP）数据

隐在亮光之中：流行文化中的形象与物/（英）迪克·赫伯迪格（Dick Hebdige）著；席志武译.—重庆：重庆大学出版社，2020.9
（拜德雅·视觉文化丛书）
书名原文：Hiding in the Light: On Images and Things
ISBN 978-7-5689-2351-4

Ⅰ.①隐…　Ⅱ.①迪…②席…　Ⅲ.①文化研究
Ⅳ.①G0

中国版本图书馆CIP数据核字（2020）第140401号

拜德雅·视觉文化丛书

隐在亮光之中：流行文化中的形象与物

YIN ZAI LIANGGUANG ZHI ZHONG: LIUXING WENHUA ZHONG DE XINGXIANG YU WU

［英］迪克·赫伯迪格　著

席志武　译

策划编辑：贾　曼　陈　康
特约策划：邹　荣　任绪军
特约编辑：邹　荣
责任编辑：贾　曼
责任校对：王　倩
责任印制：张　策
书籍设计：张　晗

重庆大学出版社出版发行
出版人：饶帮华
社址：（401331）重庆市沙坪坝区大学城西路21号
网址：http://www.cqup.com.cn
重庆升光电力印务有限公司印刷

开本：720mm×1020mm　1/16　印张：22.5　字数：412千　插页：16开1页
2020年11月第1版　2020年11月第1次印刷
ISBN 978-7-5689-2351-4　定价：78.00元

拜德雅
Paideia
视觉文化丛书

（书名以出版时为准）